群书治要通识课

刘余莉 聂菲璘 等 著

中共中央党校出版社

图书在版编目（CIP）数据

群书治要通识课 / 刘余莉等著 . -- 北京 : 中共中央党校出版社 , 2022.10
（新时代领导干部通识读物）
ISBN 978-7-5035-7411-5

Ⅰ . ①群… Ⅱ . ①刘… Ⅲ . ①政书 – 中国 – 唐代 ②《群书治要》– 干部教育 – 学习参考资料 Ⅳ . ① D691.5

中国版本图书馆 CIP 数据核字（2022）第 169279 号

群书治要通识课

责任编辑 蔡锐华 吴容华
版式设计 张 敏
责任印制 陈梦楠
责任校对 王明明
出版发行 中共中央党校出版社
地　　址 北京市海淀区长春桥路 6 号
电　　话 （010）68922815（总编室）　（010）68922233（发行部）
传　　真 （010）68922814
经　　销 全国新华书店
印　　刷 北京文昌阁彩色印刷有限责任公司
开　　本 710 毫米 ×1000 毫米 1/16
字　　数 282 千字
印　　张 21
版　　次 2022 年 10 月第 1 版 2022 年 10 月第 1 次印刷
定　　价 65.00 元

微 信 ID：中共中央党校出版社　**邮　箱：**zydxcbs2018@163.com

总 序

领导干部要有通识通学通才

王蒙

得知中共中央党校出版社准备出版一套领导干部通识教育读物，深受鼓舞。这一套系列丛书，涵盖文学、历史、哲学、经济、政治、军事、管理、科学、艺术等各个主要学科领域。它们将能丰富我们的知识，拓宽我们的眼界，推动我们的思维认知、选择决策，延伸发展我们的执政能力、教化能力、全面深化改革能力，优化领导干部素质，提高领导干部的境界和威信。

为了完成党领导全国各族人民，统揽伟大斗争、伟大工程、伟大事业、伟大梦想，推动中国特色社会主义伟大事业的历史使命，我们的领导干部，不但必须掌握既有的专门学科知识与技能，更要具备统揽大局、统筹全局的通识通学通才。

新中国成立前夕，在毛泽东提议下，党中央重新编审了一套12本干部要学习的马列主义著作，毛泽东专门把这套书定名为“干部必读”。这12本“干部必读”，也是一套马列主义著作的通识课，许多老同志至今对此记忆犹新，感奋不已。改革开放初期，邓小平提出了实现干部队伍革命化、年轻化、知识化、专业化的战略方针。其中的知识化，既包括了专业教育，也包括了通识教育、通才教育。习近平总书记十分重视对领导干部的本领和能力的培养教育，他提出“领导干部要爱读书读好书善读书”，领导干部要增强“八大本领”，年轻干部要提升“七种能力”。习近平总书记强调，经济、政治、历史、文化、社会、科技、军事、外交等方面的知识，领导干部要结合工作需要来学习，不断提高自己的知识化、专业化水平。要坚持干什么学什么、缺什么补什么，有针对性地学习掌握做好领导工作、履行岗位职责所必备的各种知识，努力使自己真正成为行家里手、内行领导。这样才能成为一个复合型领导干部，也就是一个通才。

作为复合型领导干部，还要善于汲取世界先进文明成果。文明因多样而交流，因交流而互鉴，因互鉴而发展。马克思主义和社会主义思想传入中国，再到改革开放以来全方位对外开放，中华文明始终在兼收并蓄中历久弥新。我们只有张开双臂拥抱世界，才能不断扩大对外开放，社会主义市场经济才能取得高质量发展。

孔子提出了“君子不器”的观点，就是说，君子的使命感责任感在于修齐治平，大任在于家国天下，不能仅仅满足于技能性操作，更要把握天命天道，以及多方面的追求规范，用今天的话来说，就是要把握历史的发展规律，要树立正确的“三观”与科学的价值体系，从而更好、更全面地推动中国的进步与发展。

我们常说，博观约取，厚积薄发。通识教育就是一个“博观”“厚积”的过程，这个过程做扎实了，就能“约取”“薄发”。领导干部要做到通识，要融会贯通多学科、跨学科与人民历史性实践的方方面面的文明成果。这样一个成果的获得，也正是马克思提出的实现人的全面发展的理想在中国特色社会主义现代化中的体现。经过摸索探寻研讨总结，希望这套丛书的出版能有助于领导干部自我教育的努力，有利于我们的干部通识教育的发展与完善。

王蒙，著名作家、学者，曾任文化部部长，2019 年 9 月被授予“人民艺术家”国家荣誉称号。

序言

以史为鉴，开创未来

《孔子家语》中记载："往古者，所以知今。人主不务袭迹于其所以安存，而忽怠于所以危亡，是犹未有以异于却步，而欲求及前人也，岂非惑哉？"意思是说，从前之事是用以启发当今之人的。如果一个君主不努力追寻前朝之所以能安稳存在的足迹，又不重视其之所以危亡的原因，这就好像一如往常地倒退行走，却期求能赶上前人，这不是很迷惑吗？学习古圣先贤的言论和行事，以史为鉴，培养和提高自己的道德学问，是历代凡有成就者共同的追求，无论是为君、为臣，为政、治学，概莫能外。

曾创下贞观之治的唐太宗从16岁开始就从军打仗，无暇涉猎圣贤经典，对古圣先王的治国之道茫然无知。太宗27岁登基为帝，深知创业不易，守成维艰，于是命令魏徵、虞世南、褚亮、萧德言等社稷之臣，把唐朝以前治国理政的思想精华汇集起来，编撰成《群书治要》一书。唐太宗阅读之后，赞叹说："览所撰书，博而且要。见所未见，闻所未闻。使朕致治稽古，临事不惑。其为劳也，不亦大哉！"（《答魏徵上〈群书治要〉手诏》）太宗认为，《群书治要》

的内容广博而切要，经、史、子中所记载的治国之道，是他从未见过，甚至未曾听过的。这部书使他能够汲取古圣先贤的智慧，遇到事情不迷惑，并且认识到社会风俗教化的根本，以及治国理政应该从何处入手。因此，在魏徵过世时，太宗感慨地说："以铜为镜，可以正衣冠；以古为镜，可以知兴替；以人为镜，可以明得失。"（《旧唐书·魏徵传》）

历史是一面镜子，记载着国家民族兴衰成败的得失经验，明确揭示出社会国家运转的客观规律。学习历史，掌握国家盛衰的规律，可以达到学史明理的效果。《群书治要·政论》中讲："凡天下之所以不治者，常由人主承平日久，俗渐弊而不寤，政浸衰而不改，习乱安危，逸不自睹。或荒耽嗜欲，不恤万机；或耳蔽箴诲，厌伪忽真；或犹豫歧路，莫适所从；或见信之佐，括囊守禄；或疏远之臣，言以贱废。是以王纲纵弛于上，智士郁伊于下。悲夫！"意思是说，大凡天下得不到治理的原因，通常是由于君主承继太平的日子已经很久了，社会风气逐渐变坏也没有觉察，政治渐渐衰落也不知革新更改，习惯于混乱，安于现状，逸乐地生活而看不到这些危机。有的荒淫奢侈，不理朝政；有的耳朵听不进劝告和教诲，满足于虚伪，忽视真诚；有的是在歧路徘徊，不知道何去何从；还有的君主所倚重的大臣为了保住禄位而不敢犯颜直谏；有的君主疏远有才能的臣子，废除弃用他们的谏言。所以国家的法纪放纵、松弛于上，有识之士郁伊、担忧于下。这真是可悲呀！

这段话指出了国家之所以由盛转衰的一个重要原因，即在于执政者和在位者的道德风尚和精神状态出现了问题，也就是李商隐在《咏史》中所写的："历览前贤国与家，成由勤俭破由奢。"学习历史，总结对比衰世之主和盛世之主的表现，可以更加鲜明地看到，在位者的政德修养与国家盛衰息息相关，正所谓"国无德不兴，人无德不立”。因而在学史明理的基础上，就能够很自然地达到学史增信、学史崇德、学史力行的效果。正如《周易》中说：“君子多识前言往行，以畜其德。”

中国共产党继承并发扬了中国自古以来以史为鉴的优良传统。回顾党的历史我们可以清楚地看到，重视对历史的学习和对历史经验的总结与运用，善于从不断认识和把握历史规律中找到前进的正确方向和正确道路，是中国共产党能够领导中国革命、建设、改革不断取得胜利的一个重要原因。当中国共产党从革命党转变为执政党时，毛泽东同志称这是“赶考”，并以史为鉴，告诫周围的人说，“我们决不当李自成”，“不要学西楚霸王”。毛泽东同志非常喜欢读史书，一套《二十四史》，走到哪里、带到哪里、读到哪里，不仅通读了全书，而且对其中的很多章节反复阅读，并留下大量的批注、圈画和评语。

习近平同志也尤为注重历史，认为一个民族的历史是一个民族安身立命的基础，并多次讲话强调领导干部要多读历史，“历史是最好的教科书，也是最好的清醒剂”，并指出，具有历史文化素养，最重要的是要具有历史意识和文化自觉，即想问题、作决策要有历史眼光，能够从以往的历史中汲取经验和智慧，自觉按照历史规律和历史发展的辩证法办事。

他认为，学史不仅可以明理，按照规律办事，而且可以崇德，提升道德修养。他说：“在中国的史籍书林之中，蕴涵着十分丰富的治国理政的历史经验。其中包含着许多涉及对国家、社会、民族及个人的成与败、兴与衰、安与危、正与邪、荣与辱、义与利、廉与贪等等方面的经验与教训。……我们学习历史，就要学习和吸取中华民族传承下来的宝贵思想财富，从中获得精神鼓舞，升华思想境界，陶冶道德情操，完善优良品格，培养浩然正气，做到自重、自省、自警、自励”①。

学史是为了做好现实工作，更好走向未来。2021年7月1日，在庆祝中国共产党成立100周年大会上的讲话中，习近平总书记连续以九个“以史为鉴，开创未来”阐述了以史鉴今的重要性，强调要用历史映照现实、远观未来。要“深入研究历史发展规律和大势，始终掌握新时代新征程党和国家事业发展的历史主动，增强锚定既定奋斗目标、意气风发走向未来的勇气和力量”②，达到学史明理、学史增信、学史崇德、学史力行的效果，从而更好地展望未来、走向未来、开创未来。

对于肩负带领中国人民实现中国梦这一伟大历史使命的中国共产党而言，要立足中华民族伟大复兴战略全局和世界百年未有之大变局，坚持把马克思主义基本原理同中国具体实际相结合、同中华优秀传统文化相结合，坚定文化自信，善于从中华优秀传统文化中汲取治国理政的智慧，古镜今鉴、古为今用，为坚持和发展中国特色社会主义理论和实践中产生的新问题提供有效的思想理论方法，为回答好“世界怎么了”“人类向何处去”的时代之题，传播好中国声音、中国理论、中国思想，让世界更好读懂中国，为推动构建人类命运共同体作出积极贡献。

刘余莉

2022年7月

① 习近平：《领导干部要读点历史——在中央党校2011年秋季学期开学典礼上的讲话》，《学习时报》2011年9月5日。

② 习近平：《关于〈中共中央关于党的百年奋斗重大成就和历史经验的决议〉的说明》，《人民日报》2021年11月17日。

目录

第一讲
《群书治要》及其当代价值

《群书治要》是唐太宗李世民在贞观初年下令编撰的，概括了晋代以前经、史、子之中修身、齐家、治国、平天下的精髓。有人认为，这部书是中华优秀传统文化的精华。弘扬中华优秀传统文化，就要从学习《群书治要》开始，用时少而且获益多。

一、《群书治要》：中华优秀传统文化的精华

《群书治要》的“群”是一个形声字，从“羊”，“君”声，本义作“辈”字解，乃同类相聚时之称。羊性好群，故“群”从羊。在这里，“群”作形容词，是众的意思。“治”就是治国、平天下的政治，《群书治要》就是把群书当中有关修齐治平的精华概括出来。读了这部书，也就大概掌握了中国传统治国理政的基本理论、方法。

《群书治要》是从唐朝之前浩如烟海的典籍之中精挑细选了 65 种书，又从这 65 种书中，把最精粹的治国、平天下的道理撷取出来，汇集而成。《群书治要》的内容包含“五经”，就是《诗》《书》《礼》《易》《春秋》，“前四史”（《史记》《汉书》《后汉书》《三国志》）和《晋书》。除此之外，还有子书，即诸子百家，如儒、道、墨、法、兵、杂家等。上始五帝，下尽晋代，共 50 卷，50 余万字。所以，称它是中华优秀传统文化的精华毫不夸张。尤为可贵的是，《群书治要》所摘录的少数原著典籍在五代之后便已失传，反倒是《群书治要》保留了其精华内容，如《尸子》《昌言》《典论》《政要论》《体论》《典语》《傅子》《袁子正书》等，这使得《群书治要》更加具有重要的文化价值。

学好《群书治要》这一部书，也就是掌握了开启《四库全书》的金钥匙。

二、唐太宗为什么要编撰《群书治要》

唐太宗是唐高祖的第二个儿子，也是唐朝的第二个皇帝。据《旧唐书》记载，唐太宗出生的时候瑞相稀有，有两条龙戏于门外，三天才离开。太宗 4 岁的时候，有一位自称善于看相的书生来拜见高祖，并且对他说，您是贵人，而且有贵子。当他看到太宗之后，称赞他，“龙凤之姿，天日之表，年将二十，必能济世安民矣”。意思是说，他以后是真龙天子，可以当皇帝的。高祖就采用“济世安民”之意作为太宗的名，取名为李世民。

太宗皇帝 16 岁就带兵打仗，起义平定动乱的国家，27 岁就登基做了皇帝，对于怎样用圣贤教诲来治理国家，他的积累显然不够。对此他也有自知之明，非常愿意学习古圣先贤治国理政的道理。

据《贞观政要 · 政体》记载，贞观初年，唐太宗对大臣萧瑀说：“我从年轻的时候就喜欢张弓射箭，自以为懂得如何识别弓箭的好坏，近来得到了十几把上好的弓箭，于是把它们拿给做弓箭的师傅看，结果没想到，弓箭师傅却说，这些弓都不是良弓。我于是询问其中的原因。弓箭师傅说，木头的中心不正，就使得木头的纹理歪斜，这样的弓虽然强劲有力，但射出去的箭不直，所以不是上好的弓。从这件事中，我领悟出很多道理，我是用弓箭平定天下的，这一生中所用过的弓箭已经够多的了，但是我尚且不懂得识别弓箭好坏的要领，更何况我得到天下的时间还很短，对于治理国家的道理，肯定不比对弓箭的知识掌握得多。我对弓箭的了解尚且有偏失，更何谈掌握治理国家的要领呢？”

从此以后，唐太宗定期召见五品以上的京官和中书省的官员。每次召见，太宗都赐座给他们，与他们悉心交谈，仔细询问宫廷外面的事情，以便对老百姓的疾苦和政教的得失有全面而详细的了解。

可见，正是唐太宗好学、谦虚、礼敬贤者的态度使他受益匪浅。

在贞观二年（628）时，太宗问黄门侍郎王珪："近代帝王和大臣治理国家多半不如古代，是什么原因？"王珪回答说："古代帝王治理国家，大都崇尚清静无为，以百姓为中心；然而近代的君王，却以损害百姓的利益来满足自己的私欲，所任用的大臣也不再是饱学经史的儒雅之士。汉代的宰相，没有谁不精通一种经书的，朝廷上如果有什么解决不了的疑问，都会引经据典，参照经书来决断，于是人人懂得礼教，国家太平安定。但是近代却重视武功，轻视儒术，或是用刑律来治理国家，从而导致儒术受到破坏，古代淳朴的民风也就荡然无存了。"太宗听了，深有同感。从此以后，官员中凡是精通儒学，懂得治国之道的，都得到提拔并委以重任。

唐太宗很善于听取谏言，特别重视用儒家伦理道德教育来治理国家。这一点非常难得，一般的君王会因为看到严刑峻法立竿见影而忽视道德教育。但是太宗却不是这样，他在重视法制建设的同时，特别重视儒家伦理道德的教育，这也是使他开创了贞观之治的根本原因。

法律只是在消极结果产生之后，给以事后的补救、惩罚，难以防患于未然。法律制裁的是一个人的行为，很难触及一个人的内心，培养不出一个人的羞耻之心。如果缺少了道德教育，人们只会想方设法地躲避法律的制裁，还以此沾沾自喜，认为是自己聪明智慧的结果，不觉得自己做错事有什么值得羞耻的。所以在重视法律惩罚的同时，必须重视伦理道德的教育，让人从心底不愿意去做坏事，把做坏事看成是一件非常羞耻的事，这才在人们的心灵上筑起了一道防止作恶的堤坝。因此，孔子说："道之以政，齐之以刑，民免而无耻；道之以德，齐之以礼，有耻且格。"（《论语·为政》）

太宗之所以在登基之后不久就下令编撰《群书治要》，也是因为他知道自己对古圣先贤治国、平天下的教诲了解得不够，希望不仅仅和这些群臣探讨治国经验，而且能随时翻阅古圣先贤治国的教训和经验。于是他命令谏官魏徵及虞世南、褚亮、萧德言等，整理了从五帝到晋朝几千年间治国理政的史料，将其中修身、齐家、治国、平天下的精要，汇编成书。

到了贞观五年（631），也就是历经五年时间，这本书才编撰完成。《群书治要》编撰完成之后，魏徵在序文中说了一句称赞《群书治要》历史价值的话："用之当今，足以鉴览前古；传之来叶，可以贻厥孙谋。"魏徵说，这一部书用在当时的社会，可以使人借鉴古人的经验智慧，尤其是对于从政的领导者而言，可以使他们少走很多的弯路。而且传到后世，可以恩泽子孙后代，也就是使后代子孙能够更好地谋划他们的人生，使得人生幸福。可见，《群书治要》确实是一部鉴往知来的治世宝典。

这部书编撰完成之后，太宗皇帝非常欢喜，因为这部书涵盖的内容很广博，取材很广泛，而且挑选出来的又是非常精辟的、切要的部分。换句话说，就是没有废话，你看一句就有一句的启示。太宗皇帝日日手不释卷、不辞辛苦地学习，因为他有一个根本的动力，那就是爱护人民，希望能够把国家治理安定。不仅如此，他还胸怀天下，希望为世界各国作出一个"善治"的表率。

三、唐太宗的治国成效

太宗于626年即位，649年去世，在位23年，是中国历史上的一代明君，有人称赞他是"千古一帝"。受《群书治要》的影响，唐太宗以能用贤纳谏、尊儒重道、勤政爱民而著称。他以文治天下，厉行节约，使百姓能够休养生息，很快使社会出现了国泰民安的局面，开创了历史上著名的贞观之治，为后来唐朝一百多年的盛世奠定了基础。

贞观之治到底好到什么程度？可以从以下三个方面来看。

第一，当时的农业得到了空前的发展，物产丰富。

根据史书的记载，贞观六年、七年风调雨顺，连续丰收。人们走到山东的一些地方，都可以不用带多少粮食了，直接在路上就能买到。进了村子，村民遇见路过的客人，一定会用丰盛的食物招待他们，有时候还会赠送给客人粮食，这是以前从来没有过的。到了贞观八年、九年，牛马遍野，百姓丰衣足食，夜不闭户，路不拾遗，出现了一片欣欣向荣的升平景象。贞观十三年、十四年、十五年、十六年，又是大获丰收。可见当时粮食丰收、物产丰富的局面。

第二，贞观王朝的社会秩序好得令人难以置信。

《资治通鉴》记载，贞观六年，“帝亲录系囚，见应死者，闵之，纵使归家，期以来秋来就死”。太宗亲自查录被关押的死刑犯的案情，生起怜悯之心，于是放他们回家，第二年秋天再回来就死。结果，到了第二年，“去岁所纵天下死囚凡三百九十人，无人督帅，皆如期自诣朝堂，无一人亡匿者；上皆赦之”。这些被放回的死囚共三百九十人，在无人监管的情况下，全都按时回到朝堂，竟无一人逃亡。于是太宗将他们全部赦免。有诗赞叹太宗曰：“二十有九即帝位，三十有五致太平。功成理定何神速，速在推心置人腹……死囚四百来归狱……以心感人人心归。”（白居易：《七德舞》）那时中国的政治清明，官吏各司其职，人民安居乐业，不公平的现象少之又少。国人心中没有怨气，所以社会秩序非常好。

第三，贞观王朝是中国历史上唯一没有贪污的王朝。

这可能也是唐太宗最值得称道的政绩。在唐太宗统治下的中国，因为皇帝率先垂范，官员一心为公，吏佐各安本分，滥用职权和贪污渎职的现象降到了历史上的最低点。这与唐太宗运用《群书治要》的理念，以身作则，重视道德教化，制定了一套合情、合理、合法的政治体制来预防贪污腐败密不可分。

这些成就的取得也说明，运用圣贤之道治国，不仅有效、易从，而且快速。

《贞观政要·政体》记载，贞观七年（633），唐太宗在和秘书监魏徵漫谈自古以来治理国家的得失时说："如今大乱之后恐怕不能急于实现大治。"魏徵说："并非如此，大凡人在危难困苦的时候就忧惧死亡，忧惧死亡就盼望天下太平，盼望天下太平就容易进行教化。因此，大的动乱之后更容易教化，正如同饥饿的人对饮食更容易满足是一样的道理。"

唐太宗说："贤明之人治理好国家尚且需要百年之久，才能消灭残虐，废除杀戮。大乱之后要想大治，怎么可能在短期内做到呢？"《论语》中也说"善人为邦百年，亦可以胜残去杀矣"。所以，唐太宗认为，要恢复太平，即使是贤明的人来治理，也需要上百年的时间。魏徵却说："这话是对一般人来说的，并不能用在贤明之人的身上。如果是贤明之人来推行教化，上下同心，就会如响之应声那样响应迅速。事情不求快，也会很快地推行下去。一年就能够见成效，看来也并非难事。如果说要三年成功，才应该说已经太晚了。"

唐太宗认为魏徵说得很有道理。但是，封德彝等其他大臣却对唐太宗说："夏商周三代以后，百姓逐渐浮薄奸诈。所以，秦朝专用严刑峻法来治国，汉朝以仁义杂用刑法治国，都是想教化好百姓，但却没有成功。怎么说是可以教化，却什么都不去做呢？如果相信了魏徵所说的话，恐怕要败乱国家。"

魏徵听了之后，说："五帝三王治理国家，他们并没有把百姓换掉。也就是说，百姓还是同样的百姓，但他们仍能够把百姓教化好，可见施行帝道就成其为帝，施行王道就成其为王。关键在于，当时的治理者是否施行了教化而已。看古书上的记载就知道，从前黄帝与蚩尤作战七十多次，天下乱得很厉害，而胜利以后，天下很快就太平。九黎作乱，颛顼出兵征讨，平定以后，仍不失其为治世。夏桀王昏乱淫虐，商汤把他赶走了，但是在汤统治之时，就实现了太平。商纣王专干荒淫无道之事，周武王便起兵讨伐，到了武王的儿子周成王在位的时候，也实现了天下太平。如果说，百姓日渐浮薄奸诈，再也不会淳朴，那到现在这些百姓都应该变得和鬼魅一样了，还能实行教化吗？”

封德彝等人想不出什么话来辩驳，但是他们还是认为魏徵的话行不通。幸好魏徵博览群书，对于历史的经验教训了解得非常透彻，他能够引经据典，让这些大臣没话说。唐太宗确实是一代明君，明君就明智在这里，他能够辨得清是非、善恶、美丑。唐太宗坚持推行教化，毫不懈怠。结果几年之间，天下康复安定，突厥被打败臣服。

唐太宗对群臣说：“贞观初年人们颇有异议，认为当今并不能搞帝道、王道，不能够施行道德教育、圣贤教诲，只有魏徵劝我推行，我听了他的话，不过几年就达到中原安定、边远外族臣服的结果。突厥从来就是中原的强敌，如今突厥的首领却佩刀值宿来做禁卫，部落也跟着穿戴大唐的衣冠，也就是说这些外族也受到大唐文化的影响。我能取得这样的成就，都是魏徵的功劳。”

唐太宗又回头对魏徵说：“玉虽然有美好的本质，但是如果藏在石头里面，没有好的工匠去雕琢研磨，那就和瓦砾碎石没有什么区别。如果遇上好的工匠，玉就可以成为流传万代的珍宝。我虽然没有好的本质可供爱卿雕琢研磨，但多亏爱卿用仁义来约束我，用道德来光大我，才使我能有今天的功业。爱卿确实是一位良工巧匠。”

唐太宗对魏徵确实非常恭敬，视他为自己的一面“镜子”，而且还很谦虚地把贞观盛世的成就都归功于魏徵。

历史上，《群书治要》被日本人从唐朝带回到日本，从此被日本历代天皇及皇子、大臣奉为圭臬，成为学习研讨中华文化的重要经典。因为当时交通不便，日本遣唐使来中国，带回去的书肯定都是精挑细选的精华，后人手抄翻译流传的也是他们认为最有价值的。这部书传到日本之后，确实帮助日本创建了承和、贞观两代盛世。

由此可知，能够成就一个盛世是结果，原因是当时最高领导者有正确的治国理念。这些政治智慧正是从这一部《群书治要》当中传承下来的。这部书后来逐渐成为那些从事政治的领导干部必读的宝典。

但是这样一部宝典为什么却不为众人所知呢？

因为当时唐朝雕版印刷术还不发达，致使流传不广。所以在唐朝之后，《群书治要》在中国本土基本上失传了。后来是在清朝嘉庆元年（1796），日本人向中国进贡，又把这部书从日本送回到中国，才使得这部宝典失而复得。但是后来因为战乱频仍，这部宝典也没有引起足够的重视。这就是相对于《资治通鉴》而言，《群书治要》更加“广博而切要”，但却鲜为人知的原因。

四、今天为什么还要学习《群书治要》

历史的经验教训，对于我们今天修身、齐家、治国、平天下，仍然具有重要的借鉴意义。习近平总书记在十八届中央政治局第十八次集体学习时的讲话中强调：“历史是最好的老师。在漫长的历史进程中，中华民族创造了独树一帜的灿烂文化，积累了丰富的治国理政经验，其中既包括升平之世社会发展进步的成功经验，也有衰乱之世社会动荡的深刻教训。我国古代主张民惟邦本、政得其民，礼法合治、德主刑辅，为政之要莫先于得人、治国先治吏，为政以德、正己修身，居安思危、改易更化，等等，这些都能给人们以重要启示。治理国家和社会，今天遇到的很多事情都可以在历史上找到影子，历史上发生过的很多事情也都可以作为今天的镜鉴。中国的今天是从中国的昨天和前天发展而来的。要治理好今天的中国，需要对我国历史和传统文化有深入了解，也需要对我国古代治国理政的探索和智慧进行积极总结。”① 习近平总书记的这一段话告诉我们，总结历史经验，特别是弄清楚盛世之所以兴盛、衰世之所以衰落的原因，对于我们今天治理国家，仍然能够提供宝贵的启示。

孙中山先生在《民族主义》第四讲中曾经说：“欧洲的科学发达、

① 《习近平在中共中央政治局第十八次集体学习时强调 牢记历史经验历史教训历史警示 为国家治理能力现代化提供有益借鉴》，《人民日报》2014 年 10 月 14 日。

物质文明的进步，不过是近来二百多年的事……至于讲到政治哲学的真谛，欧洲人还要求之于中国。”① 孙中山先生很有先见之明，他曾经留学欧洲，对中外的政治思想都有很深的了解。他认为，欧洲比中国先进的地方只有它的科技、它的机器。要说到政治哲学的真谛，欧洲人还要向中国人学习。他说：“诸君都知道世界上学问最好的是德国，但是现在德国研究学问的人，还要研究中国的哲学，甚至于研究印度的佛理，去补救他们科学之偏。”② 在一百多年前，孙中山先生就已经有这样的见地，已经看到西方这些思维的偏颇，认为必须靠东方的哲学与文化来调整它的偏失。

英国著名历史学家、哲学家汤因比在《未来属于中国》这本书中提出，只有中华文化能够救世界，未来是中华文化得以普遍宣扬的世界。学习《群书治要》可知，传统文化中的仁者无敌、和而不同的理念，的确能为全世界带来永恒的安定和平。所以，中国优秀传统文化能否得到弘扬，关系到整个世界的未来。

中国有五千多年的智慧、五千多年的方法、五千多年的效果、五千多年的经验。在世界历史上，四大文明中，其他三个文明都中断了，唯有中华文明传承至今，绵延了五千多年而不衰。中华民族至今仍然屹立在世界的东方，靠的就是五千多年的文化传承。所以，我们这一代人要有责任心，要使这么灿烂辉煌的文化继续发扬光大。我们应该树立起“为往圣继绝学，为万世开太平”的志向，把古圣先贤良好的治国理念、方法传承下去。

五、《群书治要》与中国式管理

现在为了学习国外管理经验，很多人都会到美国、日本去学。有

① 《孙中山全集》第九卷，中华书局 1986 年版，第 230—231 页。
② 《孙中山全集》第九卷，中华书局 1986 年版，第 231 页。

一批企业家坐上飞机千里迢迢地飞到了美国，要向通用公司学管理。结果美国通用公司的人很谦虚，他说："我们这一套管理都是从日本丰田公司那里学来的，你们不如直接到日本去学，学得会更加彻底。"这群企业家又坐上飞机千里迢迢从美国飞到了日本。他们下了飞机，来到了丰田公司的大门口，还没有入门，就看到门口赫然写着几个大字，这几个大字他们还都认得，写的是"己所不欲，勿施于人"，这是孔子的教诲。

第二次世界大战之后，凡是稍有成就的日本企业家，可以说无不熟读《论语》。譬如说，被誉为"日本近代经济的最高指导者""日本企业之父""日本金融之王"的涩泽荣一，一手执《论语》，一手执算盘，开创了日本儒家式的企业经营之风。被誉为"日本经营之神"的松下幸之助，也把"君仁臣忠"的理念运用到管理之中。被誉为"经营之圣"的稻盛和夫，之所以拯救了濒临破产的日本航空公司，并且在一年之后就使日本航空公司成为世界航空公司中效益最好的一个，是什么原因？当中央电视台的记者去采访稻盛和夫的时候，他说："我不过是把中国传统伦理道德教育的理念运用到管理之中而已。正是因为我小的时候读了孔子、孟子这些圣贤的著作，所以才成就了今天的我。"

这些案例告诉我们，最高明的管理在中国。西方人的管理方式，是孔子所说的"道之以政，齐之以刑，民免而无耻"。我们设置了各种各样的政令条款，用这个来引导人们，如果人们触犯了这个政令条款，就给他们以相应的处罚。有的人因为惧怕处罚而避免去做坏事，但是他们没有羞耻心，甚至做了坏事之后想方设法地逃避惩罚。他们达到的充其量是"不敢欺""不能欺"的境界。而中国古圣先贤讲究礼法合治，让人们达到"不忍欺"的境界。那就是孔子所说的"道之以德，齐之以礼，有耻且格"，即用道德来教育人们，用礼义来引导人们，人们有了羞耻心，从心底不愿意去做坏事，而且还会让人心归附，让人们心甘情愿地接受领导。

松下幸之助的企业里有一位厂长有一天没来上班，恰恰在这个时候工厂着火了，大片的厂房烧毁了，损失惨重。这件事发生之后，一般人可能会火冒三丈，马上去追究相关人员的责任，并给予处罚。但是松下幸之助很冷静，他先调查原因，这位厂长为什么没来上班？松下幸之助通过调查发现，这位厂长的母亲得重病住进了医院，厂长是一个孝子，去照顾自己的母亲而没有来上班。没想到，在这个时候工厂发生火灾。

之后，松下幸之助购买了礼物，亲自到医院探望厂长的母亲，并且安慰厂长说："你的母亲得了重病，都已经住进了医院，而我却没有关心到。你现在全心全力地把你的母亲照顾好，火灾的事我也有责任，你不必担心，等你母亲出院之后再说。"

厂长的母亲康复出院了，这位厂长又回到了企业。松下幸之助将他调换了工作岗位，仍然委以重任。松下幸之助知道这位厂长平时对工作都是认真负责的，他没有来上班有不得已的苦衷，不是故意为之，而是因为对他恩德最重的母亲得了重病，他去探望母亲、照顾母亲是理所应当的事。

《孟子》说："君之视臣如手足，则臣视君如腹心。"领导者把被领导者当成手足一样加以关爱，被领导者会加倍地回馈领导者，把领导者视为自己的心腹一样对待，这就叫"君仁臣忠"。

松下幸之助学到了儒家管理的精髓，他对下属仁慈关爱，起到了"君亲师"的作用；下属也就对他竭忠尽智。从这里，我们感受到了中国传统的管理理念确实胜人一筹，不仅让人达到了"不敢欺""不能欺"的境界，还让人达到了"不忍欺"的境界。

孔子的弟子宓子贱去治理单父，过了一段时间以后，单父被治理得很好。巫马期也是孔子的弟子，他想知道宓子贱到底是怎样把单父治理好的，于是他趁着夜色来到单父。他看到一个人在夜色下捕鱼，但奇怪的是，这个人捕了很多鱼，看了看鱼后，又把鱼放回河里去了。巫马期走上前去问他："我看您捕鱼，为什么捕上了一些鱼，又把它们放回河里去了？"这个人回答说："子贱告诉我们，不要去捕杀那些还在生长中的小鱼。我刚才所捕到的，恰恰是那些还在生长中的小鱼，所以我又把它们给放回河里了。”巫马期一听非常感慨，回来就向孔子禀告：“子贱治理单父，能够让人做到即使在夜色下捕鱼，没有人监管，也能够感受到严刑峻法就在身边一样，不知道子贱是怎么取得这个治理效果的？”孔子说：“子贱曾经说，一个人对身边的人和事有至诚恭敬的心，这个影响自然就会波及远方。”

宓子贱让单父的百姓达到了“不忍欺”的境界，因为他爱民如子、视民如伤，把“仁爱忠恕”的理念运用到管理之中，老百姓能感受到他的存心。他所发出的每一个政令，百姓都愿意去配合，这就是中国式的管理。

领导者学习《群书治要》，可以懂得成为卓越领导最需要具备的是什么。这里既包括了领导者个人的道德品行、素质和能力，也包括一些领导的方法和艺术。譬如说，如何观人、选人，得到真正的人才；治理好一个国家，管理好一个企业，带好一个团队的关键是什么；如何反腐倡廉才能够得到标本兼治的效果；文化的本质是什么；如何进行文化建设；如何进行道德教育才是行之有效的；等等。

对于一般百姓来说，学习《群书治要》，可以懂得人生的道路应该怎样走才更加顺畅，如何趋吉避凶，怎样的人生才是有意义的人生，人生应当追求什么才是最重要的。当然，这里面也包括如何处理好人际关系；一个人成败、荣辱、祸福的关键何在；如何改变命运，转祸为福；如何做到俯仰无愧，君子坦荡荡。

特别是在现在的民主时代，作为成年人一般都有选举权。那么，选举或者跟从什么样的领导，才不会选错人、走错路，于国于己真正有益呢?《群书治要》能够给我们答案。学习《群书治要》，还能让我们懂得如何提升自己的道德修养，如何经营幸福美满的人生，如何和睦家庭，甚至懂得如何开启自己的“明德”，也就是《大学》所说的“明明德”，达到自利利人、自觉觉他的目的。

总之，在某种程度上，学习《群书治要》可以达到身心和乐、家庭和睦、社会和谐、世界和平的效果，每一个人都要认真学习。

六、学习《群书治要》的方法

学习《群书治要》关键在“诚敬”二字。必须用真诚恭敬的心来学习，才能领受圣贤教诲。所谓“一分诚敬得一分利益，十分诚敬得十分利益”。如果没有恭敬心，就不得利益。因为传统文化是心法，必须用真心才能契入。如果没有恭敬心，就连皮毛都学不到。例如，同样是一位老师讲课，学生的接受程度不同、契入程度不一样，进步程度也就不一样。不是老师讲的有区别，而是学生的恭敬心有区别。

《曲礼》曰：“毋不敬。”“毋”就是没有，任何时候都没有不保持这种恭敬的态度，也就是说时时刻刻都要保持恭敬的态度。《中庸》也讲：“道也者，不可须臾离也，可离非道也。”一旦诚敬心不见，当下就不在修道的状态，就是随顺习气了。圣贤的学问就是在主敬存诚，诚敬的程度愈能保持，提升得愈快，也就愈能凸显真正的修养。

怎样才能不断地提升自己的真诚恭敬心？就是要落实到生活的每一个细节。譬如说，读圣贤书的时候，展开圣贤经卷就如面对圣贤，要非常恭敬。要把心沉静下来，把自己的诚敬心提起来，不能胡思乱想。否则就容易敷衍了事，想入非非。如果做事情时没有真诚恭敬心，只是为了完成任务而已，那么这个心就不在正道上了，就会被傲慢、烦恼所牵绊，绝难提升。《弟子规》整篇就讲了一个“敬”字，告诉我们从敬父母、敬兄弟、敬人到敬事、敬物，要时时提起恭敬心。

康熙皇帝说，“临民以主敬为本”，“诚与敬，千古相传之学，不越乎此”。康熙皇帝领会到，千古相传的心法就是在这两个字——“诚”与“敬”之中，不会超出这两个字之外。康熙皇帝确实让后人非常佩服，他本来是女真人，是满族人，清朝入主中原之后，对传统文化的重视、学习和深入程度不输给汉人。特别是康熙的祖母孝庄皇太后，非常重视对康熙的培养，而且对汉族的文化也非常认同。可见，康熙及清朝取得康乾盛世的成就绝非偶然。《康熙字典》《四库全书》《四库全书荟要》《乾隆大藏经》等，都是在清朝编撰出来的。清朝对中华传统文化的传承作出了重要的贡献。最令人佩服的就是康熙皇帝以身作则，自己好学、真学、真干，带动文武百官都深入经藏，自己坐在前面听讲经典，结果上行而下效。所以，清朝也出现了一百多年的康乾盛世。

宋朝的大儒程子曰："敬胜百邪。"即一个恭敬胜过众多的邪思邪念。这说明修身进德，以至于利世济民，重点都在"诚敬"这两个字上。有了这颗诚敬心，才能够把学问和利世济民的事业都做得圆满。假如对古圣先王的这些教诲提不起诚敬之心，纵然遍览所有的古籍，也很难获得真实的利益。因为古圣先贤的教诲，都是从他们的真心流露出来的。真心与真心才能够相应，如果自己的心不恭敬、不真诚，也很难体会到古圣先贤的存心，很难契入他们的境界。所以，传统文化是心法，它不是知识的累积。它确实要开启一个人的孝敬心、仁慈心，才能够契入，才能够领会。

孔子曰："述而不作，信而好古。"这种求学的态度值得我们学习。"述而不作"是对古圣先贤的教诲非常尊崇，不夹杂自己的意思在其中，这是不傲慢，学谦卑。因为"谦则受教有地而取善无穷"。谦虚使人有受教的余地，因而会获得无穷的好处。"信而好古"是不怀疑圣贤的教诲。因为古圣先贤的教诲是真心流露出来的，如果我们也契入这个境界，开启了自性的明德，定然能够体会到和他同样的境界。如果还没有达到那个境界，就像圣贤站在二十层楼，自己站在两层楼，却坚持说：你所看到的就是我所看到的境界。这样就会对古人产生怀疑，甚至妄自批判，也就很难从古圣先贤的智慧中受益。

唯有心怀至诚恭敬之心，才能使人领纳古圣先贤的教诲，并把这些传统的治国智慧运用到修身、齐家、治国、平天下中去，取得丰硕的成果。这个成果就是代代出圣贤，时时有盛世！

第二讲
从魏徵序言认识《群书治要》

《群书治要》是贞观之初唐太宗李世民命令魏徵、虞世南、褚亮、萧德言等人，从唐朝以前的经、史、子部典籍之中，辑录前代帝王治国理政的得失作为鉴戒，历时五年编撰而成的一部匡政巨著。

魏徵是历史上著名的谏臣，曾多次向太宗皇帝谏言，有明确文献记载的进谏有二百余次，而且多数谏言被太宗所采纳。要指出的是，从史料观察，魏徵十七年不离太宗左右，事无巨细，太宗均与魏徵商议，因此，魏徵实际进谏的内容必定远超于此。魏徵也被誉为“千古谏臣”。魏徵去世后，唐太宗曾亲临恸哭，废朝五日，并临朝对侍臣说：“以铜为镜，可以正衣冠；以古为镜，可以知兴替；以人为镜，可以明得失。朕常保此三镜，以防己过。今魏徵殂逝，遂亡一镜矣！”（《旧唐书·魏徵传》）唐太宗能够开创贞观之治，与魏徵直言进谏以及太宗能够从谏如流密不可分。

魏徵对太宗的谏言很多出自《群书治要》，或者说体现在《群书治要》当中。因此，可以说《群书治要》是佐助唐太宗成就贞观盛世的治世宝典。魏徵在《群书治要》编撰完成后写了一篇序言，陈述了《群书治要》的编撰起因、编撰内容及原则、作用和意义等。阅读魏徵序言可以对《群书治要》进行整体性了解。

一、总论典籍的作用

在《群书治要》序言开篇，魏徵首先论述了典籍的作用。

窃惟载籍之兴，其来尚矣。左史右史，记事记言，皆所以昭德塞违，劝善惩恶。故作而可纪，薰风扬乎百代；动而不法，炯戒垂乎千祀。是以历观前圣，抚运膺期，莫不懔乎御杇，自强不息，乾乾夕惕，义在兹乎？

臣魏徵以为，典籍的兴起由来已久。当年左右史官记录君主的事迹和言论，目的是彰显美好的品德，抑制悖谬的言行，劝勉善行，惩罚罪恶。言行举止可作为纲纪表率的，其影响如同和煦的清风传扬百代；凡动作举止不合法度的，昭然的警诫会流传千年。所以遍观先圣，顺应天命成为帝王者，无不是像用腐朽的缰绳驾驭烈马一般畏惧小心，终日自强不息，勤奋谨慎，不敢懈怠，其道理就在于此吧！

魏徵所说的“兹”就是典籍起的作用，也就是序言所说的“作而可纪，薰风扬乎百代；动而不法，炯戒垂乎千祀”。正是有了典籍这种无形的鞭策，古圣先王在治理国家的时候，无不是小心谨慎，如临深渊、如履薄冰。《申鉴》中的一段话也阐明了典籍的作用：“君举必记，臧否成败，无不存焉。下及士庶，苟有茂异，咸在载籍。或欲显而不得，欲隐而名章；得失一朝，荣辱千载。善人劝焉，淫人惧焉。”典籍通过无形的鞭策和警示，劝善惩恶，传递大道，教化人心。“文以载道，以文化人”，这便是典籍的作用。中国古代记录的历史被称为“信史”，因为记录的史官秉持实事求是、客观公正的态度。因此这里要强调一个“信”字，相信古人才不会诬枉圣人。只有建立“信”，才能真正从前人的智慧和经验中获得借鉴和利益。

陈述完典籍的教化之功，魏徵对魏晋以来的文风流弊提出了批评。

近古皇王，时有撰述。并皆包括天地，牢笼群有。竞采浮艳之词，争驰迂诞之说，骋末学之博闻，饰雕虫之小伎，流宕忘反，殊途同致。虽辩周万物，愈失司契之源；术总百端，乖得一之旨。

魏晋以来的帝王时而会有著述。其内容无不是涵盖天地，包罗万物；竞相采用华而不实的辞藻，争相追求荒诞怪异的学说，炫耀在肤浅之学上见多识广，用辞章小技来粉饰自己。对此流连忘返，但都殊途同归：虽能用华美的辞藻为万物雕琢，但越是忘失了有德这个根本；道术越是多种多样，越是背离了万法归一的宗旨。

这段话给人以很大启示。文以载道，关键是要归于“道”，能传递大道的“文”才算得上是经典，也是应该学习继承和发扬光大的重点。学习圣贤教诲的目的是要“明明德”。现在有些人也热衷学习传统文化，但是把精力放在了诗词曲赋琴棋书画上。当然，这些也都是传统文化，这些是“志于道，据于德，依于仁，游于艺”中“游于艺”的“艺”。“游于艺”不要紧，要紧的是要明白“游于艺”的重点在哪里。是要通过“艺”培养德行，最终回归于道。当在任何一种技艺的后面加上“道”的时候，例如茶道、棋道、武道、香道等，这些就不再是简单的“术”了，而是能使人修身养性，进而涵养德性，最后归于道的方式。如果这些“艺”失去了归于道的宗旨，就会沦为哗众取宠的时尚娱乐，对提升德行毫无意义。就像现在流行的很多所谓的文学作品，多是一些华而不实、内容荒诞的文字，不仅连雕虫小技都算不上，甚至会败坏人们的道德。可悲的是，创作的人和阅读的人还都乐此不疲。因此，魏徵虽然写的是魏晋时的情形，但也很值得现在的人反思。

魏徵这段话告诉我们，德行是根本。这里重点介绍原文中出现的“司契”一词。“司契”出自《老子》“圣人执左契，而不责于人。有德司契，无德司彻。天道无亲，常与善人”。“司”是执掌、主管，“契”是契券。古代借贷财物的时候所用的契券，是用竹木制成，劈为两半。左片叫左契，刻借债人的名字，由债权人保存；右片叫右契，刻债权人的名字，由借债人保存。索还债务的时候，要两契相合作为凭据，也就是两契合为同一个（因此叫“合同”）。因为左契在下，右契在上，所以执左契即是执卑下，比喻处柔弱。“圣人执左契，而不责于人”意谓圣明的君主，虽然手持左契，但是虽有若无，只是施惠于民，施恩而不求回报。“有德司契”，即有德之人，就如掌握左契的人，仅是给予人而不取于人，就好像手持的是虚有的券契一样。“无德司彻”，“彻”是周朝的一种赋税法，官府按时收税，不管民众有没有能力交税，也要按时收取。而无德之人就像官府收税一般，定时收取，没有丝毫商量的余地。对比“司契”与“司彻”，“司契”是施恩而不求报，“司彻”是定时收取利益。“司契”看似失去了利益，但其实是得于天，人不与而天必与之，这就是“天道无亲，常与善人”，也是《周易》中所说的“自天佑之，吉无不利”。

既然“有德司契”，那么序言中所说的“司契之源”就是“有德”。有德是为政之本。治国理政要抓住根本，也要回归“道”。扩展来讲，不仅治国理政如此，对一个企业、一个社团的领导者来说，同样要抓住“司契之源”，也就是“有德”。可惜很多领导者还没有意识到，管理的精髓在于管好自己，以此感召德才兼备的人才和下属，反而把大量的精力用于设计出很多制度法令去管理别人。这就是序言中所说的道术越是多种多样，越是背离了万法归一的宗旨。

总结来说，魏徵这段话传递了一个主旨，即不能忘记“司契之源”，不能背离“得一之旨”，即使是写书时也要遵守这样的原则。换句话可以这样理解，在任何时候，都不能忘记“道”“德”二字。

二、赞叹唐太宗

介绍完典籍的作用，魏徵接下来赞叹太宗皇帝的德行和建立的伟大功业，这也是为引出《群书治要》做铺垫。

皇上以天纵之多才，运生知之睿思，性与道合，动妙几神。玄德潜通，化前王之所未化；损己利物，行列圣之所不能行。翰海、龙庭之野，并为郡国；扶桑、若木之域，咸袭缨冕。天地成平，外内禔福，犹且为而不恃，虽休勿休，俯协尧舜，式遵稽古。不察貌于止水，将取鉴乎哲人。

圣上以上天赋予的卓绝而非比寻常之才能，施展与生俱来的圣明智慧，本性合于天道，言行几近神明。用含藏不露的美德潜移默化地感通，感化了前代君王没能感化之人；损己利他，践行诸位圣王未能成就之德行伟业。边塞异族并入唐朝版图；周围国家都穿戴唐朝服饰；天下风调雨顺、灾戾不起，国家内外安宁幸福。仍然功成而不自居功，虽见美善亦不自诩美德，而是恭敬地效法尧舜，考察并遵循先王之法度。不是在平静的水面上自我观察欣赏，而是要从圣哲的教诲中获得借鉴。

从魏徵对太宗皇帝的赞叹中可以总结出几个关键词：德行、教化、克己和谦卑。《礼记·学记》云：“建国君民，教学为先。”《说文解字》解释“育”为“养子使作善也”。“育”字的上部是“𠫓”，即倒写的“子”字，意为“不顺子”。“不顺子亦教之，况顺者乎？”（《说文解字》）“不从子而从倒子者，正谓不善者可使作善也”（《说文解字注》）。因此，“育”这个字从文字上就体现了通过教育把不善的人教成善人的含义，表达了教育起到的长善救失的作用。中国古代的帝王都相当重视道德教化。《汉书》说，古代的君王无不把教化百姓作为治国的首要任务，设立太学在国都推行教化，设立庠序在地方上教育人民。教化既已昭明，良好的社会风气也已形成，天下曾出现过无一人犯罪入狱的大治之相。唐太宗在即位之初便听从魏徵的建议，效法古代的帝王，实行道德教化，在短时间内使社会恢复了安定，实现了大治。

实行道德教化只是一个方面，如何将道德教化有效地落实则是更为重要的另一个方面。如何落实最有效呢？《说文解字》解释“教”是“上所施，下所效也”。教的人以身作则，给学的人垂范如何落实圣贤教诲，上行下效，学习的人受到感化而自然效法。作为领导者则是用德行教导感化下属和民众。既然领导者要起到“师”的作用，那么领导者的修身就至关重要了。

德行修养从哪里开始呢？从戒贪开始。序言中讲“损己利物”，“损己”就是克己。领导者能否克制自己的欲望关系到自身的荣辱和国家的成败。《晋书》总结夏、商、周三代的兴衰时讲到，夏、商、周三个朝代的兴起，无不是由于其开国的几位帝王能够节制情欲；而三个朝代的衰败，也无不是由于其末代帝王骄奢淫逸、奢侈放纵。习近平总书记也是深刻认识到了骄奢淫逸对社会国家的危害，因此提出“从严治党，积极借鉴我国历史上优秀廉政文化，不断提高党的领导水平和执政水平、提高拒腐防变和抵御风险能力”①。

唐太宗是一位注重节俭的皇帝。据《贞观政要》记载，贞观元年，太宗对侍臣说：“自古以来，帝王凡是要大兴土木，都必须顺应民心，比如以前大禹凿九山、通九江，耗费的人力巨大，但是却无人抱怨，其原因就是民心所向。但是秦始皇营建宫室时，人民都反对，这是因为秦始皇是为了满足自己的私欲，违背了民心。我现在想建一座宫殿，材木都已经准备就绪，但是想到秦始皇的教训，就决定不再兴建了。”古人说“不作无益害有益”“不见可欲，使民心不乱”。不要做那些无益的事情，而损害了有益的事。见不到可以引起贪心的东西心就不会被扰乱。由此可知，见到诱人之物，心就很容易被污染，比如那些精雕细镂的器物、珍珠玉器、服装玩物，如果纵情享受，那灭亡的日子立刻就会到来。唐太宗不仅自己注重节俭，还要求自王公以下，宅第、车服、婚嫁、丧葬等，如果用度超过了规定而过于奢华，都要一律禁止。从此以后的二十多年，整个社会风气崇尚简朴，衣服没有锦绣，物质富饶，没有出现挨冻受饿的情况。

太宗皇帝是一代明君，他学习效法古圣先贤治国理政的方法，并

---

① 《习近平在中共中央政治局第五次集体学习时强调 积极借鉴我国历史上优秀廉政文化 不断提高拒腐防变和抵御风险能力》，《人民日报》2013年4月21日。

且广开言路，从谏如流。这些体现的是他谦虚的美德。《说苑·敬慎》云："有一道，大足以守天下，中足以守国家，小足以守其身。谦之谓也。"如何用谦德来守天下、国家和自身呢？太宗做出的榜样是"俯协尧舜，式遵稽古"，恭敬地效法尧舜，依照古圣先王的常理常法来治国理政。唐太宗下令编撰《群书治要》就是最好的例证。《大唐新语》记载有一段唐太宗的手诏，太宗皇帝说，自己年少的时候崇尚武力，不精学业，对于先王治国理政的智慧方法知之甚少，就好像要渡过大海一样茫然不知所措。现在看到《群书治要》这部书，广博而切要，书中所载的内容见所未见，闻所未闻，使自己能够考察古人如何使国家在政治上安定清平，能使自己遇到事情不迷惑，《群书治要》这部书的功劳，实在是太大了。因此，太宗皇帝特别下令将《群书治要》分赐给太子及诸侯王作为从政龟鉴。太宗皇帝有谦虚之德，使他能够虚心地取法于古人，听取臣子的谏言，最终成就了贞观之治，他也被称为"千古一帝"。这就是太宗以谦德守天下、守国家、守自身的典范。

现在有的人喜欢创新，不相信古人所说的常理常法，如"五伦""五常""四维""八德"，认为这些已经过时了，认为自己创造的比古人要高明。其实，这不仅是不谦虚的表现，还表现出现在有的人不懂什么叫创新。只有掌握了不变的"道"，才能以此为基础谈创新，套用现在的"守正创新"一词来说，只有坚守正道，创新出的内容才有价值可言。中国古代圣人是明心见性之人，讲出的常理常法是自性的流露，是符合"道"的，可以作为普适的原则来应用。我们现在讲坚定文化自信，其中就是要虚心学习古人的教诲。因此，这也凸显了谦虚之德的重要性。我们只有对古圣先贤的教诲生恭敬心，才能深入理解圣人的用意。

三、介绍《群书治要》

魏徵从编撰起因及目标、特点及内容、概述及编排特点和意义等方面对《群书治要》进行了介绍。

（一）编撰起因及目标

以为六籍纷纶，百家踳驳。穷理尽性，则劳而少功；周览泛观，则博而寡要。故爰命臣等，采摭群书，翦截淫放，光昭训典。

皇上认为“六经”义理渊博深邃，诸子百家思想驳杂。想穷究天地万物之性理，则耗费精力却收效甚微；周遍阅读泛泛浏览，则见识广大却缺乏要领。因此，皇上下诏命臣等从各种典籍之中采集摘录，删削浮华之辞，去粗取精，显扬光大先王的典章制度。

“六籍”在这里指“六经”，即《诗》《书》《礼》《易》《乐》《春秋》。“六经”中的《乐》在流传中亡佚，一种普遍的观点认为是亡于秦火，因此后来成为“五经”。

从本段可知，太宗命魏徵等编撰《群书治要》是为了收集古圣贤王治国理政的智慧和经验，显扬光大先王的典章制度。在《新唐书·萧德言传》中也有类似的记载，唐太宗希望知道前世朝代治理的得失，因此诏令魏徵、虞世南、褚亮及萧德言等人，搜集编排并上呈经、史、诸子百家典籍之中有关帝王兴衰成败及其原因的内容。

（二）编撰特点及内容

《群书治要》是根据唐太宗的旨意编撰的。太宗皇帝希望看到的内容和关注的重点自然构成了《群书治要》的主体和特征，魏徵首先对此进行了介绍。

圣思所存，务乎政术。缀叙大略，咸发神衷。雅致钩深，规摹宏远。网罗治体，事非一目。

圣上的思虑是专注在治国理政之道。从群书中所编辑整理的远大谋略，都是出自圣王神明的内心。内容雅正，义理悠长，规模宏大，格局深远。搜集治国的纲领和要旨，不局限在某一条目。

从这里可以总结出《群书治要》中的内容有如下特点：第一，依照太宗皇帝的关注重点，选择的内容注重治国理政之道；第二，选出的内容都是古代帝王治国理政的精要；第三，规模宏大，格局深远；第四，注重“道体”和“治体”，而非具体的某种制度。

《群书治要》的内容可以归纳为四个方面。

1. 著为君之难

《群书治要》中辑录了贤明与昏庸的君主，将他们的得失都完备地记录下来，以体现为君之难。

若乃钦明之后，屈己以救时；无道之君，乐身以亡国。或临难而知惧，在危而获安；或得志而骄居，业成以致败者，莫不备其得失，以著为君之难。

那些敬肃圣明的君主委屈自己来拯救时运；而昏庸的君王则因贪图自身享乐而导致国家灭亡。有的君主身临危难而知道畏惧反省，从而转危为安；有的国君得志之后骄傲自处，大业已成又导致失败，没有不备陈其得失之因，以体现为君之难。

2. 显为臣不易

《群书治要》中还辑录了忠贞之臣的事迹、奸邪之臣的恶行，辑录了事情的来龙去脉，以体现为臣不易。

其委质策名，立功树惠，贞心直道，忘躯殉国，身殒百年之中，声驰千载之外；或大奸巨猾，转日回天，社鼠城狐，反白仰黑，忠良由其放逐，邦国因以危亡者，咸亦述其终始，以显为臣不易。

那些献身朝廷，鞠躬尽瘁，建立功勋，树立恩惠，忠贞正直，捐躯殉国，身殒其时代，却名扬千古；那些极其奸猾之臣，权倾朝野，依仗权势为非作歹而难以驱除，颠倒黑白邪正是非，忠臣因为他们被流放，国家因此而危亡的，也都记述其来龙去脉，以体现为臣不易。

这一段中有两个词，“委质策名”和“社鼠城狐”，分别解释如下。

“委质策名”指献身于朝廷，尽忠于君主。《左传·僖公二十三年》云：“策名委质，贰乃辟也。”孔颖达《春秋左传正义》中对此解释为，古代出来做官的人要将自己的名字写在简策之上，以明确自己对所侍奉的君主的所属关系。下拜的时候屈膝，弯曲身体在地上，以显示对君主的敬奉。将名字与所侍奉的君主系在一起，就不可以有二心。

“社鼠城狐”指城墙洞中的狐狸，土地神里的老鼠，比喻有所凭倚而为非作歹又很难除掉的人。《说苑·政理》记载，齐桓公问管仲治理国家所忧患的是什么，管仲回答说要担心“社鼠”。桓公不解。管仲回答说：“土地神是用木头捆扎后再涂上泥做成的，老鼠便栖身其中。若用烟熏，则害怕会烧坏木头；若用水灌，又害怕冲坏了涂在上面的泥。这里面的老鼠之所以不能被杀死，是因为土地神像。国家也有社鼠，君主左右的人就是。在宫内，他们对君主隐瞒实情，使君主不知善恶，在宫外，他们向百姓炫耀手中掌握的大权。不诛杀他们就会造成祸乱，要杀掉他们，他们又被君主所庇护，有君主对他们的保护和豢养，这些人就是国家的社鼠。”社鼠是一个国家的大患。其实“社鼠”是任何一个企业、团体里的大患。对一位领导者来说，都要注意自己身边的人，这并不是说要防范身边的人，而是要知人，知人才能善任。

3. 丕显皇极

《群书治要》中将明君贤臣建立的德业与他们的言行辑录下来，即使细微的善事也不会遗漏，以此大力显扬皇上治理天下的准则。

其立德立言，作训垂范，为纲为纪，经天纬地，金声玉振，腾实飞英，雅论徽猷，嘉言美事，可以弘奖名教，崇太平之基者，固亦片善不遗，将以丕显皇极。

明君贤臣立德立言，创制训典，垂范后世，立定纲常，治理国政，德才兼备，德行功绩美名传扬。那些高明的政论，美善的道理、言辞和事迹，可以用来劝勉光大名教礼法，增崇天下太平的基业，当然微善细行也都不会遗漏，用以大力显扬先王治理天下的大中之道。

何谓“立德立言”呢?《左传·襄公二十四年》云：“太上有立德，其次有立功，其次有立言。虽久不废，此之谓不朽。”孔颖达《春秋左传正义》注解说，所谓“立德”，是指创制并垂示法则，广施恩惠，拯救众民。先辈立下圣德，由此带来的惠利能够泽被无穷。所谓“立功”，是指拯救危厄，排除万难，功成于当时的时代。所谓“立言”，是指说话切中要领，道理足可以传世。树立的德行，建立的功业，美善的言语，即使在人去世之后也长存世间，这就是所谓的“不朽”。

“为纲为纪”指立定纲常，也就是治国理政的常理常法。

“经天纬地”在这里比喻治理国家。

“金声玉振”一词出自孟子对孔子的赞叹。孟子赞叹孔子是集大成者，以圣人之智成就圣贤功业。《孟子·万章下》云：“孔子之谓集大成。集大成也者，金声而玉振之也。金声也者，始条理也；玉振之也者，终条理也。始条理者，智之事也；终条理者，圣之事也。”在序言中，“金声玉振”用来比喻德才兼备。

“腾实飞英”指功绩美名传扬。

“雅论徽猷”指雅正的高论，美善之道。“徽”意谓美，“猷”意谓道。

“丕显皇极”一词中，“丕”是大的意思，“丕显”即大显。“皇极”即大中之道，君王治理天下的准则。《尚书·洪范》云：“皇建其有极。”根据孔安国《尚书传》，“皇”是大的意思，“极”是中的意思，凡立事当用大中至正之道。孔颖达《尚书正义》中也讲到，施行政治教化，治理民众，当用大中之道，无有邪僻。

从以上几个词语的引用也不难看出，魏徵不仅是一位社稷之臣，对历史的兴衰成败了然于胸，而且饱读经书，深厚的文化底蕴使他对精美的文辞信手拈来。

4. 以备劝戒

《群书治要》还辑录了具有贤淑德行的懿后良妃、祸国殃民的倾城哲妇，作为劝诫。

至于母仪嫔则，懿后良妃，参徽猷于十乱，著深诫于辞辇；或倾城哲妇，亡国艳妻，候晨鸡以先鸣，待举烽而后笑者，时有所存，以备劝戒。

至于那些有着人母仪范、贤淑女德的皇后嫔妃，像探讨美善治国之道、被列入周朝辅政十贤臣的太姒，以及深刻劝诫君主、辞绝与皇帝同车而行的班婕妤之类；还有那些智多谋虑倾覆邦国的妇人，因美色导致国家败亡的艳妇，牝鸡司晨、篡权乱政，以及烽火戏诸侯而后笑的褒姒之流，也时有收录，以备劝诫后人。

这段话中出现了几个典故。

“参徽猷于十乱”一句，“参”指探究，“徽猷”是美善之道。“十乱”出自《尚书·泰誓》“予有乱臣十人，同心同德”。“乱”是治的意思。孔颖达《尚书正义》注解此句，我有治臣十人，这十人都是上智，都认为周是殷非，因此人数虽然少，但是同心同德，共同辅佐武王，要共同讨伐灭商纣。在辅佐武王灭殷商的十位治臣之中，有一位是妇人。这位妇人一种说法指文王之后太姒，一种说法指武王之妻邑姜。

“著深诫于辞辇”一句，“著”指使明了。“辞辇”出自《汉书·孝成班婕妤传》。汉成帝在后庭游玩，想与班婕妤同乘一车。班婕妤推辞说：“看古时的图画，圣贤之君都有名臣在侧，而三代末主的两边却是嬖女。现在同乘一车，莫非是更像三代末主了？”成帝认为班婕妤说得好，也就不再要求同乘一车了。后来将“辞辇”作为称颂后妃之德的典实。

“倾城哲妇”出自《诗经·大雅·瞻印》“哲夫成城，哲妇倾城”。《瞻印》篇是讽刺周幽王的诗篇，诗中的“哲妇”指褒姒。郑玄注解说，“哲”指多谋虑；“城”即国。丈夫属阳，阳者宜动，因此丈夫多谋虑就能成就国家。妇人属阴，阴当娴静，因此妇人多谋虑就会败乱国家。后来人们用“倾城哲妇”来形容乱国覆邦的女子。

“候晨鸡以先鸣”一句，母鸡报晓比喻妇人篡权乱政。《尚书·牧誓》“牝鸡之晨，惟家之索”是一句古语。孔安国《尚书》云：“索，尽也。喻妇人知外事，雌代雄鸣则家尽，妇夺夫政则国亡。”孔颖达在《尚书正义》中解释说，妇人不当知政，是别外内之分，假使妇人贤德如文王之母，则可以兴助国家，就不用牝鸡作比喻了。

“待举烽而后笑”一句，即周幽王为博得褒姒一笑烽火戏诸侯的典故，出自《史记·周本纪》。

魏徵为什么选取女子的内容呢？因为女子的德行非常重要。古今中外的历史证明了这一点，古今中外的智者也都认识到了这一点。塞缪尔·斯迈尔斯在《女性的素养决定一个民族的素养》(《品格的力量》第二章)中写道：“女人的影响在世界各地都是一样的。不管在哪个国家中，她们的状况影响着这个民族的道德、行为方式和品格。哪里的女人品质恶劣，那个社会的风气也就恶劣。哪里的女人道德高尚、有教养，那个社会就繁荣、进步。”

（三）编撰概述及编排特点

在介绍了《群书治要》的内容之后，魏徵对全书的编撰情况进行了介绍，尤其着重介绍了《群书治要》的编排特点。

1. 编撰概述

爰自六经，讫乎诸子；上始五帝，下尽晋年。凡为五帙，合五十卷。本求治要，故以《治要》为名。

引用“六经”乃至诸子百家的著作；时间上起自五帝，下至晋朝。全书共五函，合为五十卷。根本目的在于寻求治国理政的纲要，因此用《治要》作为书名。

2. 编排特点

在介绍《群书治要》的编排特点前，魏徵首先简述了之前类书在编排上出现的问题。

但《皇览》《遍略》，随方类聚，名目互显，首尾淆乱，文义断绝，寻究为难。

但是《皇览》《遍略》，分类归纳，名目重复，首尾混乱，文义不通，查究也很困难。

这段出现了两部类书，《皇览》和《遍略》。《皇览》是指三国魏文帝曹丕时，由刘劭、王象、桓范、韦诞、缪袭等奉敕编撰的一部经传集成，共八百余万字，被后世尊为类书始祖。《遍略》即《华林遍略》，又名《华林偏略》《华林园遍略》《芳林遍略》，由刘杳、顾协、何思澄、钟屿、王子云等人于梁武帝天监十五年（516）奉敕编撰，历时八年而成，合七百卷，是一部大型官修类书，对后世类书编撰具有深远影响。这两部类书在编排上都不尽如人意，存在名目重复、逻辑不清以及查询困难等问题。这也是魏徵等人在编撰《群书治要》时要避免的。

魏徵介绍了《群书治要》的编排特点。

今之所撰，异乎先作；总立新名，各全旧体。欲令见本知末，原始要终；并弃彼春华，采兹秋实。一书之内，牙角无遗；一事之中，羽毛咸尽。

如今所编撰的书，与之前不同，是以《群书治要》这一新名命名全书，各篇章保留了原书体例。为了让读者见本知末，探究事物发展的终始，并像弃摘春天的花朵只采秋天的果实一样，删除无关紧要的内容，辑录经世治国智慧经验的精华。一书之中的关键内容没有遗漏，一个事件的主要内容及细节也选录完整。

《群书治要》中选取了经、史、子部的典籍。用经纬来分，经部是经，史部是纬；用纲目来分，经部是纲，子部是目。经部是“五经”当先，史部按历史顺序排列，子部按照作者的年代排列。简单来说，《群书治要》是按照经、史、子的顺序和历史顺序编排的。这种排列简单且合理。

先读经，树立治道思想。经者，常也，是恒常不变的道理，治国的常理常法。孔子“祖述尧舜，宪章文武”，删《诗》《书》，定《礼》《乐》，赞《周易》，作《春秋》。因此“五经”是孔子继承古圣先王修齐治平的常理常法，用以垂训后世。汉代董仲舒提出“罢黜百家，表彰六经”之后，“六经”成为正统的治道思想。《群书治要》共收录经部典籍十二部。编排时是“五经”当先，接下来是与“五经”相关的经部的典籍《周礼》（“三礼”之一）、《周书》（即《逸周书》，相传为孔子删《书》之后的余篇）、《国语》（又称《春秋外传》）、《韩诗外传》。再接下来是三部记录孔子言传身教的经典，《孝经》《论语》《孔子家语》。可以看出，《群书治要》的经部全部是由儒家经典组成，因此《群书治要》是以儒家思想为纲。

经部之后是史部。当明了治国大道之后再读史，就可知道什么样的制度符合道，什么样的举措背离道。可以明了历史因果律。当读到无道之君如何昏庸，奸邪之臣如何狡诈，忠臣不能善终，贤德之人不受重用的时候，就能用经中的道理来分析，并始终保持正知正见，不怀疑圣贤的教诲。

《群书治要》中的史部由《史记》《吴越春秋》《汉书》《后汉书》《魏志》《蜀志》《吴志》和《晋书》组成。要指出的是，《群书治要》辑录的《后汉书》不包含志。《后汉书》的作者范晔生前完成了纪、传部分，所著之志未能传世。直到北宋时，有人将西晋司马彪续《汉书·志》与《后汉书》合刊，才成今本《后汉书》。此外，《群书治要》中的《晋书》是唐朝以前记录晋朝历史中的旧本。二十四史中的《晋书》由房玄龄主编，编撰时魏徵已经病故，编撰完成之后，唐朝以前诸家《晋书》旧本就逐渐失传了，有幸《群书治要》保存了部分史料。

史部经典也是按历史顺序排列的。其原因是，历史是不间断发展的，新朝代建立后施行的政治举措，不仅有当时的历史背景，而且会借鉴前朝成功的经验和失败的教训，尤其会纠前朝所行之偏。按照时间顺序读，可以厘清历史发展脉络，更容易理解古人的做法和观点。

史部之后是子部。《群书治要》收录的子部经典四十七种，以儒家经典为主，兼采诸子学说（道、法、名、墨、杂、兵）。

根据《隋书·经籍志》的分类，《群书治要》中有：

儒家十七部：《晏子春秋》《曾子》《孟子》《孙卿子》《新语》《贾子》《盐铁论》《新序》《说苑》《桓子新论》《潜夫论》《申鉴》《中论》《典论》《体论》《典语》《袁子正书》；

道家六部：《鬻子》《老子》《文子》《鶡冠子》《列子》《庄子》；

法家八部：《管子》《商君子》《申子》《慎子》《韩子》《政论》《刘廙政论》《政要论》；

名家一部：《尹文子》；

墨家一部：《墨子》；

杂家八部：《尉缭子》《尸子》《吕氏春秋》《淮南子》《仲长子昌言》《蒋子万机论》《傅子》《抱朴子（外篇）》；

兵家六部：《六韬》《阴谋》《司马法》《孙子兵法》《吴子》《三略》。

子部典籍的编排没有按照诸子分部，主要有两个原因。第一，诸子中的各家等，是后人在解读先秦著作时，根据他们所侧重的部分进行的人为分类，并不说明某一家的思想中就没有其他家的思想。其实“天下无二道，圣人无两心”。在先秦时期，诸子百家也多是互相参学，取彼之长，同时又兼有自己的特色。第二，魏徵在辑录的时候，遵从尧舜周孔之道，其他各家辑录的内容也是与这一治道思想相一致的部分。因此，再将节选后的诸子按之前的类别归纳便不合适了。

子部典籍，特别是汉以后的文章，多是古人经史合参，再融入自己的见解后写出的论文。作者在提出自己的见解时，是基于当时的历史背景，这需要读者首先明了作者所处的历史环境，进而明辨论述的观点在哪一方面有所侧重，侧重的历史原因是什么。这需要有扎实的经部思想和正确的历史观。并且，有时文中对一些历史人物和事件的描述比较简略，这需要阅读者具备必要的历史知识。所以按顺序阅读，有助于更好地理解书中的义理。

《群书治要》中不包含集部，这与《群书治要》的定位有关。《群书治要》定位在“帝王之学”，集中阐述治国理政的智慧、方法和经验。魏晋南北朝以来的一些文章，言辞华丽，但是脱离实际。魏徵在序言中对魏晋以来浮艳文风提出了批评，所以集部在《群书治要》中没有收录。

以上介绍了《群书治要》的编排情况。日本人林信敬在天明本《校正群书治要序》中赞叹《群书治要》这样编排是先明了确立治道的原因，而后知道政治所应行举措；先探明设立教育的目的，而后明白学习的方向。

经过魏徵等人“采摭群书，翦截淫放”“弃彼春华，采兹秋实”，《群书治要》经史合参，史论结合，前后呼应。经、史、子成为一个有机的整体。全书五十卷，共五十余万言，显扬光大的是古圣先王教民的准则和治国理政的常理常法。因此，有学者赞叹《群书治要》是中华传统文化精华之精华。林信敬在《校正群书治要序》中赞叹《群书治要》说，从深奥的经部典籍，到广博说理的史书及诸子著作，凡是有关国家治理方法，包含劝诫的内容，都一一选出没有遗漏。退朝后阅读此书不会感觉其混乱，闭门探究也不会烦劳，这实在是一部仅次于经书地位的书啊。

（四）编撰意义

序言的最后一部分是《群书治要》的意义。魏徵赞叹《群书治要》：

用之当今，足以鉴览前古；传之来叶，可以贻厥孙谋。

用在当今，足以借鉴考察古人的经验来治国理政；传至后世，可以给子孙留下和顺天下的治理之道供其取法。

文中“贻厥孙谋”一词指遗留给子孙，泽被后世。“孙”字有两种释义。第一解释为子孙。《尚书・五子之歌》有“有典有则，贻厥子孙”一句。孔颖达在《尚书正义》中对此解释为，将治国理政的典章制度和如何当好君主的方法留给后世子孙，使他们来效法。第二种解释认为“孙”通“逊”，也就是顺的意思。《诗经・大雅・文王有声》有“诒厥孙谋，以燕翼子”一句。郑玄《毛诗笺》对此注解说，“诒”是传的意思，“孙”是顺的意思，将能够安顺天下的谋略流传后世，用来安定敬事的子孙，使他们遵照而行。这两种释义皆可取。

既然有了古人留下的智慧和方法，那么该如何运用呢？

引而申之，触类而长。盖亦言之者无罪，闻之者足以自戒。

引申其中的内容，可以触类旁通。也是言者无罪，听者则作为自我的教戒。

通过《群书治要》，魏徵希望弘扬先贤的九种优良品德。

庶弘兹九德，简而易从。

希望这本书能发扬光大先贤的优良品德，并起到简单容易遵从的效果。

"九德"指先贤所说的九种品德，在这里也泛指优良的品德。"九德"在历史上还有不同的说法，这里举出《尚书·皋陶谟》的说法："宽而栗，柔而立，愿而恭，乱而敬，扰而毅，直而温，简而廉，刚而塞，强而义。"孔颖达在《尚书正义》中注解这九种德行时说，宽宏大量又能庄严谨慎，温柔和顺又能坚持主见，小心谨慎又能恭敬严谨，既有能力又办事认真，善于听取他人的意见又能果敢坚毅作出决断，正直又能态度温和，豪爽而又品行端正，刚正而不鲁莽，勇敢又合于道义。《尚书》"九德"一段也被魏徵选录在《群书治要》当中。

"简而易从"出自《周易·系辞上》："易则易知，简则易从。易知则有亲，易从则有功。有亲则可久，有功则可大。可久则贤人之德，可大则贤人之业。易简而天下之理得矣。"易则易于了解，简则容易遵从。容易了解就能得到他人的理解和亲近，容易遵从就可以建立起功业。得到理解和亲近，无相残害，就能长久，久而久之，逐渐积累，能够建立功业就能壮大。长养万物，能使物长久是贤人之德，建立大功是贤人的事业。天下之理，莫不是由于易简，而能各自顺从其本位分内。这里说贤人没有说圣人。其实行天地之道，总天地之功，唯有圣人能行。但是说贤人，是因为圣人隐迹藏用，事在无境。说可久可大之功，是离无入有，贤人是事在有境，因此说贤人。

中国人喜欢简单，大道至简。古圣先贤教给后世子孙的，都简单易学，这样才能长久流传。古圣先贤留下来的是“五伦”（父子有亲、君臣有义、夫妇有别、长幼有序、朋友有信），“五常”（仁、义、礼、智、信），“四维”（礼、义、廉、耻），“八德”（孝、悌、忠、信、礼、义、廉、耻）。这些德行都属于性德，依此修行可以回归自性。这些并不是圣人人为指定下来的，而是本来如此之道。圣人是回归自性明德的人，将修行的道路和方法述说而已。《大学》开篇说“大学之道，在明明德，在亲民，在止于至善”。领导者以这些德行来修身，回归自性明德。通过亲民、教民，使百姓也明明德。最终，自觉和觉他都达到圆满，即是止于至善。历代帝王，能够快速从容地使国家安定，使百姓得到治理，正是通过修身为本、教学为先，办圣贤政治，而成就王道盛世。

观彼百王，不疾而速，崇巍巍之盛业，开荡荡之王道。可久可大之功，并天地之贞观；日用日新之德，将金镜以长悬。

观察学习古圣先王，能够从容快速地使国家大治，建立高山仰止的盛大基业，开创影响深远的王道之治。那些广大持久的功业，如同天地恒守正道展示给万物；日用日新的美德，如同金镜一般长久高悬光照后世。

“不疾而速”出自《周易·系辞上》“唯神也，故不疾而速，不行而至”。这是赞叹“易”的功用。“道”体现出来的就是“易”之德：不易、变易、简易。“不易”指恒常不变的真理。“变易”指万物在对立统一中不断变化的状态。正因为“道”有“不易”的特点，才能够以不变应万变。“简易”指虽然现象变幻莫测，背后的规律却极为简易，容易被人所知所用。正因为“道”具有“易简之德”，人们依道而行，才能够建立“可久可大之功”，这种恒久伟大的功业就是“巍巍之盛业”“荡荡之王道”，犹如天地一样恒久地守持正道而为人们观仰。

“日用日新之德”语本《周易·系辞上》“日新之谓盛德”。《周易注》云：“体化合变，故曰日新。”人的本性寂而常照，照而常寂，能体会变化，感通天下。而德出于人们的本性。德行恒久不变，又能体化合变，因此能够日用日新。《大学》说：“苟日新，日日新，又日新。”不同的时代赋予其不同的内涵，这是真正的与时俱进。

林信敬在《校正群书治要序》中说，古时明君贤臣所勤勉讲求的，莫不是治国、平天下的大道，并以此来匡补时弊，垂范后世。《群书治要》这部汇集了古圣先贤修身、齐家、治国、平天下之精华的宝典，助唐太宗开创了贞观之治。后来《群书治要》传到日本，又助日本实现了平安时代的繁荣。可以看到，《群书治要》不仅在当时，也在后世，不仅在中国，也在外国，辅助为政者实现了太平盛世。这是因为在《群书治要》中摘录的古圣先贤的治国理政的智慧、方法和经验，是符合道的，因此具有永恒的价值。有理由相信，如果现在的各级领导干部都能学习书中治国理政的智慧和经验，《群书治要》也一定能辅佐今天的为政者，不仅使社会达到太平之境，也能成法于后世，开创恒久广大的功业，比肩天地贞观，日用日新之德，将金镜长悬，光照后世。

第三讲

三教视野中的《群书治要》

孟子在谈到知人论世的时候说，“颂其诗，读其书，不知其人可乎？是以论其世也”（《孟子·万章下》）。意思是，学习任何一本经典著作都要了解作者本人以及他所处的历史背景。这句话历来被人们奉为读书法的准绳，阅读诸子百家莫不如是。对于《群书治要》这一部重要的典籍而言，想要深入理解和把握其中的精华，也要将其置于特定的历史、文化和学术的背景之下去考察，而不能仅是在文字表面上去孤立地、静止地探讨其思想。

历史地看，《群书治要》一书的出现是多种因素综合的结果，因而也就需要整体地进行研究。它所取舍的材料虽然是旧的，但其编撰的眼光则是新的。它虽然表现的是向过去取经，但其精神却是向未来传道。贯穿《群书治要》一书始终的正是古人一直以来信守奉行的关于修身、齐家、治国、平天下的博大智慧。魏徵等人的重新编撰赋予了这些典籍以日新又新的价值和意义，久为后世称颂不已的贞观之治，在很大程度上都要归功于此书。这里所谓的“三教”，并不严格是指中国既有的儒、道、法，也不是后世常说的儒、释、道，而是经、史、子三教的意思。用魏徵序文中的话来说，此书的编撰是“爰自六经，讫乎诸子；上始五帝，下尽晋年”，按照经、史、子三部的分类法来取材和整合的，也就意味着可以而且应该沿着编者的意思，从经教、史教和子教的角度去剖析《群书治要》的体例及其内容，以便能够更为真切地领会到其中的深意。

一、经、史、子三部的分类与形成

中国古代典籍的分类和整理，早在西汉之前就已经开始了。这其中有两个原因：第一，中国向来是一个有着强烈的历史意识的国家，有关历史事件和人物活动的记录很早就被保存和传承下来，使得中国古代典籍的数量随着时间的推移而越来越庞大。如何管理和整理数量如此庞大的古籍，是一个必然要面对的客观存在的问题。第二，在古人看来，这些典籍并不仅仅是作为一种无足轻重的记录而被保存下来，它里面还包含着历代的先人们对天地自然之道和人类历史兴衰等重要事项的反思，凝聚着如何趋吉避凶、长善救失的智慧。这种自觉的省察就构成了典籍整理的主观原因。在这个过程中，以国家意志为主导的古籍整理工作就成了一种延续不衰的传统，代代得以相续。尽管后世也出现了不少民间私修的情况，但总的来说，官修的还是占据着更为重要的地位。

在经、史、子、集四部分类法形成之前，古代典籍的分类和整理经过了一个不断调整和完善的过程。中国古代最早进行规范化古籍分类整理的是西汉时代的刘向、刘歆父子，因为是受到汉成帝的委派而带有官修的性质。刘氏父子在整理群书之后写成《七略》一书，但该书在唐以后就亡佚了。所幸班固在《汉书·艺文志》中有所保存，可以看到其概貌。《七略》除去“辑略”之外，按照顺序排列分别是六艺略、诸子略、诗赋略、兵书略、术数略和方技略六类。六艺略实际上就是后世所言的经部之类，涵盖了《易》《诗》《书》《礼》《乐》《春秋》《论语》《孝经》等经部典籍。诸子略就是儒家、道家、阴阳家、法家、名家、墨家、纵横家、杂家、农家和小说家等十家著作。可以看出，经部、子部已经单独分类列出，只有史部尚且没有成为独立的门类。

到了晋代，荀勖的《中经新簿》将六略重新分门别类，划为甲、乙、丙、丁四部。甲部收录经书，乙部收录子书，丙部收录史书，丁部是诗赋之类，初步奠定了四部分类的基础。重要的是，史书类独立出来成为一大分类，经、史、子三部首次得以并列出现。后来，南朝王俭的《七志》并没有延续荀勖的做法，而是把史书类归于经典志之下，也就是经书下，受到了后人的批评。但经典志的提出，也较为明确地点出了经的地位，影响了此后的命名。此后，阮孝绪的《七录》则再次把史书类独立出来，标为记传录，列于子兵录之前，文集录随之于后，其实已经具备了经、史、子、集四部的雏形了。到了唐初魏徵编撰《隋书》的时候就正式按照经、史、子、集的顺序和名称来分类古籍了，也基本上为后世所遵行。详见下表所示。

汉书·艺文志	六艺略	诸子略	诗赋略	兵书略	术数略	方技略	
中经新簿	甲部（经）	乙部（子）	丙部（史）	丁部（诗赋）			
七志	经典志	诸子志	文翰志	军书志	阴阳志	术艺志	图谱志
七录	经典录	记传录	子兵录	文集录	术伎录	佛法录	仙道录
隋书·经籍志	经部	史部	子部	集部			
旧唐书·经籍志	甲部经录	乙部史录	丙部子录	丁部集录			
新唐书·艺文志	甲部经录	乙部史录	丙部子录	丁部集录			

当然，如果分析一下《群书治要》一书的取材和编撰，会发现它的体例也是按照甲部经、乙部史、丙部子的顺序排列的，而且没有选

取集部的著作。经部自始以来都排在第一位，而且其涉及的典籍也较为固定，基本上沿袭的是《七略》中的内容而略有增减。具体来说，《群书治要》的经部典籍所涵盖的经书有《周易》《尚书》《毛诗》《春秋左氏传》《礼记》《周礼》《逸周书》《国语》《韩诗外传》《孝经》《论语》《孔子家语》十二部。很明显可以看到，《逸周书》《国语》《孔子家语》并非此前经部所列书籍。而后世广为人知的十三经中的《孟子》《仪礼》《春秋穀梁传》《春秋公羊传》则都不在其中。《孟子》在《群书治要》中被列于子部之内，要到了宋代的时候才能升阶为经部。史部和子部则没有特殊之处，自汉代以来所形成的共识是较为一致的。如果与魏徵编撰的《隋书·经籍志》中的书目分类比较一下会发现，《群书治要》一书所选取的典籍要更为少而精，很显然是编者深思熟虑后的结果，而并不是随意的拼凑和捏合。

二、经教、史教和子教的内涵

虽然从古籍整理的角度来看，经部、史部、子部分类的形成比较晚，但人们从经书、史书、子书中学习和借鉴的历史则十分久远，不同典籍中所蕴含的教化思想早就为人们所挖掘和使用了，这可以视为经教、史教、子教的由来。这里面既有经、史、子三者之间的关系问题，也自然涉及经教、史教、子教的关系问题。从某个层面来说，经、史、子三部的典籍在教育和教化的理念和方法上是同中有异，异中有同的，可以用《周易》中的“同归而殊途，一致而百虑”来解释，当然也与古代经史不分的事实密切相关。

历史地看，经教起始的年代最早，所处的地位和发挥的作用最为重要，囊括了史教和子教。经部的一本重要典籍《礼记·学记》中就讲过“建国君民，教学为先”。教和学的内容具体指的是什么呢？根据《礼记·王制》的记载，“春秋教以礼乐，冬夏教以诗书”。这些就是后来被尊为经部内容的主干。按照东汉时期的字书《释名》的解释，“经，径也，常典也”。既指人们脚下所走的路，也指那些得到普遍尊崇的经典，两者都有着恒常不变、可以为人们所依循的意思，“教”的内涵即由此引申而来，换而言之，就是要教那些万世不易的东西。任何一个社会或国家的整体气质和风貌都与它所习得的经典有关，在古人看来就是“入其国，其教可知也”。这句话出自《礼记·经解》篇，深刻地点明了传统意义上的“六经”——《诗》《书》《礼》《易》《乐》《春秋》所寄寓的不同的精神旨趣。

按照《礼记·经解》的记载，经教的核心要义在于：“其为人也温柔敦厚，《诗》教也；疏通知远，《书》教也；广博易良，《乐》教也；洁静精微，《易》教也；恭俭庄敬，《礼》教也；属辞比事，《春秋》教也。”《庄子》和《淮南子》也对六经之教做了概括，其内涵大致与此相近。大到一国，小到一身，都要依此经教行事而不得违背。何以要如此说呢？这与古人坚信六经之教是圣人所创制的有着内在的联系。圣人德行纯备，言为士则，行为世范，故而经教也就有了永恒的生命力和影响力。正如《礼记》所说的，“以奉宗庙则敬，以入朝廷则贵贱有位，以处家室则父子亲、兄弟和，以处乡里则长幼有序”，在人们生活中须臾不可离也。

史教相较于经教而言，除了可以在经教中找到其思想本源之外，还随着史学的进步而具有了独特的意义。古人常讲的通经致用、经世致用，就可以视为史教的一个核心要义所在。另外，因为史学强调要“求实”，所以就尤其具有一种可以为后世镜鉴的“史鉴”价值。这是史教的另一层意义所在，包含着对历史的治乱兴衰规律与教训的总结。《礼记·玉藻》里说“动则左史书之，言则右史书之”，其意义就在于此。这个传统在中国古代源远流长，一以贯之，从某种程度上来说，史教可以视为对经部思想的勘验。明清以来，常常有学者说“六经皆史”，这其实并不准确。严格地说，经是体，史是用，离开了经而去谈史就失去了大本大源了。

子教亦复如是，都不可以离经而论。近人吕思勉先生就曾说，经、子本相同之物。东汉时的班固在《汉书·艺文志》中说，“《易》曰：‘天下同归而殊途，一致而百虑。’今异家者各推所长，穷知究虑，以明其指；虽有蔽短，合其要归，亦六经之支与流裔。”足见诸子实际亦归本于六经，也可以说子教是源自经教的。清末的章学诚在《文史通义》中就讲道：“《老子》说本阴阳，《庄》《列》寓言假象，《易》教也。邹衍侈言天地，关尹推衍五行，《书》教也。管、商法制，义存政典，《礼》教也。申、韩刑名，旨归赏罚，《春秋》教也。其他杨、墨、尹文之言，苏、张、孙、吴之术，辨其源委，挹其旨趣……而不自知为六典之遗也。”这种解读看似虚无缥缈，略显牵强，但倘若从一个更为广阔的视野来看，诸子百家恰恰是对经教的多面向阐释和发挥。

三、贞观之际的尊经重教

隋唐改朝换代的时期，思想领域也经历了一个大的调整变化。从宏观的层面来说，体现在佛教和道教的勃兴。但这并不是说儒家思想就因此而处于一个无足轻重的地位。而是说，相较于佛教思想和道教思想的兴盛而言，儒家思想在隋唐之际经历了一个重构和整合的时期。根据史书记载，儒家思想依然以其深厚的底蕴在唐代别开生面，如传世的九经、十二经、十三经的逐步确立以及《五经正义》的编撰，六学二馆的设立，等等，都产生了深远的影响。这里面有很多举措是在贞观之际完成的，被后世史家赞为“儒学之兴，古昔未有”（《贞观政要·崇儒学》），展现的正是当时尊经重教的一面。

具体而言，贞观之际尊经重教体现在很多方面，是以自上而下的形式全面展开的。从现实情况来看，唐初多年战乱之后，“先代之旧章，往圣之遗训，扫地尽矣”（《旧唐书·儒学上》）。可见当时经教所遭受的挫折。唐太宗认为要“专以仁义诚信为治，望革近代之浇薄”

（《贞观政要·论仁义》），又说“朕今所好者，惟在尧舜之道，周孔之教，以为如鸟有翼，如鱼依水，失之必死，不可暂无”（《贞观政要·慎所好》）。说明想要遵循六经之教来改变当时浮薄的社会风气，并由此推行了一系列的弘文举措来付诸实践。

唐太宗的弘文举措主要是从儒家方面而言的，对于形成贞观之风有着重要的影响。它既有制度、职官层面的创设，也有思想理论层面的辨析。关于这个问题，太宗即位之初，就有过讨论。太宗认为在大乱之后，百姓恐怕并不容易教化。封德彝等人也认为不易。魏徵则认为并不难，并劝唐太宗应该“偃革兴文，布德施惠，中国既安，远人自服”（《旧唐书·魏徵传》）。表面看似是难易之争，实则是霸道与仁道之争。太宗从起兵到定鼎天下，深有感触，最终接受魏徵的建议而施仁义之政，行王道之治。

据《旧唐书·经籍上》的记载，唐太宗一方面下令搜集散佚在民间的典籍，另一方面又命魏徵等人进行汇校和整理，使得各方面的书籍逐渐完备，为此后自上而下地推行教化奠定了良好基础。与此同时，王珪又谏言说：“近代则唯损百姓以适其欲，所任用大臣，复非经术之士。汉家宰相，无不精通一经，朝廷若有疑事，皆引经决定，由是人识礼教，理致太平。近代重武轻儒，或参以法律，儒行既亏，淳风大坏。”（《贞观政要·政体》）意思是，朝廷所任用的人都不懂经术，只知道危害百姓以满足自己的欲望。汉代的宰相都至少精通一部经典，如果朝廷遇到需要决疑的事，就按照经典的记载来断定，因此，人们知晓礼教，国家也得以太平。反观现在，轻视儒家经典，重用法律，导致风俗大坏。这就从历史的角度为贞观之际的尊经重教提供了可资借鉴的参考。

王珪的谏言代表了当时一种积极的思想，也就是要重建经教，按照儒家经典的教诲来选用人才，治理天下。唐太宗接纳了王珪的谏言，并通过实施一系列的措施来予以落实。比如，太宗即位之初，大兴文教，下诏命房玄龄、魏徵等礼官学士，修改旧礼，定著《吉礼》

六十一篇，《宾礼》四篇，《军礼》二十篇，《嘉礼》四十二篇，《凶礼》六篇，《国恤》五篇，共一百三十八篇，分为一百卷。（参见《旧唐书·礼仪一》）随后又修订“《凶礼》十一篇，是为《贞观礼》”（《新唐书·礼乐一》）。此后，太宗又命颜师古考定“五经”，并颁布天下，使四方学子修习。不久，颜师古又奉命与其他人撰定《五礼》，以及后来更为声名卓著的《五经正义》。这一系列官方经典的编撰和修订，有力地推动了经教的发展。

除了经典典籍的编撰之外，唐太宗还从制度上加以强化，建立“六学二馆”。“六学”即国子监统辖下的国子学、太学、四门学、律学、书学和算学。“二馆”即弘文馆和崇文馆。两馆都注重经书典籍的整理和修订，以及教授生徒。每逢朝廷上重要制度的改革，还可以参与议定。其目的就在于笃厚风俗，化成天下。在史教方面，太宗曾谓：“朕每观前代史书，彰善瘅恶，足为将来规诫。”所以又命人修史，希望从中能吸取前代兴衰成败的教训，避免重蹈覆辙。贞观十年（636）春，房玄龄、魏徵将修好的梁、陈、齐、周、隋五代史，上呈太宗，并藏之于秘阁。到了贞观二十二年（648），唐太宗亲自撰《帝范》一书，以自己的切身经验和体会阐发了为政之道，共十二篇：君体、建亲、求贤、审官、纳谏、去谗、诫盈、崇俭、赏罚、务农、阅武、崇文。这里面体现的无不是古人长久以来治国、平天下的智慧，有着恒常不变的稳定性和普遍性，也足可看到贞观一朝尊经重教的理念和风气。

四、三教视野与《群书治要》

整体地看，《群书治要》的编撰可以而且应该放在贞观一朝尊经重教的背景下进行理解。通过《贞观礼》《五礼》《五经正义》等重要典籍的编撰，以及弘文馆与崇文馆的建置，贞观一朝的文教之风十分浓厚。从而为《群书治要》一书的编撰奠定了良好的基础。

按照魏徵所作《群书治要》序文，此书的编撰是出于唐太宗想要“知前世得失”的目的，因此就尤其关注历代帝王兴衰成败的道理。这显然就与史教的主旨相通。魏徵自己也说“用之当今，足以鉴览前古；传之来叶，可以贻厥孙谋”，这里面所包含的经世致用、史鉴思想是十分鲜明的。具体来看，《群书治要》一书一共选取了八部史书：《史记》《吴越春秋》《汉书》《后汉书》《魏志》《蜀志》《吴志》《晋书》，共有二十一卷之多，所占比例最大，其目的在于为唐太宗的治国理政提供可资劝诫的史实，以期达到临事不惑的效果。这从魏徵所作的序文可以清楚地了解到。唐太宗也多次览阅，并说通过此书可以见到社会风化之根本和国家治理的源头。因此而言，该书不仅是魏徵向唐太宗进谏的重要理论依据，也是唐太宗创建贞观之治的思想源泉和施政参考。

当然，突出史鉴思想还并不足以囊括此书的特色，也不足以凸显此书所具有的独特魅力。自从经、史、子、集四部典籍分类形成之后，古人在典籍整理时就按照这个标准予以推进。《群书治要》的编撰亦复如是，先列选经部的典籍，然后是史部典籍，最后是子部。《群书治要》经部选了十二种典籍放在最前面，既有传统影响的一面，也寄托着魏徵的思考。关于这一点，日本人林信敬说得很清楚：“先明道之所以立，而后知政之所以行；先寻教之所以设，而后得学之所归。”简单地说，就是要以经为根本，明了大道，然后再遵循着大道治国理政；同样也要先明了经教所以设立的用意何在，然后才能学到真正的东西。只有如此，才能见端知末，洞察始终，使阅读的人能够引以为戒，简单易从。这也是为何要经部在前子部在后的道理。

《群书治要》的子部选了四十七种典籍，可以说囊括了唐以前可以见到的所有诸子百家的重要著作，像法家类的《商君子》《韩子》，道家类的《老子》《庄子》，杂家类的《吕氏春秋》《淮南子》等也都有选编，足以说明其视野宽阔，只要有利于治国、平天下，一概可以取用。魏徵在编撰《隋书》的时候说“仁义礼智，所以治国也，方技数术，所以治身也”，子部作为对经书的阐释解读，完全可以用来治国。比如法家，根据魏徵的理解，“法者，人君所以禁淫慝，齐不轨，而辅于治者也”（《隋书·经籍三》），意思是说，法可以使人君禁止邪恶，整齐法度，从而辅助自己治理国家。杂家之类的著作，兼有儒墨之道，能汇通百家的意旨，足可以看到王者的德化能够遍及于诸子，使人能获悉福祸存亡之道，也就可以为人君所取用。

总而言之，经教、史教、子教在中国传统文化的视域中有其独特的魅力和内涵，从四部分类法本身来看也足以说明它并非只具有单纯的目录学功能。立足于中国固有的学术传统和思想脉络，来解读和阐释《群书治要》这部被誉为“次经之书”的著作，才能更好地契合古人的思维方式，进而更好地理解其中蕴藏的微言大义。

第四讲

《周易治要》中的修身思想

大家对于“周易”或许十分耳熟，但还是会问：“周易”是什么？《周易》这部古老经典都讲了些什么？

社会上有很多人打着“周易”的牌子来算卦、看相、起名字。有人用“周易”的五行八卦来看风水，很多大型建筑在兴修之前都会找人看风水等。还有人用“周易”来推测未来，比如股票的行情走势、企业的发展运势，甚至还有人用“周易”的卦象排列，推算出玛雅文化的兴衰。

这些关于“周易”的运用，其实都反映着人们思考的同一个问题：命运。

那么“周易”到底是什么？能不能解决人们关心的“命运”问题？

魏徵在编撰《群书治要》的时候，把《周易》这部经典列在了第一位。他选择了曹魏王弼、东晋韩康伯作的《周易注》，从四十五个卦象、《系辞传》和《说卦传》中摘录出重要内容，共九千多字，我们称之为《周易治要》，这里面将《周易》的理念、用途、方法和效果的精髓充分提炼出来，让人读了之后就能明了其中的智慧。文中最后引用了《说卦传》的一句作为结尾：“昔者圣人之作《易》也，将以顺性命之理也。是以立天之道曰阴与阳，立地之道曰柔与刚，立人之道曰仁与义。”这一句可谓画龙点睛之笔，言简意赅地将《周易》的精要和盘托出。古代的圣人为什么要创作“易”，或者说《周易》这部经典都讲了什么呢？就是要让人明了“性”和“命”的大道理，“性”是自性，“命”是命运，通过体悟天道阴阳、地道刚柔的常理，建立人道仁义的正道，让人们能够把命运掌握在自己手中。用这一句作为结尾，足以见得当时的编撰官员就已经认识到，这部古老经典不仅能够帮助人们了解命运，还能指导我们通过道德修养来掌握命运、治国理政，而且已经帮助中华民族创造出三皇五帝的大同之治。“至圣先师”孔子集上古文化之大成，在晚年修订六经时对《周易》爱不释手，曾感叹道：“加我数年，五十以学《易》，可以无大过矣。”后世学者更将《周易》推为中国古代经典的“群经之首”、中华优秀传统文化的“大道之源”。清代编撰的《四库全书》中，列于第一部的也是《周易》。《周易》的历代注解，多达两千多种，远超其他诸书。

当然，从伏羲创造“易”这套抽象符号，到周文王、周公为符号系辞成为周朝的《易经》，孔子为《易经》作传形成后世通行本的《周易》，再到王弼、韩康伯作《周易注》，最后由魏徵等人节录成《周易治要》，中间经历了漫长的岁月，凝结着历代圣贤的心血。

一、正本清源：三圣三贤，以文载道

《周易》最开始并不是一部书，而是上古圣王伏羲创造的一套符号系统。伏羲生活在渔猎时代，那时原始先民还没发明科学，无法用今天的知识解释各种自然现象，他们生活在荒原野地，生命安全经常受到自然灾害、猛兽虫蛇的威胁。伏羲通过观察天地万物的特征，发现了万事万物各不相同，但又相互联系、相互转化，也就是对立统一的一体性，比如有白天就有黑夜，有寒冷就有温热，有高山就有低谷，冷暖气流的交汇产生了春夏秋冬，天气变化又带来了万物生长，等等。这些事物都是矛盾体，最极端的矛盾就是“阴”和“阳”，两个极端之间还有不同程度的矛盾，伏羲用“—”表示阳，用“--”表示阴，将这两种爻象每三爻画成一个卦象，来表现八类主要的自然矛盾，用“☰”表示天、“☱”表示泽、“☲”表示火、“☳”表示雷、“☴”表示风、“☵”表示水、“☶”表示山、“☷”表示地，同时也表示四面八方的方位，以及相关大类事物的共同属性，这是最基本的八个单卦。再将八个单卦两两相重，成为六十四个复卦，就揭示出万事万物内在发展变化和相互之间不停转化的规律。

这些卦象后来就被称为“易”。“易”这个字上面的“日”表示阳性的事物或者事物的阳面；下面“勿”是“月”字的变形，表示阴性的事物或者事物的阴面；上下合为一体，这里面的含义就很深了，其中最重要的是说明阴阳本为合和一体，也就是说，矛盾的事物在形式上相互对立，但在实质上是一体的关系，万事万物本来是一个共同体。就像人的身体，有头部、四肢、皮肤、内脏等，这些组织相互不同，头不是手，手不是脚，但是任何一个部位出现问题，甚至一个细胞出现病变，整个人体就不再健康，每个健康的组织共同形成一个健康的身体。庄子曾说“万物与我为一”，正是上古先民的宇宙观、共同体理念，也就是“大道”。同时，“易”最突出的表现就是变化无穷，六十四个卦象共有三百八十四爻，每一卦都可以变化为其他六十三个卦象，甚至每一爻都包含着所有卦象的内涵，卦象爻象通过错综的变化可以推演出万事万物的变化规律，然而又都统一于阴阳一体的大前提，所谓“万变不离其宗”。另外，“易”作为一套符号系统，用极为简易的笔画勾勒出如此深刻又磅礴的思想内涵，极简易、极深刻，这是上古先民人生智慧的结晶。

运用卦象原理，伏羲带领先民认识了宇宙人生的发展规律，从此先民能够把握规律、主宰命运。比如，伏羲运用八卦预报天气，防范雷雨云雾的天气变化，为出海捕鱼的先民提供了安全保障；还运用离卦卦象“☲”的原理，以阳爻为纲、阴爻为孔，发明了捕猎打鱼用的“网”，改善生产工具，发展了生产力，等等。随后，神农、黄帝、尧、舜等圣王不断继承和发展“易”的理念和方法，创造了农业生产工具，开创了市场交易，不断改善先民生活质量，在一系列创造过程中，教导先民顺应自然规律生活，兴起伦理道德的教化，设立国家制度，“垂衣裳而天下治”。据说，夏朝有《连山易》，商朝有《归藏易》，都是根据当时不同的历史背景、现实需要，圣王带领先民认识和把握规律而运用卦象的原理，克服生活中的种种困难，实现了“大道之行，天下为公”的盛世景象。我们今天在博物馆里看到先民从石器时代逐步脱离蒙昧状态，走向人性明德焕发的光芒，正是我们的祖先运用“易”所承载的“大道”创造出来的辉煌历史。

到了商纣时期，西伯侯姬昌，也就是后来的周文王，他德行深厚、礼贤下士，得到很多人才的归附，姬家不断壮大，遭到小人离间，后来姬昌就被商纣王囚禁在羑里。囚禁期间，姬昌没有消沉堕落，而是潜心推演伏羲留下的六十四卦，重新排列了卦象的次序，为每一卦命名，并系上一句彖辞，也就是“乾，元亨利贞”这些紧跟卦象的文字，来书写自己解卦的心得。而他的儿子周公，在父亲系卦辞的基础上，又给六十四卦的每一爻都系上了爻辞，也就是“九三，君子终日乾乾，夕惕若厉，无咎”这些文字。到这里，卦象、卦辞、爻辞合在一起，就形成了周朝的《易经》。

周武王伐纣后，经周公辅佐、成王打牢周朝基石，开创周朝八百载家国大业，其中《易经》发挥的作用不可小觑。尽管周朝末代君王没有将祖先传统继承下来，但是到了春秋末期，出现了一位承传上古文化的圣人——孔子。他“十有五而志于学，三十而立，四十而不惑，五十而知天命，六十而耳顺，七十而从心所欲，不逾矩”，集上古文化之大成，在“大道既隐”的时代，承续了古圣先王的道统。

孔子一生好学，钟爱上古文明，仰慕三皇五帝开创的大同之治，不断追寻古圣先贤的脚步，学习古代文化经典。他晚年对《易经》十分感兴趣，在家的时候就把经卷放在席边，外出的时候还要放在口袋里，随时阅读，甚至到了“韦编三绝”的地步。

其实在孔子的时代，以及之前一段很长时间里，“易”作为古老文化，确实有占卜的用途，但很多人对此不以为然。所以他的学生曾很不理解地问他：“老师，您一生读了那么多书，为什么晚年却喜欢这种书呢？”可见，他的学生也不了解“易”。

于是，孔子讲解到，他读《易经》并不是像巫官、史官那样只是为了占卜求神、记录天文人事，而是更进一步透过卦象“观其德义”。

孔子的意思是，他透过卦象和文字，结合上古、中古时代的历史，看到的是天道人伦的大道，也就是自然、历史发展的规律，人事变迁的内在原理，以及人类作为有主观能动性的主体，可以从中汲取的智慧，以开发自身明德为人生目标的价值观。为此，孔子创作了十篇传文——《文言传》、《彖传》（上、下）、《象传》（大、小）、《系辞传》（上、下）、《说卦传》、《序卦传》、《杂卦传》，也被称为“十翼”，就像给《周易》加上了翅膀，让古老的经文飞到孔子的时代，以及更远的未来，教人修养道德，把幸福人生的钥匙掌握在自己手中。

我们结合孔子的一生可以看到，他从小喜欢学习古代文化，在礼崩乐坏的时代依旧自觉遵循着伦理道德。因为他看到了古代文明的辉煌，以及其中彰显的人性光辉，他坚信只要恢复人性中的明德，就会实现大同之治。这就需要通过大富长者、大臣君主来推行“明明德”的道德教化，所以他周游列国去寻求可以担当救世大任的君王，半生颠沛流离也甘之如饴。甚至狼狈地如丧家犬，在陈蔡边界断粮数日，依旧谈笑风生，抚琴而歌。

如果说《论语》是孔子与弟子在生活当中的言行录，能够生动地展现出他的言传身教，那么“十翼”可以说是孔子修身的心学，这是他通过毕生的学习和实践所领悟的真理。到这里，《易经》与孔子的十篇传文一起，形成了后世通行本《周易》的主要内容。

古老的“易”文化，经过了上古伏羲、中古文王、下古孔子三位圣人的创造、推演和阐释，“人更三圣，世历三古”，承载着中华优秀传统文化关于宇宙人生真相的智慧精华不断流传，备受后世推崇，历朝历代学者热衷于对《周易》进行注解。像我们熟悉的历史名人王弼、韩康伯、郑康成、孔颖达、司马光、张载、邵雍、苏轼、程颐、朱熹、杨万里、黄宗羲、李光地、惠栋，等等，分别从自然科学、思想文化、治国理政、道德修养、历史预测等多方面进行了阐释，让《周易》成了一部“百科全书”式的经典文献。

而《周易》之所以能够成为“群经之首”，更因为它是“大道之源”。它所承载的道理、规律能够“冒天下之道”。在所有记载宇宙人生规律的经典之中，《周易》是经中之经，包罗宇宙万物全部规律，并且超越这些规律，是精华之精华。所以熊十力老先生说，“易经广大……五经同出于斯”。

那么《周易》承载着什么样的大道呢？

首先来看书名中“易”这个字，它本身有变易、简易、不易三重含义。

“变易”，很容易看到。六十四卦，每卦都代表一类不同的处境状态，以及这种状态变化的发展规律。每卦六爻，自下而上代表不同的发展阶段，也就是时位的变化。初爻是潜隐阶段，二爻是萌发阶段，三爻是成长阶段，四爻是壮大阶段，五爻是成就阶段，上爻是终结阶段。同时，六十四卦之间相互转化，又代表着不同状态的转变，错综复杂。“变易”也称“交易”，是事物交互变化之意。

“简易”，是说《周易》揭示这些规律的方式很简单，只用六条线，其实只有阴阳二爻，就把宇宙万物变化发展的规律全部描述出来，极简易，极高明。

“不易”，是说无论现象如何变化，其内在的规律是不变的，因为一切变化最终都归于一体。“易”这个字，上面是“日”，太阳，下面是“月”，月亮，分别代表阴阳，这是两个极端的矛盾。把阴阳合在一起就说明，无论阴阳矛盾再怎么不同、再怎么变化，其实都是一体的。阴阳不同是现象，而阴阳一体不易才是实质。就像我们说的，矛盾是对立统一，对立是现象，而背后的统一才是实质。这个总原则是不会改变的。天地万物多元而一体，这是一个十分深刻的宇宙观。只要把握这一理念，就可以在纷繁复杂的变化中，以不变应万变，同时也是最为简易的处世原则。

再看“周”字，有人理解为周朝，也有人理解为“遍”，也就是

“周遍”的意思。郑玄进一步解释为“周普”，他说“周易者，言易道周普，无所不备”，也就是说《周易》的道理普遍适用，放诸四海而皆准，也就是我们说的“大道”。

实际上，古圣先贤运用《周易》承载大道，目的是“推天道，明人事”。人一旦明了、掌握了“道”，就会有“德”。《礼记》说：“德者，得也。”人按照规律行事，自然而然会得到相应的结果。

比如，按照天道运行的冷热寒暑规律去耕种，春天翻地播种，夏天施肥除草，秋天自然有收获，到了冬天要把种粮收藏好、把蔬菜腌制好，才能保证过冬有食物和来年开春新一轮的收获。“种瓜得瓜，种豆得豆”，就是按规律行事的必然结果。万事万物都是顺着规律变化发展的，必然承受规律导致的结果。

然而人具有主观能动性，在认识规律的同时也意识到，规律导致的结果对人而言有吉有凶。更重要的是，人可以发挥主观能动性转变趋势、趋吉避凶，这样，人就能够掌握自身命运，创造幸福生活。

掌握命运创造幸福的同时，其实就是修身的具体过程。而《周易治要》着重突出了“修身”的重要思想。所谓“修身”，就是修养自身内在正确的观念，以及外在的言语行为，改正错误的心行言动。

《周易治要》的文本主要选自《周易注》，这是曹魏王弼和东晋韩康伯师生二人作的注解。自古以来，学者虽然从很多角度为《周易》作注，但总归来说分为象数、义理两种流派。“象数”的“象”是指卦象、爻象，即卦爻所象之事物及其时位关系；“数”指阴阳数、爻数，是占筮求卦的基础。《周易》“象”“数”含义不断扩展，演变成包含天文、立法、乐律、养生等在内的庞杂象数学体系，后人一般以象数为探究宇宙生成规律的自然哲学。而“义理”就是经义、道理，是将卦象解释的宇宙真理与现实人文相结合的伦理道德哲学。

据史书记载，孔子将易学传授给弟子商瞿，汉朝时传到了齐人田何，田何传丁宽，丁宽传田王孙，田王孙传施仇、孟喜、梁丘贺，这三人在西汉被称为“施、孟、梁丘之学”。另外，在汉元帝的时候，有一个叫京房的人，他师从焦延寿学易，擅长灾异之说，独立为京氏易学，与施、孟、梁丘一起列于学官，当时还有费直、高相两家未列学官。到了东汉时期，这六家易学只有费学盛行，直至魏朝的王肃、王弼都传费学，其他各家逐渐衰落。陈梁时期，只有郑玄、王弼二家列于官学。

魏徵所选《周易》底本，正是王弼的《周易注》，其中经部注解为王弼所作，而传文注解是他的学生韩康伯完成的。

王弼可谓少年奇才，他是三国时期曹魏山阳（今河南焦作）人，幼时就很聪明，十几岁喜好老子的学问，而且能够融会贯通地讲解。他不到二十岁时，造访吏部郎裴徽便语出惊人，当时吏部尚书何晏赞叹他“后生可畏”。然而英年早逝，没有注全《周易》经传。王弼对《周易》的注解“得意忘象”，主于义理，辅以象术，言辞高远壮丽，能够让人领悟为人处世的道理。

韩康伯是东晋时期一位寒门孝子、国家栋梁。他本名韩伯，字康伯，颍川长社（今河南长葛市）人，小时候家境贫寒，但十分懂事。有一年大寒，母亲给他做好短袄，因为家中拮据，所以让他先穿着短袄，说以后再做夹裤。可是他却说不需要。母亲问原因，他就以手中的熨斗为喻，说：“火在熨斗中，而柄尚热，今既著襦，下亦当暖。”韩康伯知道家里困难，就说熨斗中有火，把手也会随着变热，所以上身穿了短袄，下身也会暖和。这是在宽慰母亲，看得出他从小就懂得体谅他人，而且有理有据。韩康伯成年后“清和有思理，留心文艺”，不但舅舅称赞他是“出群之器”，同乡知名人士庾龢也说：“思理伦和，我敬韩康伯。”后来他果然被举为秀才，征召任佐著作郎，但是没有就任。晋简文帝在藩镇时，招韩康伯为谈客，他从司徒左西属转任抚军掾、中书郎、散骑常侍、豫章太守，入朝任侍中。有识者称其为“澄世所不能澄，而裁世所不能裁者”。

魏徵作为《群书治要》的主编之一，是一位名垂青史的贤良之臣。魏徵，字玄成，钜鹿郡（今河北省巨鹿县）人，少时孤独贫寒，不拘小节而志向远大，喜好读书，涉猎广泛，他看到天下逐渐混乱，所以十分重视纵横之说。他曾经被隐太子李建成礼为洗马，忠心耿耿。唐太宗李世民看中他这份忠心，即位后拜其为谏议大夫。魏徵多次犯颜直谏，几乎逼得太宗要取他性命，但是又越发敬仰他效忠国家之心。编撰《群书治要》时，魏徵任秘书监，主管国家藏书，他的著作有《隋书·文学传序》，《梁书》《陈书》《齐书》总论，可谓博览群书、满腹经纶，所以能够信手拈来各种经史子论，为太宗提供执政方针。

《周易治要》通过王、韩、魏三位贤者的注解拣择，通篇表达出一个核心理念——“天人即一，修身为本”。

二、核心理念：天人即一，修身为本

《周易治要》中没有出现任何卦象，开篇就讲“乾，元亨利贞”，这是周文王对于乾卦卦象☰的文辞描绘；魏徵将《象传》的内容“《象》曰：天行健，君子以自强不息”提前，这是与其他《周易》注本都不相同的一个显著特点，而《象传》是孔子学易的修身心得，是他通过观察天地万物之道，修养自身德行的思想精华。《周易治要》这样的独特体例，舍去卦象，只用文字，同时将导人立身行道的《象传》提前，就开宗明义地将效法天地大道、修养自身德行的核心理念和盘托出。

我们结合早期字形来看其中的含义就会更加明白。伏羲设卦时用☰表示阳气上升，自下而上，每条横线都表示阳。而周文王则用后人更容易理解的“乾”字来描述这一现象。“乾”字的本义是“上出”，里面的“乙”字象征植物屈曲生长的样子，表示通过植物的生长变化可以看出阳气的生发。进一步用卦辞“元、亨、利、贞”来描绘。

“元”字的甲骨文为，一横以下象征人形，上面一横指示头部，原意为头，所以有“开始”的意思。“亨”字的甲骨文为，象征盛祭品的

容器，有“进”“献”的意思。“利”字的甲骨文为，表示用刀收割农作物：左边是禾穗成熟垂下；右面是一把刀，意为收割；中间三个点是谷粒脱落的样子。“贞”字的甲骨文为，上面的表示树杈，下面的是“鼎”字，鼎是烹饪之器。这就像用树杈在鼎中搅拌，好像收获粮食后烹饪调和的样子。“元”“亨”“利”“贞”四个字把植物受到温暖的阳气激发而成长成熟以及人们收获的过程描述出来，正如朱子说：“物生为元，长为亨，成而未全为利，成熟为贞。”（《朱子语类·乾上》）有了这些现象，我们就知道天气发生了变化，阳气在不断上升，通过劳动可以收获粮食，保证充足的食物。

实际上，“乾”这个抽象原理是天体自身运行产生能量通过万物生长的“元、亨、利、贞”的过程表现出来的。之所以有“乾”的现象，内因在于“天行健”，也就是因为天体不断运行，才有阳气生发、冷暖空气的交流，带来万物恒常的生长变化。所以“乾”是万物生长的常道，而人与天、地并列为“三才”，能够掌握规律并运用规律，所以看到阳气生发而万物生，就领悟到要凭借“自强”，也就是凭借自身能量，通过劳动，顺应天时发展播种、除草、收割，才能够丰收粮食，生生不息地发展下去。物质生产是这样，德行修养也是同样的道理。“天行健”是自然规律，是天道；而“君子以自强不息”是人看到天体运行不息，而领悟到自身有强大的潜能，要自己去挖掘、开发，就能创造生生不息的美好生活。所以说，天道与人德是一体的关系，天体运行、人类劳动是道，是内因；万物生长、丰收粮食是德，是结果，这是自然而然的因果规律。

“自强”也有很多深刻的含义。本意是说人本来就拥有强大的能量。首先是初生的强大，人只要出生，活了下来，就是强者，因为上亿个精子中只有一个可以与卵子成功结合，而胎儿在孕育过程中长期处于狭小、闷热、密闭的空间里，仅靠脐带汲取母体的营养，母亲的饮食冷热、心态情绪起伏都会给柔嫩的肌体带来极大的刺激，如此忍受十月之久，出生时还要突破强大的压力才能顺利来到人世，每当听到新生儿嘹亮的哭声，我们都能感受到生命初生时的强大能量，所以说人生下来就是强者。出生以后，人体会不断地成长、成熟，都是依靠自身不断的新陈代谢来完成，全身细胞每七八年都会更新一遍，甚至可以说人体每天都是新的，在很多疾病发生的时候人体都有十分强大的自愈能力，这是人体自身成长发展的顽强。更重要的是，人在道德学问上有自我激励、努力学习、不断改过得以开发自身德能的志向，每个人都希望生活越过越好，“苟日新，又日新，日日新”，所以能够不断学习各种知识、提升各方面修养素质、克服自身缺点，这是真正意义上的自强，也就是人在德行上的“自胜者强”。因为“自强”，所以“不息”，这是乾道在人德的体现，也就是乾德。再引申一点，人虽然生而自然强大，具备天体一般的乾德，但是在后天环境的熏染当中不知不觉限制住了自身潜能，使其无法充分发挥能量，就像我们听说人脑的开发率一般只有3%左右，就连绝顶聪明的爱因斯坦也不过5%，换句话说，人自身尚有无穷潜力需要去开发，而这个开发者只有自己，别人不能代替，而且要在很多逆境顺境中勉强自己去开发潜能、不断超越局限，所以在这个意义上，“强”字又可以读三声，作“自我勉强”之意。

另外，对于乾、坤两卦，魏徵还特别点出《文言传》的内容，来阐发人类乾德、坤德的深刻内涵。《文言传》是孔子专门为乾、坤两卦义理所作的注解，将天地大道在人类美德上的表现阐释得淋漓尽致。那么人真正做到自强会是什么样子？同样有“元、亨、利、贞”四种德行。

“元者，善之长也”，百善都学都做，做到最好；“亨者，嘉之会也”，自己做得好，还能够美美与共，通达包容；“利者，义之和也”，有了利益可以公平地分享，实现和睦；“贞者事之干也”，做事坚定持久，直至成功。人一旦启用自身乾德，会自尊爱物、有礼守节、和合众义、干济事业，像天空那样广包万物、护佑四方、调理时序、开启生机。可以说，“自强”的结果是家齐、国治、天下平，实现大同之治。

《周易治要》不仅开篇就明示“天人即一”的共同体理念，并且将《象传》提前劝谏君子修身，还单提出“十翼”之中《说卦传》的一句作为结尾：“昔者圣人之作易也，将以顺性命之理也。是以立天之道曰阴与阳，立地之道曰柔与刚，立人之道曰仁与义。”这样在最后首尾呼应，重申了天地万物一体的宇宙观、共同体理念，以及以修身为轴心，通过齐家、治国、平天下，最终实现人类共同发展的核心理念。

所谓“修身”，这里的“身”不仅仅是我们自己身体、心灵，而是“天地人”一体的这个“大体”。要知道我们的身体来自哪里，为什么可以健健康康地存在。首先有父母给予我们身体和无私养育，同时有兄弟姐妹陪伴我们一起成长，还有老师的指导、同学的切磋让我们的智慧成熟起来，单位里有领导提携、同事协助使我们不断晋升，遇到相知相爱的人结为夫妻才能成立自己的小家庭，在社会上结交志同道合的朋友可以一起发展事业，各行各业的工作人员都为我们的生活提供着服务和方便，国家为我们提供安全，国与国之间互通有无，大自然为我们提供资源……所有的人际关系、国际关系、人与自然的关系才形成了我们自己，换句话说，人的本质是“社会关系的总和”。我们之所以成为自己，是因为所有的人、事、物提供了和合条件。同时，我们自身是与所有关系联系在一起的不可分割的共同体，我们自身与他人、他物相互连通、相互影响。修“身”确实要从自身的心行言动做起，而实现的效果是带动“大体”，从齐整一个家庭，到和谐一个社会，再到富强一个国家，乃至为天下带来和平发展。反过来说，如果我们不注意自身修养的提升，就不能带动家庭兴旺，无法促进社会和谐，不能实现国家富强，更不用说世界和平、天下一家。而到那时，没有世界、国家、社会、家庭，我们自己又能存在何处呢？所以说，“天人即一”是大小一体、你我共存的共同体理念，而要实现这一理念，最根本的方法就是修正自身的心行言动。

当然，这不是一蹴而就的事情，中间要经历很多阶段、各种境界，有着吉凶悔吝的不同结果，有志君子必须了解规律，按照规律为人处世，才能趋吉避凶，实现共同体发展的伟大事业。

三、修身次第：吉凶动静，六位时成

吉凶是怎么产生的呢？“方以类聚，物以群分，吉凶生矣”。四方水土的事物都是因为适应类似环境而自然聚集到一处，每个地方不同的事物又因为各自特征分成不同群落。因为有着共同点和不同点，相互之间就会发生和同或矛盾，产生吉祥或凶险的不同结果。所谓“吉凶”之分，就在于是否适合各方事物的自身发展规律和需求，“顺其所同则吉，乖其所趣则凶”，顺应发展规律和需求就会吉利、顺利，不顺应就凶险、困顿，所以我们在生活、工作中，总有这样那样的顺遂和困境。而人作为天地万物中的一分子，与大自然共用一套规律，只要发挥主观能动性，不但能够学习规律、认识自身强大的潜能，还能够掌握规律、运用规律，转化吉凶趋势，这一点是其他生物不具备的能力，所以人与天、地并称“三才”。

大体上，人事吉凶与自身德行和时机、分位相关。一般而言，以德配位则吉，居位失德则凶；顺时而动则吉，背时而动则凶。

“以德配位”是说，在人生的某个阶段，或者处于职业生涯的某个职位上，需要相应的德行和能力，能够承担和胜任相应的责任和工作，在这样的情况下发展就会比较顺利。

比如，乾卦第三爻的爻辞为“九三，君子终日乾乾，夕惕若厉，无咎”，其中“九”代表阳德，“三”为阳位，即乾健勤勉地努力工作，以阳德配阳位，这是得当的；不但白天要勤奋努力，到了夜晚还应更加警惕、以防疏忽，在没人看到的地方严以律己，就能没有过失，也就是“无咎”。同样的道理，第五爻的爻辞为“九五，飞龙在天，利见大人”。五位同样是阳位，又处于上体中间，要以“大人”的阳德相配，方能既中且正，事业顺利。另外，否卦第五爻的爻辞为“九五，休否，大人吉，其亡其亡，系于苞桑”。这是说在闭乱之世，居高位应以阳刚之德设法休止闭乱的状态，在岌岌可危的形势中建立稳定局面的基础，才是大人所为的吉事。

所谓“不患无位，患所以立”，地位职权并无好坏之分，全在于人的德行、才能是否发挥得当，顺应职位责任发挥适当的德才，往往是吉祥如意的结果。

相反地，“居位失德”就会带来凶险的结果。一个人在自己的职位上，或者处在一个新的发展阶段，如果没有相应的德行能力，又不懂得学习进步，往往会陷入困境。

比如，在鼎卦中，魏徵选取了“鼎折足，覆公餗，其形渥，凶”一句，这是讲鼎卦的第四爻，从卦象䷱上看，鼎卦上体为☲，离卦，表示火；下体为☴，巽卦，表示木。鼎是三条腿的容器，里面装满食物，卦象表示用木柴烧火做饭。四位本来是阴位，但是却让阳爻占据了，表示德不配位，德能不足以胜任工作，就像鼎的一条腿折断了，结果翻倒在地，所有的食物都撒了出来，一片狼藉，所以如果让德能不足的人承担四爻这样高位的重任，结果就凶险了。另外，师卦第一爻的爻辞为“初六，师出以律，否臧凶”。初爻为阳位，但是“六”是阴德，阴爻居阳位，是德不配位，就像新兵入伍还不懂规矩，如果统领部队最开始没有军令严明、纪律整肃，就难以御敌；即使打了胜仗，恐怕也会各自邀功，铸成大乱。

凶险的结果往往是因为没有胜任职位的德行能力，而通过其他手段、方式获取权力职位，到最后也会危害到自己，这是因为“居位失德”。

除了“德”和“位”的关系，能否把握时机的变化，也是转化吉凶的关键。一般而言，顺时而动则吉，背时而动则凶。比如，损卦《彖传》中的“损益盈虚，与时偕行”就很明确地表达了这一规律。损卦的卦象是䷨，上体为☶，艮卦，表示山；下体为☱，兑卦，表示泽水。整体卦象表示泽水在山下浸润，其中损益是相互的，泽水固然日益侵蚀山体，而同时山体也阻挡了泽水的流动，双方相互依存，损中有益，益中有损。君子看到这样的景象，平时应当注意克制怒气、长养和气，避免愤怒腐蚀美好的品德，也就是消减盈盛的愤怒，增益亏虚的谦和，才能做到在治理国家时不过度损害百姓的利益，适时调整利益分配，以免损伤国家根基，在必要时刻减损自己的利益，补益给他人、群众，以求团结人心，长久发展。

静态地讲，德行和位次相配与否会影响事物的吉凶，这是普遍的大规律，也是定数，或者说是“命”。而实际上，事物都是发展变化的，从动态发展的角度去看，顺时而动则吉，背时而动则凶，这是大规律中的运势变化，也是变数，或者说是“运”。

经过王弼、韩康伯注解，魏徵等人拣择而成的《周易治要》，在三位贤人手中变得更加简要详明。“君子”读《周易治要》，就是通过圣人对于自然现象的抽象描绘，学习其中提炼出来的修养之道，将自身潜能不断发展、成圣成贤，将一身德能在不同时位充分发挥，化成家庭、社会、国家，乃至天下的幸福大业，以一身道德实现天下共同体的生生不息。

修身、齐家、治国、平天下，说起来是几件事情，但是实际上只有“修身”一件事——齐家、治国、平天下是随着人生发展、职业生涯的不同阶段、不同机遇自然而然实现的。反过来说，在不同的人生阶段、职业阶段，无论遇到什么问题，我们都要回过头来不断修正自身的思想和行为，才能顺利推进发展的进程。

在初位的时候，也就是处于低位、初级阶段的时候，有志君子还没有成家立业、出人头地，要谨慎地开始，注意潜心修养自身的德行和能力，自尊自爱才能扎稳做人的根基。“天在山中，大畜”，面对复杂的现实情况需要我们不断地做出选择，这就需要法象大畜卦储备足够的智慧。大畜的卦象是上面为山、下面为天，也就是山高出了天空，象征着君子所积蓄的见闻智慧如山高出天空那般高远，而要做到这一点，必须“多识前言往行，以畜其德”，也就是多学习，学习历史、学习经典，来充实自身的智慧、德行。所谓“前事不忘，后事之师”，历史总是不断循环，前人经历的事情虽然不可能一模一样地重复出现，但是类似的事情背后有着相同的因果规律，把握住规律就可以预料未来类似事情的后果，不必等到事情发生。无论读万卷书，还是行万里路，抑或阅人无数，都将别人经验的得失当作自己的经历，从中领悟出“所以然”的道理，这样就可以避免很多弯路和遭遇，为人生把握正确的方向和时机。“物之可畜于怀，令德不散”，胸中有了充分的理论、经验，遇事就会做出明智的选择，保持美好的德行。大畜卦教给我们，积累智慧，要有山一样稳定、笃实的态度，也就是对于前人的经验首先应有笃信的态度，然后能够理解真实情况，感同身受才能从中获得实际利益。其次要像天体运行一样，不断践行领悟到的道理，一撮土一撮土地升高自身德行的大山，当冲出云霄时就会有“会当凌绝顶，一览众山小”的豁然开朗。

在二位的时候，注意调整家庭氛围，建立良好家风，这是夫妻二人建立的共同体。咸卦用“山上有泽”的自然现象，解释少男少女相互感动，进而结为夫妻的过程。一方面，男女相感不是因为财色名利，而是德行令双方相互欣赏，“以道交者天荒而地老”。从相互感动进而相知、相爱，萌生共同成立家庭、承担养老育幼的责任心，婚姻才有稳定的根基。“柔上而刚下，二气感应以相与”，“泽”是阴柔之象，在上；“山”为阳刚之象，在下，象征男子能够尊重女子，诚心诚意地到女方家迎娶。古人讲：“妻也者，亲之主也；子也者，亲之后也，敢不敬与？”妻子的主要责任是养老育幼，是家庭的重要事业，甚至比承担经济来源的工作更加重要，因为这关系到一个家族的长久不息，所以丈夫应该尊重妻子。另一方面，丈夫也要成为妻子敬佩的德行模范，像大舜、周文王那样，所作所为都是妻子的榜样，夫妻自然“感应以相与”，相互尊敬、相互促进，无私为家庭付出，齐心协力。

夫妻是家庭的核心，有长久的夫妇才有稳定的家庭，稳定的家庭才能构成和谐的社会，社会和谐发展才能让每个人实现幸福人生。恒卦是雷（震卦）和风（巽卦）相互伴随、相互促进的卦象，震是阳卦在外，巽是阴卦在内，表示男子动于外，立志于蓬勃的事业；而女子顺于内，和顺家庭关系、稳定内政，内外“合而相与”，外有经济收入、内有稳定的氛围，雷与风永远相伴、彼此心心相印，这是婚姻的“可久之道”。

后汉的宋弘就是一位不弃“糟糠之妻”的模范丈夫。宋弘为人刚正不阿、一表人才，光武帝的姐姐湖阳公主十分倾慕。正好公主刚刚丧夫，光武帝想替姐姐说媒，于是试探宋弘说：“我听说人地位高了就要换朋友，有钱了就要换妻子，这也是人情吧？”宋弘回答道：“臣下听说‘贫贱之知不可忘，糟糠之妻不下堂’。”委婉地拒绝了。

面对成为皇亲国戚的机会，宋弘依旧不为所动，正是因为感念原配夫人陪伴走过的风雨，如雷风相随。《诗经》开篇就讲：“关关雎鸠，在河之洲。”雎鸠鸟是一种终身一夫一妻的禽类，如果一对雎鸠中有一只丧生，另外一只将孤独一生。禽类尚且如此，“可以人而不如鸟乎？”

有夫妻而后有父子、兄弟，夫妻相助相守、以身作则教导养育子女，子女孝敬父母、友爱兄弟姐妹，家庭也就走上了正常运行的轨道。如果每个家庭都能正常、恒久地存在发展，那么天下也就安定了，“正家而天下定矣”。

到了三位，从和睦的家庭中步入社会，与群众相处，首要的德行是谦卑服务而不居功，像谦卦所表示的那样卑己推人。谦卦的卦象是大地在高山之上，这显然不是自然现象，而是要表达一种哲思——高山之所以能够屈居土地之下，是因为高山知道自己的形成离不开大地土壤的堆积，知道自己由何而来，知道先有大地才有高山，所以感念大地之德而将大地推举其上。君子看到这样的符号，就要明白自己身居高位、成就事业离不开群众的支持，所以要推举众人之功、卑己尊人，“谦谦君子，卑以自牧也”。

“九三，劳谦，君子有终，吉。”谦虚不是表现在言语上的谦逊，而是表现在具体行动上，时刻为群众着想、处处为群众服务。只有不辞辛劳地为他人办事，才能实现吉祥的结果，那就是团结人心、令人心服口服。东汉的任延就是这样一位时刻为人民服务的劳谦君子。《后汉书》记载，南阳人任延，19岁时任会稽都尉，接见他的官员见他这样年轻都十分惊讶。会稽一带有才能的人很多，他上任以后，聘请品行高洁之士董子仪、严子陵等人，并以师友之礼相待。他总是分出自己的俸禄救济贫困的部属。他裁减士兵，让他们耕种公家的田地，以便周济穷人。他每次巡行各县，总是派人慰问孝子，招待他们吃饭。所以郡内有才能的士大夫都争着到他这里任职。建武初年（25），任延上书辞职，回去拜见天子。可皇上却下诏任命他为九真郡太守。九真人以打猎为业，不知道耕地种粮，老百姓经常到交趾去买粮，往往弄得穷困不堪。于是任延教他们造农具，垦荒种地。就这样，耕地年年增多，百姓能够自给富足。当地婚俗不当导致男女淫乱无度，不利于人口繁衍，于是任延制定礼仪，帮助百姓形成正常的家庭伦理制度。饮食男女是人类生存繁衍最基本的民生问题，而解决这一问题往往最得人心，所以百姓感念任延的恩德，可谓“劳谦君子，万民服也”。

五位是尊位，处于高位的时候总揽全局，需要有高远的眼光和大人之德。乾卦九五爻讲：“九五，飞龙在天，利见大人。”这里的“见”就是“现”，展现之意。五位君子是一国之君，为万民所仰，有利于展现“大人”之德，让天下人效法美好的德行，同归于善。所谓的“大人”，“与天地合其德，与日月合其明，与四时合其序，与鬼神合其吉凶”，国君应立身行道，有天地一般包容万物、生养万物的胸怀和作为，言行举止就像太阳和月亮那样高高照耀、令人敬仰，颁布号令、统筹事务就像四季更替那样有秩序，洞察隐情、转化吉凶像鬼神那样巧妙灵活、变化无穷。

上古时代的尧帝就是这样一位圣王。“天地之大德曰生”，天地最大的德行就是生发长养了万事万物，为他们提供空间、提供养分，而尧帝仁爱万民，不断开发自身明德，用赤子之心爱护家人、敦伦尽分，使得九族和睦、家族整齐；他任人唯贤，任命舜为司徒、契为司马、禹为司空、后稷为田畴、夔为乐正、倕为工师、伯夷为秩宗、皋陶为大理、益掌驱禽，将百官的职责合理划分，各尽其才；百官上下通力合作，所以政绩卓著；尧命舜代行天子的政事，流四凶族“而天下咸服”，诸侯万邦和平共处，将仁爱普及天下。

尧帝选拔继承人时不分亲疏贵贱，唯德是用，这是日月无私照耀的胸怀；四岳推举大舜继承帝位，尧就将两个女儿嫁给舜来观察他德行是不是内外一致，还让舜历任各种职位、处理各种事务，来考察他的能力，最终判断大舜确实有圣德，才将帝位禅让，这是明智识人的方式方法，所谓“日月照临无私，而大人洞悉情伪”。

四季有其秩序而万物生长，人须顺时而动方有事业功绩，尧帝任命羲氏、和氏根据天象推算日月星辰运行的规律，制定农耕的时令。任命羲仲在春分日督促壮年民众开始劳作；任命羲叔在夏至日劝导农民尽力助耕，还要敬行教化以至达事功；任命和仲在秋分日监督秋收，为百姓带来丰收的喜悦；任命和叔在冬至日督导冬藏物畜，保证民众暖衣足食地过冬。一年四季的生活井井有条，百姓勤劳致富、衣食无忧，各种事业都兴盛起来，“指星辰以授民事，顺四时而兴功业”。

“阴阳不测之谓神”，古人把难以捉摸的变化和不可名状的情况称为“鬼神”。人事发展变化十分复杂，可以见到的现象只是一部分，所以一般人很难把握其变化趋势。其实在选择继承人的时候，有人推举过尧帝的儿子丹朱，但是尧帝可以通过丹朱表面的开通明达看到他的心思实际既愚顽又好争功；有人推举共工，因为他做过很多事情，但是尧帝通过共工的功绩看到他善于言辞而用意邪僻；有人推举鲧，但是尧帝却认为鲧性格怪戾而且毁败善类。尧帝对于任用这三人的结局都预测为凶。果然，丹朱最终没有受到诸侯百姓拥护；讙兜试用共工做工师，共工果然淫恶邪僻；鲧治水九年都没有成功。而选拔舜时，尧帝通过诸侯介绍的背景便知道他是可用之才，大胆委任他各种职位和各种大事，最终也验证舜确实有圣德。这就说明尧预测吉凶的能力如同“鬼神”，不可测度又十分准确。

尧以天地无私覆载之德、日月洞悉情伪之明、四时有序成事之功和鬼神预料吉凶之能，成就了唐尧时期的盛世，以至于他驾崩之日举国上下老百姓都十分悲哀，就像失去了父母，三年之内，四方都没有人唱歌娱乐，因为都在默默地哀思尧帝。

由此可知，五位君子当修仁爱无私、明智选贤、调理秩序、把握吉凶之德。效法天地包容之德，心胸广包天下，以赤子之心爱家、理官，以至仁爱万民；效法日月明照之功，以自身明德彰显于天下，选拔德能相应之贤士；效法四时运行之序，使政务轻重错落有致而百官事务安排井然，使万事万物有秩序地发展；鬼神之事吉凶难测，五位君子应当不被表象迷惑，抓住变化规律，准确预测事态吉凶，或者增长智慧、逢凶化吉。民以食为天，而君以民为天，一国之君只有全心全意为百姓着想，国家才能长久发展。

上位是一个阶段的终了，或者是人生的末期，或者是事业的巅峰，需要有所反思、有所总结。人一生修身的过程，是以调整身心矛盾、培养道德的自我革命为轴心的，进而带动家庭和睦、社会和谐、国家安定，总归是将大小矛盾中的消极因素转变为积极因素。矛盾随其大小展现为竞争、斗争，乃至战争，这些都是变革的方式，而战争乃是矫正人心的终极手段，不得已而用之。如何将变革向着仁义的方向发展？君子需要修养革卦之德化解矛盾冲突。“象曰：泽中有火，革。”泽是大水，而其中燃起火焰，水火相容相克，是内在兴起的变革。“天地革而四时成，汤武革命，顺乎天而应乎人”，天地之间阴阳相克而产生适宜万物生命运动的四季，并不是毁灭性的，恰恰是创生性的。就像商汤讨伐夏桀、周武王讨伐商纣，都是在民不聊生、君王暴虐满盈的情况下应运而生的，符合天道好生之德和人心所向。

《史记》记载，商纣即位后生活状态极其糜烂。他狂妄自大，不可一世，依仗自己过人的机智辩才拒绝任何谏言、粉饰各种过失，炫耀自己见闻的敏博、吹嘘个人能力，以超乎常人的力量与野兽搏斗，认为自己一人的能力已经在所有人之上。他还贪婪好色，饮酒放纵无度。他偏爱妲己，为了取悦妲己，让乐师制作淫乱之音、放荡舞曲、颓废之歌。此外，他搜刮民财，毫无仁心。为了享受，他加重赋税来充实鹿台的钱财，将粟米堆满钜桥的仓廪，搜刮得来的奇兽异物充满整个宫廷。不仅如此，商纣还大肆扩张宫殿规模，建造游乐场所。扩建沙丘的苑台，用来养殖捕捉的大量野兽禽鸟，在开挖的池塘中灌满酒水，在树枝上悬挂肉食，让人在其中嬉戏，通宵饮酒作乐。在这种残暴昏暗的统治下，百姓苦不堪言，百官贵族也已经产生了深深的怨恨，四方诸侯不得不纷纷背叛殷商的统治，商纣却继续采用严刑酷罚维持统一。就连当时辅佐商纣的三公都不免于难：九侯把自己的女儿献给纣王，却因为其女不能满足纣王的淫欲而惨遭醢刑；鄂侯与纣王争辩对错却惨遭脯刑；西伯只是私下轻轻叹气，就被囚禁了起来。商纣妄杀贤人而亲比小人，任用令人不齿的费仲、恶来等，最终导致众叛亲离、民心涣散。

“革之时大矣哉！”君子发动变革要把握时机，以最小的代价，取得最佳的改善效果。商民的怒火已然在平静的心中熊熊燃起，预示着“水火相息”的变革。与此同时，西伯的阴德已经广为人知，大家都说他是“受命之君”，但是西伯并没有革命。而是到了武王时期，变革力量已经明显聚集，武王在祭祀文王之后准备起兵伐纣，当时“不期而会孟津者八百诸侯”，都说“纣可伐”，但是武王仍然要等待殷商崩溃的极点。等到商纣杀了王子比干、囚禁了叔父箕子，已经昏聩到六亲不认的程度，连太师疵和少师强都弃商投周，此时武王终于发兵。而殷商人民正等着武王来拯救自己，于是敞开大门、纷纷倒戈，武王得以长驱直入地奔向纣王，逼迫纣王自己赴火而亡。武王伐纣不费吹灰之力，正是因为顺天时而应民心。要成就革卦之德，上位君子应以仁爱为怀，以不战为上。孙子曰：“凡用兵之法，全国为上……不战而屈人之兵，善之善者也。”

“上六，君子豹变，小人革面。”变革已经成功，那么上位君子应当收敛锋芒，以德服人，群众就会心悦诚服。伐纣成功后，武王手持大白旗向诸侯挥舞，诸侯都向武王跪拜，武王也向诸侯还礼；武王来到商的国都，百姓贵族都在郊外迎接，这时武王派群臣告诉他们，武王要一改商纣昏聩的统治，而行仁政，所以商人都向武王跪拜，武王也回拜致意。随后，武王封商纣的儿子禄父让他仍旧统辖殷家的余留民众。接着命令召公释放了被囚禁的箕子；命令毕公释放被囚禁的百姓，给商朝老臣商容的家门口挂上匾额；命令南宫括把鹿台的财货散给百姓，把钜桥的粟米分发给穷人，来赈济贫弱的奴隶；命令南宫括、史佚展示传国之宝九鼎和殷朝的宝玉；命令闳夭给比干培土筑坟；命令主管祭祀的祝官在军中祭奠阵亡将士的亡灵；等等，进行了一系列安抚善后工作。最后，武王把马放养到华山南面，把牛放养到桃林区域；让军队把武器放倒，进行整顿然后解散：向天下表示不再用兵。这些举动都显示出武王“以仁为本，以义治之”的变革之德。革卦上位君子应以阴德配阴位，以谦恭仁厚之德巩固变革的成就，方能保持稳定。

四、历久弥新：传统文化，当代典范

“修身”，自古以来一直是我国学者、官员等首先需要面对的重要问题，将提升个人美德、能力作为创造万民福祉的出发点、总枢纽。《周易治要》中浓缩的五千多年中华优秀传统文化，培育了一代代彪炳千秋的圣贤君子，他们齐家有方，上下和睦，家风长久；治国有道，君民一心，国威远震；和平天下，万国来朝，盛世迭出。《礼记·大学》说“古之欲明明德于天下者，先治其国；欲治其国者，先齐其家；欲齐其家者，先修其身”，家风长久、国威远震、盛世迭出的成就都是来自修身智慧，所以“自天子以至于庶人，壹是皆以修身为本”。古代学者学习孔子“学而时习之，不亦说乎”，这是在道德提升中内心体会到的真实喜悦；学习孟子“舍生而取义”，这是理想坚定而自发的浩然正气；实现“父父子子，兄兄弟弟，夫夫妇妇，而家道正”，这是修身而能齐家；实现“志意定乎内，礼节修乎朝，法则度量正乎官，忠信爱利形乎下……故近者歌讴而乐之，远者竭蹶而趋之，四海之内若一家”（《荀子·儒效》），这是修身而能治国；以至于“大道之行也，天下为公”，这是修身而能和平天下。古圣先贤按照前人的教诲修身成人，在世界之林培育起“礼义之邦，文明古国”的繁茂大树。

“天地之道，恒久而不已也。”易道修身正是天地常道，所以历久弥新、恒久不息，为一代代圣贤君子、仁人志士以不同身份、不同形式演绎成中华灿烂辉煌的历史长卷。

世界近五百年是一个西方不断探索未知东方、东西文化碰撞融通、大小革命战争频繁、国家之间激烈对抗的时代。15 世纪，欧洲的资本主义开始萌芽，一些航海家带着去神秘东方的“寻金”梦，开辟了东西方沟通的新航路。这一举动犹如打开“潘多拉魔盒”，既满足了人们对于黄金财富的渴望，也引发了人们贪婪无度的欲望。随着工业、科技不断革新，世界舞台开始不断上演列强侵略与殖民、弱国觉醒与革命的剧目。直到第二次世界大战结束，流离失所、举目无亲、陷入狼藉的人们望着断瓦残垣开始反思：人类为何相互残杀？世界还能否和平持久地发展下去？20 世纪末，英国历史学家、哲学家汤因比在展望 21 世纪的世界发展趋势时提出：“我所预见的和平统一，一定是以地理和文化主轴为中心，不断结晶扩大起来的。我预感到这个主轴……在东亚……就中国人来说，几千年来，比世界任何民族都成功地把几亿民众，从政治文化上团结起来。他们显示出这种在政治、文化上统一的本领，具有无与伦比的成功经验。这样的统一正是今天世界的绝对要求。”①

回望中国百年沉沦，中国共产党始终继承和发扬优秀传统文化，保持无私奉献的初心，以马克思主义为武装，带领中华民族走出水深火热的悲惨境地，让人民过上了好日子。2017 年 1 月 25 日，中共中央办公厅、国务院办公厅印发了《关于实施中华优秀传统文化传承发展工程的意见》。该意见是随着时代发展要求中国人担负起传承和弘扬中华优秀传统文化的历史使命，促进全球一体的大和平而制定的。和平的前提是多元文化的共存，世界各民族的和平相处也以各民族文化的自立自强为前提。和平的实现有赖于和谐因素的壮大，而中华文化大有用武之地。中国人自古以“和”为贵，小到个人心平气和、家人友顺和睦，大到国家保合太和，进而带动万邦睦邻协和，以“和而不同”的气度广包天下。罗素说：“中国人摸索出的生活方式已沿袭数千年，若能够被全世界采纳，地球上肯定会比现在有更多的欢乐祥和。”② 然而近代中国经历西方雷雨洗刷后百年积弱，现在正以全新的面貌重新屹立于世界东方，五千多年的辉煌亟待复兴。

如今中国屹立于世界民族之林，面对的是纷繁复杂的变化局势。然而万变不离其宗，“人能弘道”，中国人总是能够将通泰和平由一身推及天下。古时以圣贤君子为表率，而如今中国共产党人的所作所为都是全心全意为人民服务，恰合天心，是全体中国人民的榜样和表率。时代变迁不息，而“天地之道，恒久而不已”，中国共产党人作为中华民族的优秀分子，带领人民走的是一条效法“天地养万物”的圣贤之路。守护初心，使之“广大配天地”，就能够凝聚人心、凝聚力量，复兴中华民族，实现世界和平。

---

① ［英］A.J. 汤因比、［日］池田大作著：《展望二十一世纪——汤因比与池田大作对话录》，荀春生、朱继征、陈国樑译，国际文化出版公司 1985 年版，第 294 页。
② ［英］罗素著：《中国问题》，秦悦译，学林出版社 1996 年版，第 7 页。

第五讲

孝悌忠信礼义廉耻的道德操守

中华民族自古以来就有着崇德、尚德的传统，把立德作为至高无上的人生追求。正所谓“人无德不立，官无德不为，国无德不兴”。为人需要品德，从政需要官德，国家民族的稳定繁荣更是需要每个人将孝悌忠信、礼义廉耻的道德规范牢记于心底，落实在行动上。

一、传统道德规范与干部政德

政德是整个社会道德建设的风向标。《群书治要》作为奠定大唐盛世的治国宝典，总结了历史朝代兴衰的规律，并提出这样一个结论：国家由盛转衰的根本原因之一在于官员的政德出了问题。正所谓“国家之败，由官邪也”。历史和现实也都反复证明，从政者有德行，社会才会风清气正，人民才会幸福安康，国家才会兴旺发达。

习近平总书记在多个场合强调，领导干部要讲政德。这也是对中国传统文化“为政以德”思想的忠实继承和发展。在《用权讲官德，交往有原则》一文中，习近平同志指出：“所谓官德，也就是从政道德，是为官当政者从政德行的综合反映，包括思想政治和品德作风等方面的素养。”[①] 官德、政德作为一种综合素养，必须通过具体的德目才能体现出来。换句话说，政德是纲，具体表现形式是目，纲举才能目张。在中华传统道德的具体德目中，孝悌忠信、礼义廉耻颇受重视。一个领导干部有没有政德修养，能不能明大德、守公德、严私德，很

① 习近平：《用权讲官德，交往有原则》，《求是》2004年第19期。

大程度上可以通过这八条具体道德规范体现出来。而这些道德规范所体现出来的精神，正是中国人之为中国人、中华民族之为中华民族的灵魂所在。

那么，如何才能对这些重要的道德规范建立起正确而深刻的认识，并且落实在生活中呢？要回答这个问题，我们首先要认识到，每个民族的道德与文化都不是凭空出现的，而是从数千年的历史文化中传承、接续、发展而来的。在今天，政德的时代内涵与传统道德、古代官德依然是分不开的，我们必须从优秀的传统文化中汲取智慧。

而《群书治要》，正是一部学习传统政德、中国智慧的经典。它作为古人治国理政之道的集成之作，用大量的篇幅谈论了从政者应该如何修身、如何为政。中国历来重视道德，修身、正己、立德是中国人为人处世、治国理政的根本出发点。其中，孝悌忠信、礼义廉耻的道德追求更是被予以了充分重视，被认为是涵养政德的重要基础，是齐家、治国、平天下的根基所在。2001 年，《群书治要考译》刊发出版，反响颇大，受到不少领导同志的重视。习仲勋同志还专为《群书治要考译》一书题词："古镜今鉴。"确实，从历史中汲取经验，从历史中探寻未来，这不仅是领导干部提高政德修养的光明大道，更是中华民族不断前行的重要基础。

孝悌忠信、礼义廉耻等传统道德规范从数千年的历史文化中传承发展而来，每一个德行都有着不同的层次境界，蕴含着深远的智慧。它们不仅可以提升个人的私德修养，还可以培养出"心底无私天地宽"的公德，而后更进一步，做到"立身行道明大德"，用自己的德行和才能去服务社会、贡献国家、有利民族。如果党员干部能够在工作生活中落实孝悌忠信、礼义廉耻的道德规范，那么自然能够明大德、守公德、严私德，最终成为一个高尚的、脱离低级趣味的、有益于人民的人。

二、孝悌忠信

孝悌忠信传家远，修齐治平德业兴。读了《群书治要》就可以明白，如果不能做到孝悌忠信，就不可能成为一位好官员。在今天，要成为一名合格的、优秀的党员干部，也必须重视孝悌忠信这四德。有了这样的道德修养，才可以严明私德，并且在公德上作出相应的表率，真正做到立党为公、执政为民。

《群书治要》对于孝尤为重视，在摘录时大量保留了《孝经》中的内容。《群书治要·孝经》中说："夫孝，始于事亲。"说到孝，最基本的就是孝敬父母。在中国人眼里，父母含辛茹苦地抚养儿女，儿女长大后自然要赡养、关爱父母，这是人的天性。那怎么对父母行孝呢？一般来说，就是要赡养父母、体恤父母，从物质、情感和人格上给予父母关爱、慰藉和尊重。试问，一个领导干部如果对自己的亲生父母都不能孝顺体恤，那对没有血缘关系的人民群众又怎么可能去全心全意地付出呢？

但孝顺父母，并不意味着盲目顺从。《群书治要·春秋左氏传》曰："子孝而箴。"子女不仅要孝敬双亲，还应该对父母长辈的不足提出规劝。领导干部行孝，更是要注意这一点。从现实中来看，很多违法犯罪分子在腐蚀拉拢领导干部的时候，常常把进攻目标瞄准领导干部的家人，从他们的家人身上打开缺口。一些贪污受贿很可能就开始于父母的一个嘱托命令或是虚荣心。因此，领导干部在行孝时要特别注意，当父母犯错或是提出不适当的要求时，一定要委婉劝说，让他们意识到错误并进行改正。我们对于传统孝道一定要建立起完善而全面的认识。中华传统的孝并不是愚昧顺从，而是充满着人文关怀和理性光辉的人生智慧。

除此之外，孝还有更高的境界。那便是把爱父母的心推而广之，孝顺天下所有的父母，然后再进一步，用仁爱之心去爱所有人，为人民做贡献、谋利益。在中国，如果儿女能够做到这样，父母会认为这是十分光荣、很值得欣慰的事，因为他们含辛茹苦培养出了一位对国家社会有贡献的人。正如《群书治要·孝经》所言：“立身行道，扬名于后世，以显父母，孝之终也。”孝敬父母只是孝道的开始，更高层次的大孝还在后面，那就是积极进取、发奋成才，为父母争光，为国家、民族、人民做贡献。可见，孝可以延展为治国、平天下的宽广胸怀和仁厚之德，使人自觉地生发出向善、向美的追求。正是因为孝有着这样的作用，“孝治天下”才成了中国古代帝王治国的基本思想之一。

今天的中国仍旧很重视孝道，这个新时代同样涌现出了一批有着大爱的孝子，其中有不少是党员干部。他们用责任和担当将传统孝道的真正精神演绎到了极致。中国有句俗话叫作“贪官无孝子”。贪官虽然位高权重，对父母也很孝顺，但是德行败坏，鱼肉百姓。这样看似孝顺，但实际上只会让父母蒙羞，可谓是大不孝之人。身为领导干部，在孝顺父母的同时，忠于职守、服务人民，这才是真正的大孝。

悌，就是兄弟姐妹互相友爱。中国自古以来就重视血缘关系，认为兄弟姐妹骨肉一体，血浓于水，彼此间理应友爱互助。在圣贤书及宗族家训中，往往都会有“兄友弟恭”的这一条教导，教育人们要与兄弟姐妹互敬互爱、互帮互助，这样才能家庭和睦、宗族兴旺。家庭是社会的细胞，和睦的家庭关系对于整个社会的和谐安定十分重要。身为领导干部，更是应该与兄弟姐妹友爱互助、彼此成就。《群书治要·论语》曰：“其身正，不令而行；其身不正，虽令不从。”如果领导干部能够修持孝悌之德，不仅可以收获家庭的温暖，同时也能以身作则，引领人民群众重视家庭伦理、塑造良好家风，整个社会自然可以达到和谐安定的状态。

但同时，兄弟姐妹之间的亲爱包容并不是无原则的宠溺，而是要共同进步，彼此成就。新中国成立后，老一辈革命家普遍继承了这样的传统家风。比如刘少奇同志，他在面对姐姐的诉苦时，并没有利用自己的职权来行方便，而是鼓励姐姐做一个自食其力的劳动者。这也为新中国树立起了一种良好的社会风气。对于刘少奇同志这样的作为与品德，习近平总书记在纪念刘少奇同志诞辰120周年座谈会上的讲话中给予了高度评价。党的十八大以来，习近平总书记多次提出要“注重家庭、注重家教、注重家风”。尤其是领导干部，在管好自己的同时，也要严格要求家庭成员，绝对不能出现“兄弟齐上阵，全家同贪腐”的情况。习近平总书记还强调：“家风好，就能家道兴盛、和顺美满；家风差，难免殃及子孙、贻害社会。”[①] 兄弟姐妹的相处，正是家风建设中的重要一环。

另外，中国古人讲悌德，并不只是友爱兄弟，而是将悌作为起点来培养爱和敬的情感。这种爱和敬并不止步于家庭，而是进一步推广开来，把身边的朋友、同事甚至陌生人都视为兄弟姐妹来敬爱关心。对于领导干部而言，建立起这种认识是非常重要的。如果能把群众当亲人，用对待兄弟姐妹的心去为群众解决问题、谋福利，那么不用刻意去做，自然而然地就贯彻落实了中国共产党“全心全意为人民服务”的根本宗旨。

忠，是指竭诚尽责，至公无私。宋朝大儒朱熹说“尽己之谓忠”，竭诚尽责就是“忠”。可见，忠德并不是高居云端，而是在于尽职尽责的担当上。比如在家庭中，尽心尽力地承担起作为父母、儿女、兄弟姐妹的责任，对伴侣忠贞不贰；与人交往时，为人正直，忠于道德；对于工作，尽心竭力，忠于职责；身为公民，热爱祖国，忠于人民。可见，忠的内涵非常丰富，贯穿在了人们生活的方方面面。对领导干部而言，忠更是一种贯穿了私德和公德的道德规范。

除此之外，在中国古人的诠释中，忠还是“德之正也”，也就是

① 《习近平在会见第一届全国文明家庭代表时强调 动员社会各界广泛参与家庭文明建设 推动形成社会主义家庭文明新风尚》，《人民日报》2016年12月13日。

公正无偏，简单地说就是一心为公，没有私心。这也就是先秦儒家所强调的“公忠”，核心精神在于利群。用今天的话来说，就是为全体人民谋福利。《群书治要·春秋左氏传》对此也有论述：“贼民之主，不忠。”不能有益于人民的君主，不能算是有忠德的人。对于这样的忠德，今天的中国共产党也非常重视。大家想到中国共产党，记忆最深刻的就是那句“为人民服务”。所谓“为人民服务”，就是指做任何事情的最终目的都是为了人民大众的利益，而不是自己的利益。习近平总书记经常说：“看一个领导干部，很重要的是看有没有责任感，有没有担当精神。”[①] 怎样才算有责任感和担当呢？领导干部要忠于职责，忠于操守，走在前面带头为大家的事情奋斗、奉献。2019 年 3 月，意大利众议长菲科问及习近平当选中国国家主席是什么心情时，习近平主席回答道：“我将无我，不负人民。我愿意做到一个‘无我’的状态，为中国的发展奉献自己。”[②] 习近平总书记的这种对国家、对人民至公无私的忠诚，其实就是继承了中华民族的传统忠德。要做一个好党员、好干部，“忠”字是必须牢牢把握住的，必须有大公无私的品格，要坚守原则，遵守纪律。这也正如《群书治要·文子》所言：“治国有常，而利民为本。”治理国家的根本所在，就是利益人民。只有这样，才能够真正走到百姓的心坎里去，团结起广大人民群众的力量来一起奋斗，建设更好的中国。

信，就是真诚无欺，恪守信用。信用对于个人来说，是社会生活中的万能通行证。中国人常说，守诚信是最大的财富，讲诚信是最大的聪明。《群书治要·后汉书》记载了一个郭伋的故事。郭伋是后汉时期的一个官员，很受百姓爱戴。有一次，他出外巡行，到了西河美稷，有数百个幼童自发地到路边来迎接他。等他离开时，孩子们又把他送到城外，并问道：“您什么时候回来？”郭伋计算了一下，把归期告诉

① 习近平：《领导干部要树立正确的世界观权力观事业观》，《学习时报》2010 年 9 月 6 日。
② 《“欢迎你到中国去”（习近平主席访问欧洲微镜头）》，《人民日报》2019 年 3 月 24 日。

他们。但是郭伋回来时比约定的日期早了一天，他怕失信于孩子们，就在野外的亭站住下来，等到了说定的时间才进入美稷。都说小事见人品，见到郭伋对孩子们都如此讲信用，百姓自然更加信任他。因此，郭伋所治理的地方大都安定而和谐，他也因此名留青史。从郭伋的事迹中可以看出，守信重诺的品质非常重要。身为领导干部更应该明白其中的道理，只有把信德贯穿于生活和工作中，才能得到大家的认可，在推进工作时也更容易得到支持和配合。

诚信不仅对于个人很重要，对于国家也一样重要。中国古话说：“信，国之宝也。”如果国家失去信用，就会人心背离，国不成国。《群书治要》也特别摘录了《论语》中孔子的“民无信不立”来说明诚信对于国家的重要性。它强调，如果人民不信任政府，这个国家就很难治理好。而数千年的历史经验也一再证明了这个真理：取信于民是为政之根本，也是一个国家政治生命之所在。那么政府公信力该如何建立呢？领导干部在其中扮演的角色至关重要。习近平总书记一再要求：“领导干部要把深入改进作风与加强党性修养结合起来，自觉讲诚信、懂规矩、守纪律，襟怀坦白、言行一致，心存敬畏、手握戒尺，对党忠诚老实，对群众忠诚老实，做到台上台下一种表现，任何时候、任何情况下都不越界、越轨。”[①] 诚实守信是共产党人必须继承的中华美德，必须做到的道德规范，也是必须坚守的优良作风。《宋史》有云：“人不率则不从，身不先则不信。”想要带动别人做事，必须自己带头先做。要想让百姓信任，政府自身要先做到讲信守诺，用真诚的心对待工作、对待群众。这是政府公信力得以加强的基础。中国共产党从历史智慧中掌握了这个要领，并加以运用。党的十八大以来，以习近平同志为核心的党中央一直强调要全面从严治党。中央带头、以上率下、层层示范，起到徙木立信的作用。有了问题，领导干部带头冲在前、干在

① 《习近平在辽宁考察时强调 深入实施创新驱动发展战略 为振兴老工业基地增添原动力》，《人民日报》2013 年 9 月 2 日。

先，替百姓排忧解难，这样才能真正获得人民的信赖和支持。领导干部在干事的过程中，喊一声“跟我上”和吼一声“给我上”，虽然只有一字之差，却有着天壤之别。只有真诚地付出，才能赢得人民群众的信任，凝聚起所有人的力量来共同开创各项事业发展的新局面。

孝悌忠信作为中华传统美德的精髓，贯穿在《群书治要》全书的始终。它们不仅是中华传统文化中人生哲学的精华，更是在治国理政中必须培养修持的道德操守。这一点，已经被数千年的历史反复证明了。广大领导干部如果能够体会、继承其中的精神，以自身的言行彰明为人为官的底线，自然可以成为大家心目中的好干部、好领导，进而引领社会风尚，创造美好未来。

三、礼义廉耻

早在两千多年前，《管子·牧民》就提出：“四维不张，国乃灭亡。”什么是四维？就是礼、义、廉、耻。它们被认为是维持国家稳定发展的四个纲纪准则。当时的古人已经意识到，如果失去了礼、义、廉、耻这“四维”，国家一定会走向覆灭。这句话也被摘录到了《群书治要》当中，成为古代官员从政的行为规范和道德修养，为今天领导干部培养政德提供了宝贵的借鉴。

中华民族素有礼仪之邦的美称，向来知书达礼，以诗礼传家。孔子说：“不学礼，无以立。”可见礼在中国古代是很受重视的。但在一些现代人眼里，古代的礼可能只是一些无用的繁文缛节，甚至沦为了拉人情、找关系的借口。实际上，这部分人并没有领会到“礼”的真正精神。那么“礼”的真正精神是什么？新时代的人们，尤其是领导干部，又应该如何看待“礼”呢？

礼，其实是指有礼有节，遵纪守法。它有很重要的一个作用，就是建立界限。简单地说，就是让人们在潜移默化中受到熏陶，形成为人处世不过分、不越界的习惯。现在很多人谈到“礼”，总想到送礼、讲人情、拉关系。这都是因为对“礼”的认识不正确，而这样的错误认知更是导致了严重的后果。领导干部手握权力，如果对于“礼”有着错误的认知，就很容易出现作风问题。比如，有的干部红白喜事不请客但收礼，认为这是正常的人情往来；有的为送礼和收礼穿上“隐身衣”，礼品册、电子礼品卡等花样繁多。巨大的人情关系网，既有形又无形，把很多干部群众都网在里面。逢年过节、生日纪念、婚丧嫁娶，大家你来我往，彼此间有着还不清的人情债；你有圈子，我有圈子，大家竞相找圈子、入圈子，人际关系也变得复杂庸俗。传统的礼德精神逐渐被污染，变成了收受贿赂、贪得无厌的遮羞布。

因此，我们必须回到经典中，去还原“礼”的真实面目，体会其中的深刻意蕴，遏制住这种打着幌子的歪风邪气。《群书治要·礼记》说：“道德仁义，非礼不成；教训正俗，非礼不备；分争辨讼，非礼不决；君臣上下，父子兄弟，非礼不定；宦学事师，非礼不亲；班朝治军，莅官行法，非礼威严不行；祷祠祭祀，供给鬼神，非礼不诚不庄。”可见，在中华文化中，礼是秩序的代表，其核心是“敬”，是对人、事、物怀有诚敬之心的外在体现。因此，做任何事情都要遵守一个“礼”字。对于个人，礼意味着礼仪教养。它不仅是与人交往的尺度，也是自身道德涵养的体现。对于社会，礼意味着法纪法规、条例规范，是对秩序的维护，也是对人们的保护。对于天地万物，礼意味着诚敬祭祀，表达的是对万物生灵的敬畏。因此，礼应当是知敬畏、守规矩、遵法纪、有教养。今天的各种纪念庆典活动、国礼互赠等，都是传统礼德的体现，发挥着社会教化的作用。广大领导干部对于传统的礼德，不仅应该建立起正确的认识，更应该落实到生活中，带领干部群众来知礼、守礼。只要我们能够忠实地继承礼的真正内涵，纵然时代在不断前进，但是中国人民对秩序自觉的觉醒，对和谐有序的向往永远不变。

义，并不是简单的兄弟仗义或是江湖义气，而是崇尚正义，合于时宜。孟子曰：“义，人之正路也。”人生道路有千万种选择，有的走向光明，有的却以深渊为终点。身为领导干部，身居高位，手握权力，面对的诱惑和考验远比一般人要多。因此，领导干部要想走得远，心里必须有一杆秤，不论是做人还是做事都要合于道义，要走人生的正道，不坠入追求财富、权势攀附的深渊。

《群书治要·汉书》曰：“义者，宜也。”义还蕴含着合乎时宜、进退得当的深意。这是一种理性的思考、处事的智慧。那么，如何才能合于时宜呢？就是要如同古人一般，发扬“周虽旧邦，其命维新”的改革精神，做到与时俱进。习近平总书记曾多次强调：“中国共产党人依靠学习走到今天，也必然要依靠学习走向未来。”[①]党员干部要跟上时代步伐，不能身子进了新时代，思想还停留在过去，看问题、作决策、干工作还是老观念、老套路、老办法。这样的话，不仅会跟不上时代、做不好工作，而且会贻误时机、耽误工作。与时俱进不能当口号喊，而是要真正落实到思想和行动上，这便是循义而行，是中国人合乎时宜的传统智慧。领导干部还应该勇于担当，积极做事，全方位推动有益于国家发展、人民幸福的改革。而对于改革，一定要把握好一点：成功的变革，都不是单纯的改变，而是承续与建设并重，既扎根于历史传统，又能够与时俱进。自古以来，中华大地上发生了无数次大大小小的变法变革，从分封制到郡县制，从察举制到科举制，从闭关锁国到改革开放，从学习苏联模式到探索中国特色社会主义道路，每一次变革都承续了原来合理、积极的因素，除去了旧制度中腐朽、消极的因素。革故鼎新、与时俱进，这正是传统义德的真谛。

廉，是一种廉洁无私、克己奉公的传统美德。《群书治要》里记载了一个宰相，他就很明白这个道理，非常主动地去保持自己的清廉德行。这个宰相名叫公仪休，是春秋时期鲁国人。他当时在鲁国当宰相，

---

① 习近平：《在中央党校建校 80 周年庆祝大会暨 2013 年春季学期开学典礼上的讲话》，《人民日报》2013 年 3 月 3 日。

有很多人来讨好他。但是他为官清廉，对属下要求也很严格，从来不收礼，也不与民争利。公仪休很喜欢吃鱼。有一次，有人就投其所好，送他鱼吃。但是公仪休却拒不接受，派人把鱼送了回去。送鱼的人就问："我知道您爱吃鱼，所以特意选了一些上好的鱼送给您，您为什么不接受呢？"公仪休说："正是因为我爱吃鱼，所以我今天才不能接受您的鱼。身为宰相，我爱吃鱼，自己去买不就好了吗？如果我今天接受了您的鱼，就会因为受贿被关进监狱，那我还能吃到鱼吗？到了那个时候，还有谁会送我鱼呢？"这就是公仪休的明智之处。他深切地明白，廉德并不是别人对他的约束和要求，而是保证自己走得长远幸福的根本所在。因此，公仪休不需要别人监督，自己主动做到"堂堂正正做人，清清白白为官"。

在今天，领导干部更要懂得用廉洁来保护自己。党的十八大以来，以习近平同志为核心的党中央秉持刀刃向内的自我革命精神，有腐必反、有贪必肃。党中央用了一句很通俗的话来表达反腐的决心："对腐败要零容忍！"习近平总书记还提出，不仅要反腐，而且要持久地反腐，要把权力关到制度的笼子里，让权力造福百姓。事实证明，党的十八大以来，反腐风暴愈刮愈烈，所查处的官员人数之多、级别之高、涉及领域之广、问责力度之大都是空前的，不论是位高权重的"大老虎"，还是身处基层的"苍蝇"都相继落马。他们用自己下半辈子的牢狱生活来印证"莫伸手，伸手必被捉"的道理。这些落马官员都有一个共同点，那就是贪得无厌、欲壑难填。这必然导致思想信念动摇、党性观念淡化、道德修养滑坡、言行举止失范，最终栽进罪恶的泥潭。广大领导干部若是想要保持自己思想的纯洁性，走得更好更远，必须建立起不想腐、不愿腐的道德自觉，把"廉"字深深地刻在脑海里，做到讲规矩、守纪律，涵养自身的廉洁之气。

晏子说："廉者，政之本也。"古人早已认识到，官员的廉洁是政体延续的命脉所在。纵观古今中外，治乱循环，皆是"廉则兴，贪则衰"。在中国历史上，当君主励精图治、官员清廉正直时，总能开创青史留名、传颂千古的盛世。而当王朝走向动乱和衰亡，往往都是贪污腐败愈演愈烈之时。因此，廉不仅是保全领导干部的一个重要护栏，更是保证国家兴盛繁荣的根本所在。俗话说，“一个影响一片，一片带动一群”。每个领导干部的作为都会影响到身边的人，对于国家的发展都有着至关重要的作用。因此，每一个人都应该明白其中的道理，自觉主动地去提升自己这方面的德行。

耻，是一种道德自觉。什么叫知耻？在听到自己的过失时会产生羞耻感，从而改正修过。因此，羞耻不仅是一种情感，背后也存在着理性思考与道德判断。有一次，子贡问孔子怎样才能成为一个真正的“士”。孔子回答说“行己有耻”，意思就是对自己的不良行为要有羞耻之心。可见，在孔子的心目中，知耻是非常重要的。《群书治要·孟子》也说：“无羞恶之心，非人也。”连羞耻心都丧失了的人，都不配被称作人了。人只有知耻，才能在做出不孝、不悌、不忠、不信、不礼、不义、不廉的事情后，生出惭愧之心，并勇于改过。对于领导干部来说，知耻更是做官做人的底线。只有不断“无情面地解剖自己”才能唤起洗刷耻辱、捍卫尊严的勇气，激发出改造自我的巨大力量，提升自己的修养，提高自己的工作能力，真正地做到为人民解忧、为人民服务。

《管子·牧民》曰：“何谓四维？一曰礼，二曰义，三曰廉，四曰耻，礼不逾节，义不自进，廉不蔽恶，耻不从枉。故不逾节则上位安，不自进则民无巧诈，不蔽恶则行自全，不从枉则邪事不生。”如果大家都做到了礼义廉耻，那么全国上下就会秩序井然，每个人都会加强自我约束，尔虞我诈、歪风邪气自然也就没有了。管仲的这段著名言论流传千古，也被唐太宗应用到了治国理政的过程中，为大唐盛世的实现奠定了基础。这段话道出了对个人修身、社会发展十分有益的见解，让人深受启发。

四、修身守志，以德资政

今天，许多领导干部都在认真地思考这样的问题：如何培养人格的魅力、显示道德的力量，如何凝聚人、感召人、吸引人，从而赢得群众的爱戴与拥护？习近平总书记给出了答案：“自觉从中华优秀传统文化中汲取营养，老老实实向人民群众学习，时时处处见贤思齐，以严格标准加强自律，接受他律。”① 中国数千年政治文明的演进，赋予了传统官德极为丰富的内涵，涵盖了官员政治活动与社会生活的方方面面。它不仅涉及官员自身的道德修养，也包括官员处理公务时的具体方法和要求，甚至还涉及官员的家庭生活等方面。孝悌忠信、礼义廉耻，这八个德目中的每个字都蕴含着深远的智慧。我们可以从中汲取先人的智慧，为现代官德建设提供有益的启迪和帮助，为修身做人和为官从政提供思想智慧。

高楼万丈平地起，没有大地作为根基，高楼大厦便无法矗立。人生在世，立德修身才是做人的根本。习近平总书记多次强调，领导干部要严以修身，其中的深意便是为官要首先学会修身立德，学会做人。好人未必是好官，但好官一定是好人。为人不正，为官必邪。一些领导干部走上违法犯罪的道路，大多是从做人上、道德品行上出问题开始的，在世界观、人生观、价值观上出了问题，在形式主义、官僚主义、享乐主义、奢靡之风等“四风”方面出了问题，最终走上了不归路。德之不全，必有余殃。当前，从已查处的官员腐败案件来看，一些领导干部走向了犯罪的深渊，根本问题都是出在“德”上。做人是做官的前提，一个领导干部的作为，取决于本人的修为。而明官德、立政德不能脱离中华民族传统文化的沃土，必须从优秀的传统文化中汲取、借鉴有益于干部道德修养的营养。

① 《平“语”近人：习近平总书记用典》，人民出版社 2019 年版，第 120 页。

总之，通读《群书治要》可以令人明白孝悌忠信、礼义廉耻究竟有多么重要。它们是人之所以为人，之所以能够有所成就的根本所在。从孝悌忠信、礼义廉耻中，可以汲取为政之道、为官之德。它们为广大领导干部标出了修身立德的下手之处，彰明了为政为官的底线。

第六讲
《群书治要》中的“为政以德”思想

子曰："为政以德，譬如北辰，居其所而众星共之。"（《论语·为政》）"为政以德"不仅体现了孔子的政治追求，突出了中国传统政治的基本特质，而且囊括了《群书治要》的中心思想。《群书治要·论语》以"德者无为，犹北辰之不移，而众星共之"对此句进行了夹注，说明了中国式管理的精髓是通过为政者的道德感染，从而实现无为而治的状态。

一、"为政以德"是中国传统政治的基本特质

关于政治的合法性，西方哲学对应不同的视角体现出了多元化与多样性的特征，而中国哲学视域下的中国传统政治的合法性基本表现为与"德"结合，具有统一性与稳定性。"为政以德"虽经孔子提出，但"政""德"融合的理念早已存在于中国传统的政治经验中，形塑着中国传统政治的概貌。

据考证，中国的传统政治最早可溯源至"三皇"[①]。伏羲作为"三皇"之首，是中华文明的始祖。司马迁在《史记·太史公自序》中指明伏羲具有纯厚之德。在其之后的炎、黄二帝也被后人认定为"德"的代表，据《国语·晋语》记载，炎帝与黄帝都为少典[②]之子，二人都具有超越普通人的德行，是姬姓与姜姓的华夏祖先。而且据《史

① "三皇"指夏朝以前出现的传说中的"帝王"，不同史家对"三皇"有不同的定义，本书根据《尚书》的记载，将"三皇"界定为伏羲、神农、黄帝。

② 少典是中国古代部落制时期的部落首领之一，也称有熊氏。《国语》记载其为炎帝神农氏和黄帝轩辕氏的父亲。

记·五帝本纪》记载，在阪泉之战中，黄帝三胜炎帝的原因正是“修德振兵”。炎、黄二帝统一后，黄帝作为首领秉承“修文德，怀远人”的“德政”方针，迅速吸引了大量部落归降。对于“兴暴不止”的蚩尤，黄帝率领各个部族，与蚩尤战于涿鹿之野，最终将其擒杀，完成了有史以来中华民族的第一次统一。尧、舜、禹是继黄帝之后黄河流域的三位杰出首领，史书中关于他们获得政治合法性的根据也均归于“德”。据《群书治要·尚书》记载，尧因“皇天眷命，奄有四海，为天下君”。“言尧有此德，故为天所命”。结合孔子对尧的评价“巍巍乎！ 唯天为大，唯尧则之”（《群书治要·论语》）可知，“巍巍盛德”是“天”与尧的共同品质，以此证明了尧拥有高尚的品德。与尧相比，舜与禹获得政治权力的依据更是完全指向了“德”。据《史记·五帝本纪》记载，“天下明德，皆自虞帝始”，故“（尧）荐舜于天，而天受之”。而“禹为人敏给克勤，其德不违，其仁可亲”，故“（舜）乃荐禹于天，为嗣”。说明舜与禹皆因美德获得“天”的认可，从而获得了统治权，这种禅让标准使“德”彻底成了中国传统政治的合法性依据。之后“仲尼祖述尧舜”，总结出了“为政以德，譬如北辰，居其所而众星共之”的结论。

如果尧舜禹时代的禅让制使“为政以德”直接成了政治的合法性依据，那么在中国绵延两千多年的封建宗法制度如何体现出“为政以德”是中国传统政治的基本特质呢？由于先验或超验的领域具有自足性，是充当事物依据的最佳范例，所以在封建宗法制度的视域下，中国传统政治的合法性起源基本都被追溯至先验或超验的领域。在中国传统文化中，通常以“天”“帝”“道”指代超越性存在。如《群书治要·尚书》记载：“敕天之命，惟时惟几。”“夏王弗克庸德，慢神虐民，皇天弗保。”“天作孽，犹可违；自作孽，弗可逭。”这些都说明了“天”的重要性。此外，夏、商、周作为中国封建制的发端，已表现出了“天”与“政权”的密切关联。如“夏王弗克庸德，慢神虐民，皇天弗保”说明“天”主宰了“夏亡商立”，而“灵台，民始附也。文王受命”说明“以周代商”也是天意的安排。进一步推溯可知，即使以“德”著称的“三皇”与尧舜禹也因“成而异德”“皇天眷命”或“荐于天”，皆以“天赐明德”为前提。故而，就中国的传统思维而言，将政治的合法性诉诸“天”较诉诸“为政以德”而言具有逻辑先在性。

经过上述的追本溯源可知，禅让制与封建制实则都将合法性归属至“天”。那么，以此为据，中国传统的执政理念仅表现为“敬天事上”即可，“为政以德”的理念又从何而来呢？这种由“天”至“德”的转变可从“天”的视角与“人”的视角双向展开。禅让制基于天的视角直接实现了“天”与“德”的融合。古人运用质朴而高远的智慧真切地感受到天道即道德，正如《群书治要·吕氏春秋》所言：“天无私覆也，地无私载也，日月无私烛也，四时无私为也，行其德而万物得遂长焉。”表明中国哲学对超验事物的解读与西方宗教设立的人格神截然不同，中国文化的“天”并不意味着掌握绝对的权力，而是旨在默默演绎并传达生而不有、为而不恃、长而不宰的天道规律。同时，政治的本质在中西方的话语体系中都是为了促进成员更好地生活，“为政以德”的内涵即是要求为政者以“德”而非“利”治理天下，这与无私付出的天道规律相一致。所以，一方面，“德”与“得”同义，意味“为政以德”合于“天道”；另一方面，“为政以德”的外在表现则是利于百姓的具体“德政”。因此，禅让制从“天人合一”“天德融合”的高度将“为政以德”锁定为政治的合法性依据。

相较于禅让制而言，封建制从人的层面使“为政以德”成为政治的合法性标识。夏朝是我国古代封建制国家的雏形，禹之所以能将择天下英才而用之的禅让制顺利过渡到以血缘为根基的封建制，原因无非是经过考察发现其子启具有高尚的品德，符合“举贤不避亲”的原则。而之后封建制为何能顺利赓续，成为绵延中国两千多年的政治制度？排除暴力、利益、权谋等其他非典型因素，仅从政治的本质与正义性的角度出发，根源是人所具有的强大主观能动性，使道德成了后天可培养的能力，如孔子所言：“仁远乎哉？我欲仁，斯仁至矣。”

(《群书治要·论语》)由此可推论，封建制初立时，追求“为政以德”应是为政者心驰神往、自愿修养的德行品质，而因德行出众成为为政者的人也会主动践履“为政以德”的各种要求。所以，这种模式虽然披着封建血缘的外衣，但精神中仍延续着禅让制内涵，即“为政以德”与“为政者”互为充要条件。而随着封建制的成熟与壮大，权力的继承演变为顺理成章，“为政以德”逐渐丧失了使为政者主动为之的充分性，仅保留了道德律令般的必要性。而一旦事物的必要性压倒充分性，由主动转为被动，就会加入神秘主义的色彩，上升到信仰的层面。故而，“为政以德”在上述语境下丧失了“天道”的内涵，被复归于“天”的形式之中，这也从侧面印证了夏、商、周为何会出现“君权神授”如“今惟殷坠厥命”“皇天上帝……惟王受命”“文王受命”等，“敬天意识”如“公不敢不敬天之休”“敬天之怒，无敢戏豫。敬天之渝，无敢驰驱”“君子有三畏。畏天命……小人不知天命而不畏”的原因。然而，完全依靠“天”获得政治合法性的思维对为政者而言包含了更多的被动要素，即被动地接受“天命”指示。这种被动模式对人而言，不仅与人的能动性本能相悖，而且使“天命”永远成为未知的存在。这反而从根本上否定了“君权神授”的观点。此外，“天命”在人们的经验中又是多变的，如政权转移、自然灾害、为政者的身体状况等，都能被解释为“天意”的波动。面对不可知且多变的“天命”，历史学者徐复观从朴素的“敬天”意识中挖掘出了“忧患意识”，他指出:“天命不可知，不可信，是说离开了自己的行为而仅靠天命，则天是不易把握，是无从信赖的。天命既无从信赖，则惟有返而求之于人的自身，这便渐渐从宗教对神的依赖性中解脱出来了。”[①] 因此，被动地接受、等待具有权力意味的“天意”不仅与中国传统的天道观、人性观不符，而且会陷入逻辑悖论。经过不断的反思与总结，中国的为政者又深刻认识了“为政以德”才是摆脱执政周期率的关键。历代开

① 徐复观:《中国人性论史·先秦篇》，九州出版社 2014 年版，第 25—26 页。

国或治国的英明之君如商朝的商汤、周朝的武王、汉朝的刘邦、唐代的李世民等基本都采用“德治”的史实亦证明了“为政以德”即使在封建制时期也是人基于主观能动性对政治规律的深刻认知。

二、“为政以德”是《群书治要》的中心思想

《群书治要》“以儒为纲”的编撰原则、“经史互参”的编撰体例表明了“为政以德”是全书的核心内容。儒生力荐、明君自觉的成书缘由也决定“为政以德”是其中心思想。中国唐朝的“贞观之治”与日本“平安时代”的“承和”“贞观”的政治实践又证明了《群书治要》中的“为政以德”是经世致用的政治智慧。

《群书治要》摘录的经、史、子均以“为政以德”为基本遵循。《群书治要》摘录的十二种经部近十万字（共计98686字），占全书近五分之一。其虽摘录了四十七种子部，但摘录均以“为政以德”为基本原则。如其对道家典籍的选取仅摘录了《抱朴子外篇》《老子》《庄子》等有关政术政道的内容，而对道家经典中涉及的内丹养生、神仙方术的内容一概未录。《群书治要》对法家、阴阳家、兵家等典籍，也仅选录了其中有关治国理政的核心思想，如《群书治要·申子》仅保留了《大体》一节，《群书治要·尸子》与《群书治要·政论》也仅摘录了其中“为政以德”的思想。“经史互参”是指《群书治要》在史部通过正反两方面的历史经验，呼应了经部反复强调的“为政以德”观点。因此，《群书治要》的收录范围虽广，但不会出现理念驳杂、莫衷一是的现象，反而集百家之言，为“为政以德”提供了论据。质言之，《群书治要》与“为政以德”实为一体，两者相得益彰。

《群书治要》的成书缘由表明了“为政以德”是其中心思想。据《资治通鉴·唐纪》记载的《唐太宗论弓矢》一文可知，唐太宗在治国理政的过程中始终秉持如履薄冰的态度，他深知刚愎自用是治国大忌，

故而经常召集群臣商议国事、博采众长，尤其特别注重从历史中吸取经验、教训，展示出了一代明君的政治自觉。唐太宗之所以表现出忧患意识，一方面，因为他亲历了“统一寰宇，甲兵强盛”的隋帝国仅存三十余载便在农民起义中土崩瓦解的历史情景；另一方面，在于他深知隋朝与唐朝之间存在着密不可分的关系，如果不吸取隋亡的教训，唐朝就极有可能步隋之后尘。在他的认知中，还深刻地保留着隋王朝“统一寰宇，甲兵强盛”的印象。据考证，隋朝确实在较短的时间内取得了不俗的执政成绩。自 581 年建立至 618 年灭亡，隋朝曾呈现出了“开皇之治”的盛世景象。然而，物极必反，隋朝的跨越式发展虽然在短时间内使其呈现出盛世景象，但也相应地引发了一系列社会问题。而且，好大喜功的隋炀帝杨广为了实现千古一帝的美梦，发动了三征高句丽的大规模战争，这进一步加剧了隋朝帝国的覆灭。隋大业七年（611），山东、河南的水灾成为隋朝爆发农民起义的导火索，此后，各地起义连绵不绝。大业十四年（618），隋炀帝在兵变中被杀，杨浩、杨侑虽相继即位但随即被杀，隋朝亡。基于真实的历史教训，唐太宗感叹“古来虽复时遭丧乱，未有如隋日者”。贞观七年，他再次强调：“秦始皇平六国，隋炀帝富有四海，既骄且逸，一朝而败，吾亦何得自骄也？言念于此，不觉惕焉震惧。”（《贞观政要·论灾祥》）因此，挖掘隋王朝的覆灭原因是其探索执政规律的历史必然。另外，唐太宗所处的社会关系决定了隋、唐二代在各方面都存在着千丝万缕的联系，这种客观现实更深化了其必须避免隋朝帝王执政失误的决心。据考证，隋、唐二代确实存在着密不可分的关系。首先，在血缘关系上，隋朝皇帝杨广与唐朝皇帝李渊都是西魏柱国独孤信的外孙。其次，在姻亲关系上，李世民与炀帝之女杨妃存在婚姻关系，并育有二子即吴王李恪和蜀王李愔，因而两朝的权贵可谓同气连枝。最后，在典章制度方面，唐朝推行贯彻的如三省六部制、科举制、监察制等都是顺承隋朝的旧制，故而两朝的治国方略也大同小异。综上，无论是出于一代明君的精神自觉或为了避免重蹈隋朝覆辙而刻意规避与隋朝的联系，还是有效扬弃隋遗留的器物及经验，抑或二者兼备，李世民在治国理政的过程中都会刻意规避隋炀帝的好大喜功与沽名钓誉，转而采用以内敛、奉献、利民为特点的“为政以德”方略。武德九年（626），在魏徵与封德彝展开“德法之争”时，魏徵对隋朝灭亡的教训又做进一步总结：“隋氏以富强而丧败，动之也。我以贫寡而安宁，静之也。静之则安，动之则乱，人皆知之，非隐而难见也，非微而难察也。”（《贞观政要·论刑法》）最终，唐太宗听从了魏徵的建议，即“遂以宽仁治天下，而于刑法尤慎”（《新唐书·刑法》）。

唐朝的“贞观之治”与日本“平安时代”的盛世景象证明了《群书治要》中的“为政以德”思想是经过实践检验的政治智慧。《群书治要》对“贞观之治”的促进作用，主要体现于魏徵坚守书中的理念、内容辅佐唐太宗治国理政。以上判断具体可以通过分析《唐魏文贞公徵年谱》对《群书治要》的引用，并对应唐朝贞观时期的施政史实两方面来论证《群书治要》对“贞观之治”的积极影响。《唐魏文贞公徵年谱》是清朝学者王先恭根据《魏郑公谏录》《魏郑公谏录续》《魏郑公文集》《魏文贞公故事拾遗》《贞观政要》《玉海》《唐会要》《全唐文》《旧唐书》《新唐书》《资治通鉴》等资料考据而成。据《唐魏文贞公徵年谱》记载，自武德九年玄武门之变后至贞观十六年（642）魏徵逝世的十七年间，共记录魏公事迹126条，具体而言，涉及奏疏、表、论、序、议等政论105条，有关魏公言行14条，记太宗对魏公的称赞6条，另有魏公作文1条。魏徵向太宗上疏的105条政论按主题分类可归纳为忠、信、教、仁、君道、戒骄、戒贪、民本、任贤、纳谏、礼制、法治、慎兵等多个为政主题，其中被太宗认同并采纳的计76条，未被太宗采纳的计2条，未记录太宗反馈意见的计27条，以上记录基本反映出了魏徵在贞观时期的为政概况，是魏徵影响太宗的主要依据。经过对比分析，《唐魏文贞公徵年谱》中大量出现了对《群书治要》的引用。据统计，《唐魏文贞公徵年谱》中收录的105篇政论共32523字，其中对《群书治要》进行直接引用的有119处计3824字；对《群书治要》间接引用的有102处计3122字。如《魏郑公谏录》卷三《谏高昌不失臣礼》记载的“昔齐桓公、管仲、鲍叔牙、宁戚并饮，桓公谓叔牙曰：‘曷不起为寡人寿？’叔牙奉觞而起曰：‘使公无忘出而在于莒也，使管仲无忘束缚在于鲁也，使宁戚无忘饭牛车下也。’桓公避席再拜曰：‘寡人与二大夫能无忘夫子之言，则社稷不危矣。’”摘录自《群书治要·管子》中桓公、管仲、鲍叔牙、宁戚四人饮酒时的对话。即“桓公谓叔牙曰，盍不起为寡人寿乎。叔牙奉杯而起曰，使公无忘出而在于莒，使管仲无忘束缚在于鲁也，使宁戚无忘饭牛车下也。桓公避席再拜曰，寡人与二大夫，能无忘夫子之言，则国之社稷必不危矣”。而《魏郑公谏录》卷二《谏聘郑仁基女为充华》记载的“陛下为人父母，子爱万姓，当忧其所忧，乐其所乐。自古有道之主，以百姓心为心，故君处台榭，则欲人有栋宇之安；食膏粱，则欲人无饥寒之患；愿嫔御，则欲人有室家之欢。此人主之常道也”是对《群书治要·汉书》中“治天下者，当用天下之心为心”及《群书治要·典语》中“明主智君，阶民以为尊，国须政而后治，其恤民也”等内容的间接引用。以上论述说明，作为《群书治要》的主要编撰人，魏徵的政治理念与书中的思想是吻合的。与其说《群书治要》的内容对魏徵产生了重要影响，不如说《群书治要》是魏徵政治伦理思想的理论基础、理念来源及现实总结。而这些理念与思想又基本被唐太宗采纳，从而证明了《群书治要》对“贞观之治”产生了积极的影响。

《群书治要》中的“为政以德”思想除了在“贞观之治”中得到验证，还在日本“平安时代”的“承和”“贞观”年间得到了体现。日本学者林信敬在《校正群书治要序》中讲道：“此书之作，盖其以此也。先明道之所以立，而后知政之所行；先寻教之所以设，而后得学之所归。自典、诰深奥，讫史、子辩博，诸系乎政术、存乎劝戒者，举而不遗。罢朝而不厌其淆乱，闭室而不烦其寻究，诚亦次经之书也。我朝承和①、贞观②之间，致重雍袭熙③之盛者，未必不因讲究此书之力。”加之，《群书治要》被日本“平安”时期的多位天皇奉为圭臬，并出现在了著名的“宽平遗训”之中，而且二战时期，在九条家仓库中发现的《群书治要》“平安本”也于1952年被奉为“日本国宝”。因此，《群书治要》中的“为政以德”思想在日本也得到了证实。

三、“以民为本”是“为政以德”的现实旨归

既然“为政以德”是中国传统政治的基本特质，又是《群书治要》的中心思想，那么何谓“为政以德”的具体内容与践行标准？对照天道对万物“生而不有”“为而不恃”“长而不宰”的无私精神，政道应遵循同样的规律，即为政者对百姓应体现我将无我、无私奉献的“民本”责任与情怀。对照马斯洛的需求层次理论，可将“为政以德”落实为“养民”“富民”“教民”三个层次。

“人主承天命以养民者也”（《群书治要·申鉴》）。根据“一切众生，贪着有功，欣生恶死”的人性规律，“养民”可进一步落实为“慎刑”与“重农”，前者意味着“避死”，后者则表示“求生”。《群书治要·六韬》言：“赏在于成民之生，罚在于使人无罪，是以赏罚施民而天下化矣。”说明“赏”与“罚”是对立统一的概念，两者相互依存、相辅相成，同时说明了立刑的初衷是使人无罪。而且关于刑罚的使用同样现于圣王的治理之中，表明使用刑罚与“为政以德”并不矛盾。据《群书治要·尚书》记载，即使是“行合于天地之心”的舜帝也提倡“明于五刑，以弼五教”，希望“以刑辅教”。因此，实现“刑

---

① 承和：日本仁明天皇的年号。仁明天皇（810—850），日本第54代天皇，833年至850年在位。
② 贞观：日本的年号（859—877），在天安之后、元庆之前。这一时期的日本天皇是清和天皇及阳成天皇。
③ 重雍袭熙：雍、熙表示和乐。重雍袭熙指太平和乐的景象。

期于无刑”的关键在于秉持公正审慎的量刑原则。《群书治要·孔子家语》中记载的孔子诛杀少正卯的例子也说明了德政并非意味着废刑不用，而是主张依法治国、以公量刑。孔子出任鲁国大司寇时，以“心逆而险”“行僻而坚”“言伪而辨”“记丑而博”“顺非而泽”五种明确的标准对少正卯进行了诛杀，成了史书中典型的“德杀”案例。除了“避死”，“求生”也是为政者需要担负的“养民”义务。《群书治要·淮南子》直言：“食者民之本也，民者国之本也，国者君之本也。”说明了“以农养民”的重要性。《群书治要·汉书》还具体说明了当粮食有一年的储备时，百姓就会知荣辱；当有三年以上储备时，整个社会就会“王德流洽，礼乐成焉”。而若粮食不足，就会导致“民伤离散”“农伤国贫”。最终得出了“善为国者，使民毋伤而农益劝”的结论。此外，据考证，在一万年前的新石器时期，人类便已经开发了初级的农业和畜牧业，即人们有意识地栽种小麦及饲养牲畜，逐渐地在此基础上形成了定居或半定居状态下等待食物收获的农耕生活方式，之后因这种生活模式逐渐被各地区的人们所接受，故而农业毋庸置疑地成为人们获取食物的主要或唯一方式。而且由于中华先民占据着广阔的平原地带，所以农业在中华文明史中发挥了比其他产业更为显著的作用。质言之，农业因自身的特质及其与中华文明之间的契合使“重农固本”的理念成为中国传统政治文化的典型表现。

“富民”是“养民”与“教民”的中间环节。为政者的“富民”举措可从增加总量与合理分配两方面落实。中国的传统财政政策主要通过“赋税”展开，“赋税”包括“赋”与“税”。如《汉书·刑法志》言：“有税有赋，税以足食，赋以足兵”。汉代的童蒙读物《急就篇》也对“赋税”进行了科普分类：“敛财曰赋，敛谷曰税，田税曰租”。说明赋、税、租代表了不同税收的缴纳形式。同时考察中国的税收制度史，其内涵也经历了由“以人为税”到“摊丁入亩”的转变。虽然税收的形式与内涵随着时代的发展发生了变化，但“赋税”始终是为政者获得物质资源的主要渠道。因此，单从为政者消耗的层面而言，

“轻徭薄赋”是减少支出、增加经济总量的显性方式。至于“使民”更是为政者特有的权力，在中国传统的征税体系中，除了货币、实物之外，还包括徭役，即征调民众进行义务劳动。这种“使民”的徭役虽然有助于国家兴建大型工程，但也会在一定程度上阻碍人们从事农业劳动，从而影响人们的幸福指数。因此，“使民也义”与“轻徭薄赋”是直指为政者并需要为政者积极贯彻落实的民本措施。《群书治要·孝经》在阐发“诸侯之孝”时提出：“而和其民人。薄赋敛，省徭役，是以民人和也。”在《群书治要·孔子家语》中，孔子在答哀公问政时也明确将“薄赋敛”与“富民”结合在了一起。他认为，治国理政的核心在于使人民安居乐业，鲁哀公紧接着问：“怎么做才能使百姓安居乐业呢？”孔子回答：“轻徭薄赋即可使民富裕安康。”这段记载进一步证明了“轻徭薄赋”对于“富民”的重要性。值得注意的是，赋税的功能并非只是满足为政者的消耗，其根本作用是通过合理分配，达到“补民不足”的效果。所以，《群书治要》中有关“轻徭薄赋”“使民也义”的论述始终建立在“省”“薄”“轻”的前提下，并非主张“废税赋”“绝使民”，原因在于税收和徭役对于政治而言是必要的，其目的是对公共财富的二次分配，而且两者的合理使用能够有效发挥促民生、补短板的作用，正如《群书治要·老子》所言：“天之道，损有余以补不足。”《群书治要·傅子》亦言：“昔先王之兴役赋，所以安上济下，尽利用之宜。”说明赋税与徭役作为转移支付的宏观调控措施在贯彻实施民本思想的过程中发挥着不可或缺的作用。对于为政者而言，人民并非特指某个人或某类群体，而是经过抽象化之后具有普遍性的概念。所以，以为政者为主体进行的二次分配不仅可以将公共的货币或人力投入到共同体的基础设施建设之中，促进人们生活质量的提高，而且可以帮扶共同体内部因各种原因导致无法维持正常生活状态的民众。因此，“补不足”是实现共同富裕的有效措施。

“教民”是经过“养民”与“富民”的积累后实现质变的新阶段。中国传统文化将“教民”指向道德教化，这也是“教民”区别于“养民”与“富民”的根本原因。根据马斯洛需求层次理论的划分，自我需求是人的需求的最高阶段，而道德的需要代表了自我对自由的需要。因此，贯彻民本思想的终极目标是“以德化人”。关于“教民”的重要性常见于《群书治要》的经典之中。《群书治要·潜夫论》指出：“人君之治，莫大于道，莫盛于德，莫美于教，莫神于化。”《群书治要·汉书》还列出了“设庠序以化于邑，渐民以仁，摩民以义，节民以礼”的具体任务。既然道德教化是贯彻“民本”实现的最高追求，那么如何在百姓中推行道德教化？根据分析，道德规范产生于人们的经验之中，这意味着道德规范的产生与流转是从小范围开始的，而禁忌和惯例可追溯为道德规范的最初表现形式。由于两者具有鲜明的经验性，所以它们的流转基本依靠口口相传的方式，这就导致传统道德规范发挥效用的轨迹是以家庭为中心蔓延。以血缘宗法为基础的中国传统治理行为恰恰符合道德规范的形成规律，其不仅将伦理治理的最初效能锁定在范围相对较小的家庭伦理之中，而且以此为基础发展出了宗法治理体制，这使中国传统的政治治理模式突出地表现为“家国同构”。因此，由君臣、父子、夫妇、兄弟、朋友构成的“五伦”关系成为长期植根于中国人民内心的基本意识，而“敦伦尽分”作为对“五伦”关系的回应，至今对人们的行为方式仍发挥着“日用而不知”的影响。在“敦伦尽分”观念的影响下，中国传统文化将“孝道”作为修身之首，《群书治要·论语》指出：“君子务本，本立而道生，孝弟也者，其仁之本与。先能事父兄，然后仁可成。”《群书治要·孝经》亦言：“夫孝，德之本也。人之行莫大于孝，故曰德之本也。教之所由生也。”“孝”因蕴含着深刻的人性发展的规律，被孔子认定为“仁”之本。“孝”之所以在中国传统文化中成为众德之本，一方面是因为禁忌与惯例的效用遵循“由小及大”“由近及远”的规律；另一方面是因为人性的良知良能容易被道德的行为激发唤醒，而父母对子女无私的爱可溯源为最早的道德行为。在父爱、母爱及父母所传授的禁忌或惯例影响下，子女会形成最初的道德意识，他们以此为基础逐渐形成稳定的道德意志与系统的道德规范，从而对他们的生活行动进行指导。而且君臣、夫妇、兄弟、朋友都源于“孝爱”的投射，“孝亲”关系对其他“四伦”关系起到了四梁八柱的基础性作用。如中国传统的婚姻关系、君臣关系、兄弟关系以及朋友关系都是在极度依赖父子关系的基础上生发的。具言之，中国传统的婚姻模式采用“父母之命，媒妁之言”，这决定了夫妇关系渗透着双方父母的权威。而君臣之间的忠亦是源于对父母的“孝”，对此，《群书治要·孝经》言：“夫孝，始于事亲，中于事君，终于立身，大雅云：‘无念尔祖，聿修厥德。’”说明“移孝作忠”是君臣关系成立的前提。至于兄友弟恭亦是父母对子女设立的道德规范，朋友之信亦是由“孝”而来并经过“悌”的加强，从而形成了“四海之内皆兄弟”的观念。概言之，中国传统的“五伦”关系是以“孝亲”为中心，构成了“由己及人”“由近及远”的伦理差序格局，正如《群书治要·吕氏春秋》所言：“故论人必以所亲，而后及所疏，必以所重，而后及所轻。”《群书治要》除了以“孝”为核心构建了“五伦”关系的道德教化内容，还涉及了家庭教育、学校教育、社会教育、宗教教育等形式多样、修习始终的教育方法，形成了系统长效的保障机制。

四、“为政以德”的当代价值

“不忘本来才能开辟未来，善于继承才能更好创新。”①“以习近平同志为核心的党中央非常重视党内政治生态，并且采用德、法兼备的方法锻造党风、政风，实现领导干部自律与他律的结合。为了发挥政德对政党执政能力的提升作用，习近平同志在《之江新语》中寄语领导干部要‘多读书、修政德’。2016 年在主持十八届中央政治局第

① 《习近平在中共中央政治局第十三次集体学习时强调 把培育和弘扬社会主义核心价值观作为凝魂聚气强基固本的基础工程》，《人民日报》2014 年 2 月 26 日。

三十七次集体学习时，他指出，‘以德修身、以德立威、以德服众，是干部成长成才的重要因素’。2018 年在参加十三届全国人大一次会议重庆代表团审议时，他明确提出：‘立政德，就要明大德、守公德、严私德。’2019 年在中央党校（国家行政学院）中青年干部培训班开班式上，他进一步指出：‘新时代中国特色社会主义思想，不仅包含着党治国理政的重要思想，也贯穿着中国共产党人的政治品格、价值追求、精神境界、作风操守的要求。’”①

习近平总书记的“政德观”是“为政以德”思想的一以贯之。与“为政以德”一致，明大德的信仰指向与“为政以德”的道德追求异曲同工。守公德的责任意识与“为政以德”的“养民”“富民”“教民”旨归不谋而合。严私德则与“为政以德”要求“为政者”培养道德能力、践行知行合一一脉相承。明大德是习近平总书记“政德观”的理论总纲，领导干部只有确立了正确的理想信念，才能指导自己的实践、改造世界。所以，“明大德”突出了道德与信仰在当代政治建设中的根本导向，有效地呼应了中国历代明君重视“以德治国”的中国智慧。守公德是习近平总书记“政德观”运行的关键，是明大德的具体化实践。一方面，守公德如果离开明大德的指导，会导致理想信念的缺失，使公德降低为只能依靠制度与法律来保障的职业道德。另一方面，守公德作为天然的纽带可以为领导干部和人民群众建立有效的联结。相应而言，如果没有守公德的参与，明大德就会面临坐而论道、知而不行的困境。中国传统的“为政以德”将“以民为本”作为实践旨归，这与守公德一致，不仅强调了“为政者”需要承担的责任与义务，而且将责任与义务对象化为人民群众。严私德是习近平总书记“政德观”的基本要求，与公德、大德的关系极为密切。一方面，领导干部的意志力在经历明大德、守公德的锤炼之后，严私德是二者的逻辑使然。另一方面，由于人性的二重性及承担角色的多样化，作为现实的

① 徐佳佳：《领导干部要树立正确的政德观》，《中国党政干部论坛》2019 年第 6 期。

人，领导干部在实践的过程中，不能如理论一般截然分割，所以严私德又是明大德与守公德的基本保障。这与“为政以德”要求“为政者”主动培养道德能力，使“政”与“德”互为充要条件的内涵指向完全一致。

在一脉相承、一以贯之的基础上，习近平总书记的“政德观”同样是“为政以德”思想的创造性转化和创新性发展。新时代的“政德观”不仅将领导干部视为主体，而且将其视为客体，进一步彰显了人民的主体地位。而且新时代的“政德观”并非建立在纯德行的机制之上，还加入了规范和监督的机制，体现了美德与规范并举的创新性。综上，“为政以德”或以自身的内涵，或发展为新的形式至今仍切实而深刻地影响着新时代中国特色社会主义的政德实践，实现着中国传统政治智慧的延续。

第七讲

从《群书治要》看道德教育的重要性

改革开放以来，我国虽在经济建设方面取得了举世瞩目的成就，但是在政治领域和社会领域却出现了一些令人担忧的问题，例如贪污腐败、贫富差距、假冒伪劣、食品安全等，这些问题已经成为影响社会和谐与长治久安的重要因素。因此，一些学者便把目光投向了西方，认为把西方的政治制度搬到中国，就可以解决中国社会出现的这些问题。这种观点既缺乏对社会治乱根源的深刻分析，也忽视了西方民主政治制度产生的宗教文化背景，因而，就会不可避免地出现“异体移植”的弊端，不能取得预期的效果。

一、“其人存，则其政举”：社会治乱的根本在人心

以腐败现象为例，从现实看，腐败现象的产生应具备三个条件：（1）领导者的私利观念和腐败思想——它说明为什么会腐败；（2）公共权力的存在，即领导者手中都掌握着一部分公共权力——它说明用什么去搞腐败；（3）体制的不完善和法律监督机制的不健全，为以权谋私提供了可乘之机——它说明何以能够腐败。三者缺一，都不能导致腐败。

公共权力的存在，是腐败产生的必要条件，但并不必然导致腐败。公共权力既可以善用，也可以恶用，关键在于谁来用、怎样用。因此，腐败的根源只能从用权者和用权制度两方面来寻找。

从用权制度的角度看，体制、监督机制的不健全，是产生腐败的

社会原因，是外因（缘）；从用权者的角度看，领导者私欲的膨胀和腐朽的道德观是腐败产生的思想原因，是内因（因）。内因是事物发展变化的根源和第一位的原因，是事物存在的深刻基础。因此，要根除腐败，就必须解决产生腐败的思想动因，提高领导者的道德素质和责任观念，培养领导者的正义美德。

《群书治要·孙卿子》提出：有使国家昏乱的君主，却没有必然混乱的国家。有使国家得到治理的人，却没有自行使国家得到治理的法律。后羿射箭的方法还存留于世，但后世之人却未必都能百发百中。禹的治国礼法制度也没有灭亡，但夏氏并不能永远称王天下。所以礼法制度不能孤立地存在、不能自行发挥作用，有了圣明的君主，礼法制度才会存在；失去了圣明的君主，礼法制度也会随之消亡。法制，是治理国家的始端（凭依），而人（君子）是法制的本源。（法者，治之端也；君子者，法之原也。）有了贤人君子，法律即使简略，也会使国家普遍得到治理。如果没有贤人君子，法律即使很完备，也会使国家混乱。所以，圣明的君主都迫切想得到治国的贤人君子，得到了这样的人，自身就可以很安逸，国家也能得到很好的治理，使自己功绩伟大而名声美好；如果不能得到治国的人才，就会自身劳苦而国家混乱，功业败坏而声名狼藉。

从这段话中，可看出中国古代治国理政的一大显著特点，即德主刑辅。对此，很多人误以为这是重德轻法，是一种道德理想主义。实际上，这种观点失之偏颇。《周易》云："一阴一阳之谓道。"《汉书》也说："礼者禁于将然之前，而法者禁于已然之后。"法律与道德作为治国之道，如鸟之两翼、车之两轮，不可分离，不可偏废。道德的提升对于法律的制定与实施无疑具有支撑和促进作用，反过来，道德的教育也同样需要依靠法律制度来加以保障和维护。道德教育与法律制度应是相互补充、相互促进、相辅相成的关系。然而，中国传统社会之所以特别强调道德在治国理政中的作用，并不是说法制不重要，而是看到了人心堕落才是导致犯罪的根本原因。因此，行之有效的道德教育若能深入人心，不仅可令人筑牢守法防线，更可使人志存高远，为实现美好生活的理想而奋发努力。正如前文所说“法者，治之端也”，良好的法律是治理的开端和凭依。如果没有良好的法制，就会使得治理无所依循，甚至会出现《墨子》中所说的“一人则一义，二人则二义，十人则十义”的现象。可见，好的法制对于治国理政而言是必需的，这也是我们在反腐倡廉的过程中特别重视健全法制、完善监督机制的重要原因。但是同时也应看到“君子者，法之原也”，唯有圣贤君子（有道德的领导者）才能制定出并执行好公正的法律，因为“圣人以仁义为准绳，中绳者谓之君子，弗中者谓之小人”（《群书治要·文子》）。从这个意义上说，通过道德教育培养具有道德素质的人（特别是领导者）才是社会治乱的根本。这一点，无论对于中国，还是对于西方，都同样适用。

《中庸》说，“其人存，则其政举；其人亡，则其政息”。如果领导者品德高尚、有公心，那么无论在何种制度下，他都会对企业、对单位、对社会殚精竭虑、尽忠职守，关键时候，甚至可以力挽狂澜。改革开放初期，我国出现的“能人现象”就是如此：一个企业马上就要倒闭了，但只是换了一个领导者，结果短时间内就能让企业扭亏为盈。其实，这个所谓的“能人”，不仅仅是一个有能力的人，而且首先是一位有德的人，因为他不是想方设法把公有资产据为私有，他所制定的政策、所采取的措施都是为了整个企业的长远发展。也就是说，公平的制度必须得有正义美德的人才能设计出来，即使公平的制度设计出来，也只有具备正义美德的人才能实施到位。

《群书治要·傅子》指出：“明君必顺善制而后致治，非善制之能独治也，必须良佐有以行之也。”贤明的领导者，必须通过推行好的制度，才能达到社会安定的结果。但并不是只要有了好的制度，就能实现大治，还必须有贤能的辅佐之人去推行。而无论是明君，还是良佐，都需要依靠教育尤其道德教育才能培养出来。这里需要指出的是，中国古代教育，完全不同于现代教育。

中国自古便重视教育，长期作为中国古代正统思想的儒家更是重视道德在教育中的地位和作用。孔门四科，德行第一，“德者本也，财者末也”（《大学》）。“财者末也”并非指财不重要，而是指“财”是“德”的结果，即《大学》讲的“有德此有人，有人此有土，有土此有财，有财此有用”。如果本末倒置，则会出现《大学》中所说的“外本内末，争民施夺”的情况，也就是《孟子·梁惠王上》所说的“上下交征利，而国危矣”。官员的德行上可影响领导，下可影响百姓，因此，官员的道德修养尤为重要。司马光在《资治通鉴》中也写道：“才者，德之资也；德者，才之帅也。”博学多闻固然重要，但若没有一定的道德素养作为承载，就可能造成知识越多、能力越强，却危害越大的结果。诚然，现代教育在普及科学真理、培育公民精神、促进社会发展、推动历史前进等方面起到了积极作用，然而，其在一定程度上却忽视了教育的本质——关于做人的教育，这也是导致现代社会形形色色问题层出不穷的主要原因之一。

因此，我国若要走出一条真正有别于西方的特色社会主义民主化道路，推进政治体制改革、加强民主法治建设只是一方面，更重要的是，要结合自己的民族文化传统、心理认同，创造出适宜民主政治生存发展的思想土壤，通过教育提升公民的道德素质与理性能力。

中国自古便有深厚的民本思想。《尚书·五子之歌》说：“民惟邦本，本固邦宁。”《孟子·尽心下》说：“民为贵，社稷次之，君为轻。”《荀子·王制》说：“君者，舟也，庶人者，水也；水则载舟，水则覆舟。”可以看出，增强对中国传统文化的自信，就自然会认识到什么是适宜中国这片土地的民主思想。中国古代以民为本的思想，才是中国特色的民主政治值得借鉴的。要实现我国社会的民本思想，则必须加强教育，提高公民的理性能力和道德素质。而中华传统圣贤教育在于明明德、长善救失，强调智仁勇，这对于加强公民道德建设，培养出有正义美德的人具有重要意义。这意味着首先要加强公民道德建设，恢复伦理道德教育，培养出具有正义美德的人。如果忽视了伦理道德教育，不仅无法从根本上解决因为人的道德滑坡而出现的种种社会问题，甚至还会出现如《群书治要·汉书》中所说的“法出而奸生，令下而诈起，如以汤止沸，以薪救火”的情形。

因此，必须强化道德对法治的支撑作用。如果仅仅重视法治监督机制的健全，而忽视了道德教育，仅仅关注公平正义的制度设计，会导致以下结果。

其一，“道之以政，齐之以刑，民免而无耻”，即人们因为惧怕刑法的处罚免于作恶，但是没有羞耻心。这种现象主要表现为法律管辖之外的“反社会行为”。狭义地讲，“反社会行为”就是指没有触犯法律但却是不道德的行为。此外，离婚率上升、犯罪低龄化更成为世界各国面临的日益严重的社会问题。

其二，“法令滋彰，盗贼多有”，即法律条款越来越严密具体，渗透到生活的方方面面，但是违法乱纪的人却依然众多。在西方现代社会，这表现为监狱以人满为患，政府以警察人员短缺为忧。严格的法律和监督机制可以把犯罪的人关进监狱，但并不能解决根本问题。如果缺乏伦理道德的教育，服刑人员在监狱里学到的反而是更加狡诈的作案方式，一旦被释放出来，仍然会危害社会。《群书治要·袁子正书》也说：如果不能制止人们作恶的心，即使是每一天都以刀锯在外面执行死刑、惩罚犯人，也不能制止作奸犯科的事情发生。

其三，不能培养出品德高尚的圣贤君子。《群书治要·盐铁论》中就讲道：“法能刑人，而不能使人廉；能杀人，而不能使人仁。”在《群书治要·淮南子》也说，靠法律和制度建设可以把不孝的人判处死刑，但是不能够使人们成为孔子、墨子那样有德行、有孝心的人；法律也能够对窃贼施以刑法的制裁，但是不能使人成为伯夷那样廉洁、有志气的人。孔子教育的徒弟有三千多人，每一个人在家孝敬父母，出门尊敬长辈，言为世则，行为世法，一言一行都能成为世间的表率，就是依靠教育所成就的啊！

其四，“刑罚积而民怨背”。《汉书》中说：用礼义治理国家者，积累的就是礼义；用刑罚治理国家者，积累的就是刑罚。刑罚用多了人民就怨恨背叛，礼义积多了人民就和睦亲爱。本来世代君主想让人民德行美好的意愿是相同的，但用以使人民德行美好的办法却不同。有的是用道德教化来引导，有的是用法令来驱使。用道德教化引导，德教和谐时人民就表现出欢乐的精神状态；用法律政令驱使，法令严酷时民风就呈现出哀怨的样子。

其五，不能达到“不忍欺”的最高管理境界。通过重视伦理道德的教育所达到的是高于“不能欺”和“不敢欺”的“不忍欺”的管理境界。《群书治要·体论》说：用道德教化是第一位的，礼法则紧随其后。道德与礼法都是引导人民的工具啊！首先，道德教化使人民日益转向善良，却不知道自己为什么会转向善良，这是最好的治理（正己化人，无为而治）；其次，使人民互相礼让，身受劳作之苦而并无埋怨，这是次一等的状况；最后，就是用法规来纠正，使人民因利益得到保障而喜欢从善，因畏惧刑罚而不敢做非法之事，这是最末一等的治理。

其六，“不知礼义，不可以行法”。如果忽视了道德教育，即使有了好的法制也难以推行而达到国家大治的结果。

社会和谐与否，从根本上取决于人心的善良和行为的正当，即古人所谓“人心正则国治，人心邪则国乱”。《孟子·离娄上》也说：“是以惟仁者宜在高位。不仁而在高位，是播其恶于众也。”只有具备仁爱道德的人，才适宜处于领导地位。如果不仁的人处于领导地位，他就会把自己的罪恶传播给广大的民众。

二、“不教而杀谓之虐”：圣贤教育可以导正人心

德才兼备的领导者不是凭空出现的，必须靠教育才能培养出来。

而在《论语·尧曰》中记载，孔子说“不教而杀谓之虐”。也就是说，在位者如果没有教导人们仁义孝悌的道理，人们因为缺少伦理道德的教育、不知道做人的本分责任而走向违法乱纪的道路，就被处以死刑，这种政治属于虐政。

《群书治要·史记》讲：“汉兴，破觚而为圆，觚，方，斫雕而为朴，网漏于吞舟之鱼，而吏治烝烝，不至于奸，黎民艾安。由是观之，在彼不在此，在道德不在严酷也。”“彼”即道德教化，“此”即严苛的法制。这段话的意思是，汉朝之所以兴起，是因为去棱角而成为圆形，去严刑而从简政，去浮华而倡质朴，法网宽疏得可以漏掉能吞噬船只的大鱼，可官吏的政绩却蒸蒸日上，谁也不敢为非作歹，百姓和美安定。由此看来，治理国家重要的是道德的引导，而不是刑罚的严酷。

中国的文化传统不同于西方的宗教文化，它是一种重视伦理道德因果教育的圣贤文化，注重通过家庭教育、学校教育、社会教育等形式，培养出德才兼备的人作为官吏的候补，并在官吏的选拔、考核、监察、奖励、培训和管理上落实“进贤受上赏，蔽贤蒙显戮”的主张，这就能保证德才兼备的人被选拔到领导岗位上来。换言之，这种政治制度同时兼顾了公平正义和仁慈博爱两个方面。所以，中国历史上的理想政治制度是圣贤政治。在这种政治制度中，所有的制度建设和改革都是围绕着如何把一个人培养成为好人而设计的，其结果是“其政平，吏不苛；其赋敛节，其自奉薄；不以私善害公法，赏赐不加于无功，刑罚不施于无罪；不因喜以赏，不因怒以诛；害民者有罪，进贤者有赏……官无腐蠹之藏，国无流饿之民”（《群书治要·六韬》）。

因而，圣贤政治所起到的就是一种“无为而治”的理想效果。《盐铁论》中，对刑法与道德教化的关系做了一个形象的比喻：刑法对于治理国家，就像马鞭对于驾车一样，好的驭手不能没有马鞭就去赶车，而是拿着马鞭却不轻易使用。圣人借助刑法来实现教化，教化成功了，刑法便可以搁置不用。这就是《尚书》所说的“刑期于无刑”。为什么要设立刑法？就是要起到警诫、威慑的作用，但是最终的目的是期望人们不要触犯法律。历史上，西周时期的“成康盛世”，因为兴起道德教化，结果囹圄空虚，刑措不用。

总结这些盛世成就的规律，都是在制定了善法的同时，特别重视道德教化，因而实现了依法治国与以德治国的有机结合。可以说，在中华民族实现伟大复兴的关键历史时期，《群书治要》中的“礼法兼治”是习近平总书记关于依法治国与以德治国相结合的历史文化渊源，对于我们深入理解与全面落实依法治国的基本方略具有特别重要的指导作用。

三、“人是可以教得好的”：中国传统圣贤教育的经验

中国传统社会的道德教育之所以能够奏效，与古人对待圣贤教育重视与恭敬的态度息息相关，并具有以下特点。

（一）目标明确

中国古代对伦理道德因果的教育，是站在治国理政的高度加以重视的。《礼记·学记》提出“建国君民，教学为先”，是说建立国家和领导人民，教育是首要的；又提出“教也者，长善而救其失者也”，教育的目的是使人的过失得以挽救、使人的善良不断增长。《礼记·大学》开篇讲道：“大学之道，在明明德，在亲民，在止于至善。”这点明了教育的目的是要明明德，即恢复人们本善的本性，并且通过亲民、爱民、化民，使人民也明明德。明明德与亲民就是自觉觉他的教育过程。而这种明明德的教育，就是成圣成贤的圣贤教育，其内容便是伦理道德的教育。教育直接影响年青一代的成长，关乎国家的前途和命运。只有办好教育，才能使人心得到治理，协调好人与人之间的伦理关系，才能从根本上保证社会的长治久安。

（二）规范概括

教育的最终目标是要使人恢复本善的本性，那么教育的内容就要与性德相应。中国古人讲：大道至简。同样，中国传统道德规范也简要明确，易记易传，概括来说就是“四维”“八德”“五伦”“五常”。四维即礼、义、廉、耻。《群书治要·管子》讲“四维张，则君令行；四维不张，国乃灭亡”。八德即孝、悌、忠、信、礼、义、廉、耻。五伦即父子有亲、君臣有义、夫妇有别、长幼有序、朋友有信。五常即仁、义、礼、智、信。这些都是千百年来人们普遍奉行的价值观。

（三）内容丰富

人们懂得了伦理道德，则会耻于作恶；如果明了因果，则不敢作恶。中国传统教育不仅包含伦理道德的教育，“善有善报，恶有恶报”的因果教育也是必不可少的内容。在中国古代，教育由儒、释、道三家来共同承担，因果教育贯彻于三家教育之中，核心都是教导人们“诸恶莫作，众善奉行”。如儒家经典《周易》里的“积善之家，必有余庆；积不善之家，必有余殃”；《大学》里的“德者本也，财者末也”“货悖而入者，亦悖而出”；《中庸》里的“大德，必得其位，必得其禄，必得其名，必得其寿”；《尚书》里的“惠迪吉，从逆凶，惟影响”；《诗经》里的“无念尔祖，聿修厥德；永言配命，自求多福”，皆属因果教育。道家经典中，《太上感应篇》开篇便告诫人们“祸福无门，惟人自召；善恶之报，如影随形”。以讲因果报应为主的《太上感应篇》《文昌帝君阴骘文》《关圣帝君觉世真经》，更是古代士人的必读书。佛教讲“万法皆空，因果不空”，则是把因果规律讲得更为彻底。中国历史上虽无西方意义上的宗教，但因国家、社会大力提倡因果教育，使得“善有善报，恶有恶报，不是不报，报时未到”的观念深入人心，妇孺皆知，故人不敢肆意妄为。因果教育对端正世道人心起到了不可替代的作用。这些都为形成淳朴向善的民风和达到社会的安定和谐起到了重要作用。

（四）形式多样

中国古代道德教育的形式多样，并且构成了完整体系，以保证教学始终不中断。

家庭教育是道德教育的开始。更确切地说，是从母亲的胎教开始的。中国自古便重视胎教。《大戴礼记·保傅》记载："周后妃任成王于身，立而不跂，坐而不差，独处而不倨，虽怒而不詈，胎教之谓也。"五伦关系中的"夫妇有别"，这里的"别"并不是指夫妻地位上的差异，而是指夫妻之间分工不同：男子是家庭的支柱；女子护持家庭，更重要的职责是教导儿女，使他们成为有用之才。古人说："闺阃乃圣贤所出之地，母教为天下太平之源。"《说文解字》将教育的"育"字解释为"养子使作善也"，并引徐锴的解释："不顺子亦教之，况顺者乎？"段玉裁在《说文解字注》中进一步注解："不从子而从倒子者，正谓不善者可使作善也。"正是父母对子女从一出生便开始言传身教，使子女在无形中养成了孝敬的德行基础。中国古代是传统大家庭，家庭的稳定是社会稳定的基础。在维护家庭稳定和教育子女方面，家规、家学、家训、家道起了极其重要的作用。一些千古流传的家训名篇如《颜氏家训》《朱子治家格言》等，至今脍炙人口；清代成书的《弟子规》，更是中国传统家规的经典之作。恢复家规教育，重视家庭母教，可使孩童打下良好的伦理道德基础，也可为将来学问的成就打下基础。

学校教育是教育的主体。《汉书》中说：古代的君王，无不把教化人民作为治国要务，设立太学在国都推行教化，设立庠序在地方教化人民。教化既已昭明，习俗已经形成，天下就曾出现监狱里空无一人的情形。据《群书治要·周礼》记载，"建邦之六典"中，教典位列第二，仅次于治典，在礼典、政典、刑典、事典之上，教典的作用是

“以安邦国，以教官府，以扰万民”，即安定诸侯、教导官员、驯化百姓。《周礼》中还详细记载了掌管教育的各级官员以及教授的内容。由此可知，古时施行教化，无不是以德行教育为教化的主要内容，而且自天子以至于庶人，无有遗漏，乃属全民施教。

学校教育也是家庭教育的延续。《礼记·学记》记载：“凡学之道，严师为难。师严然后道尊，道尊然后民知敬学。”对老师有恭敬心是最难的，有恭敬心才能对老师所传之道生起恭敬心；恭敬老师所传之道，才能接受老师的教诲并且努力精进。在家里，父母教导子女恭敬老师；在学校，老师教导学生孝敬父母。亲师配合共同教导下一代。“诚敬”是成就一切学问的根本。

社会教育是学校教育的延续，是家庭教育的扩展。上古时代，“风”是很重要的一种教化形式。《群书治要·诗》说：“《风》，讽也，教也。风以动之，教以化之。……上以风化下，下以风刺上，言之者无罪，闻之者足以自诫。”在上位的君王通过诗歌对民众实行教化，在下层的百姓则通过诗歌将民间的风俗与疾苦上达给君王。《论语·为政》篇记载，孔子说：“诗三百,一言以蔽之，曰：‘思无邪’。”在中国古代，社会教育秉持了孔子提出的“思无邪”的理念。音乐、歌舞、戏剧、诗词等所有文艺作品，无不以宣扬道德、弘扬正气为主要内容，从而使得社会的正气上升、邪气下降。同样，在科学技术迅猛发展的今天，网际网络渗透到人们生活中的方方面面，社会教育对人们正确价值观的树立更是起着潜移默化的深远影响。所以，国家的文化部门、新闻媒体、网际网络等，都应当承担起弘扬社会正气的责任，为倡导和树立正确的道德观营造良好的社会氛围。

（五）次序合理

教学由孝开始，德行为先。蒙学经典《弟子规》开篇即阐明了教育的次第：“首孝悌，次谨信；泛爱众，而亲仁；有余力，则学文”。《三字经》中也说：“首孝弟，次见闻。”《群书治要·孝经》讲：“夫孝，德之本也，教之所由生也。”因此教学从教“孝”开始。在《论语·学而》中，有子曰：“君子务本，本立而道生。孝弟也者，其为仁之本与。”这是说，君子处世要致力于根本，根本确立了，原则也就产生了。“孝悌”就是“仁”的根本。因而，道德教育应当从培养人的孝心开始。孝能培养人恩义、情义、道义的处世原则，在这种原则下，人们便不会违法乱纪、作奸犯科。相反，以利害为取舍的处世原则会使人做出见利忘义或忘恩负义的事情。所以，有子说：“其为人也孝弟，而好犯上者，鲜矣；不好犯上而好作乱者，未之有也。”《孝经》也讲：“教民亲爱，莫善于孝；教民礼顺，莫善于悌”，“长幼顺，故上下治”。孝的教育是维持良好社会伦理秩序的根本。《说文解字》解释“孝”字为“子承老也”，即父子一体。孝教导人们互亲互爱，教给人们“一体”的观念：“仁者，人也，亲亲为大”（《中庸》），孝，“始于事亲”（《孝经》），进而“老吾老，以及人之老”（《孟子·梁惠王上》），从“亲亲而仁民，仁民而爱物”（《孟子·尽心上》）及至“民胞物与”，再到“天地与我并生，而万物与我为一”（《庄子·齐物论》）的境界。因此《孝经》中说：孝可以“天下和平，灾害不生，祸乱不作”。这种“孝”的教育不仅包括养父母之身，还包括养父母之心、养父母之志、养父母之慧。在中国古代，“孝”是由老师来教导的，正如《礼记·学记》所说的：“师无当于五服，五服弗得不亲。”老师不教导人伦关系，人们就不知道相亲相爱。父母教导子女尊重老师，老师教导学生孝养父母，所以，“孝亲”与“尊师”紧密联系在一起。

（六）保障有力

要把道德要求贯彻到法治建设中。以法治承载道德理念，道德才有可靠的制度支撑。中国历史上的道德教育之所以奏效而没有变成空洞的说教，就是因为传统社会的道德教育是依靠各种制度来加以保证和维护的。《孝经》中说："五刑之属三千，而罪莫大于不孝。"北齐律首创"重罪十条"，而其中不孝罪为"十恶不赦"的罪名之一。唐律规定，骂祖父母与父母的要处以绞刑，殴者处以斩刑，并对种种不孝的罪行作出了更具体的处罚。

此外，中国自汉代就实行了"举孝廉"的人才选拔机制，要求官员的选拔必须秉持"爵非德不授，禄非功不予"的准则。可见，中国传统并没有忽视法律在治国理政中的作用，而是认为道德教育与法律制裁应是相互补充、相互促进、相辅相成的关系。行之有效的道德教育可以深入人心，令人从心底不去犯法。

中国传统社会对道德教育的重视，是通过教育、考试、人才选拔、监察、法律、激励等制度予以保障的。例如，在清朝，如果一个县发生了儿子杀父亲的逆伦事件，结果不仅这个儿子会被处以死刑，县长也会因失职而被撤职查办，巡抚（相当于省长）也会被记过。此外，皇帝还会亲自下令，把这个县的城墙拆掉一个角。因为在古人看来，一个县出了这样一个大逆不道的人，是这个县所有人的耻辱。这样的处分一做出来，就可以起到警诫和教育作用，有利于人们形成孝亲尊老的道德观念。再比如，中国传统社会还设计出承载伦理道德因果教育功能的建筑物，像祠堂、孔庙、城隍庙、四合院等，使得教育潜移默化地渗透到人们生活的各个方面。

可见，中国古代对道德教育的重视，并不是空洞的说教，而是有一系列行之有效的措施来保障的。简单地讲，社会弘扬什么，就要通过制度激励什么；反对什么，就要通过制度约束什么。也就是说，道德教育与制度建设两者之间不是非此即彼、相互对立、相互矛盾的，而是相互促进、相辅相成的。

（七）方法有效

《说文解字》把"教"解释为"上所施，下所效"。道德教育的有效方式是身体力行的感化，而不是空洞的说教，因此特别强调"正人先正己”“身教胜于言教”，尤其重视作为国家和社会事务的管理者、领导人的道德示范作用。《论语·子路》篇记载，孔子说：“其身正，不令而行；其身不正，虽令不从。”真正贤圣的领导者不仅是身体力行了礼义忠信的道德楷模，而且也是在治国理政上落实“建国君民，教学为先”的人。

（八）重点突出

中国古代社会着重培养的是每一个人“行有不得，反求诸己”的责任意识。“反求诸己”语出《孟子·离娄上》：“行有不得者，皆反求诸己，其身正而天下归之。”如今，小到家庭夫妻间的摩擦，大到种族、国家间的冲突，很大程度上都是由于彼此只知道责怪对方而不能够反躬自省所导致的。如果在遇到矛盾时，每个人都能首先做到反求诸己，而不是去指责对方，才有利于化解矛盾和冲突。古人说“各相责，天清地宁；各自责，天翻地覆”。这也是实现社会和谐的心法。

四、“建国君民，教学为先”：借鉴圣贤教育的有益经验加强道德建设

实践证明，“建国君民，教学为先”。古人治国，道德教育实为首要。概观今日灾难繁多，矛盾冲突四起，人心惶惶无依，究其根本，是因为忽视了以伦理道德教育为主要内容的圣贤教育所致。

现代教育对圣贤教育的忽视，体现在两个方面。一是圣贤教育的内容被忽略了。《群书治要·孟子》讲到忽略伦理道德的教育人们会怎样，“人之有道也，饱食、暖衣、逸居而无教，则近于禽兽。圣人有忧之，使契为司徒，教以人伦”。其中提到的“近于禽兽”不正是在现代社会中发生的很多违背伦理道德的事情吗？古代的圣王（虞舜）看到了这一点，因此让契掌管教育，教导人们“五伦关系”。二是圣贤教育

的目标被忽略了。传统教育“长善救失”的本质就是关于做人的教育，其终极目标也是为了使人“明明德”，即成圣成贤。但是现代教育已经不再把明明德作为教育的目标了，而是降低为培养不同层次的专业技术人才。在《群书治要·礼记》中记载：“师也者，教之以事而喻诸德者也”。而现在往往只有“教之以事”却没有“喻诸德”。虽然现代教育中依然有德育的内容，但是已经被弱化和边缘化了。强调专业技术的培训而忽略道德素质的提升，培养出来的不乏“有才无德”之人，由于没有接受伦理道德的教育，没有伦理道德的约束，这样的人可能利用自己的才能做出了违背道德之事还不知道，或者不以为然。由此看出，圣贤教育的缺失，也是导致现代社会形形色色的问题层出不穷的主要原因之一。所以习近平总书记提出教育要以“立德树人”为重要目标。

因此，加强道德建设，就要在改革中吸收中华传统圣贤教育的有益经验，并站在关系到国家和民族生死存亡的高度来加以重视。具体措施可以包括以下几点。

第一，将培养师资作为重中之重。2014 年 9 月 9 日，习近平总书记在同北京师范大学师生代表座谈时表示：“百年大计，教育为本。教育大计，教师为本。”[①] 当前圣贤教育的缺失，很大程度上也是因为缺乏有圣贤教育资质的教师。我们要借鉴圣贤教育的经验培养师资力量。具体办法可以是兴办中华传统伦理教育师资培训班或培训学校，专门培养针对中华传统伦理道德进行讲解的教师。培训班学员的选拔也应以德能为先为标准，选拔德行兼优的人才进行培训。同时，对现有教师进行中华传统伦理道德的在岗培训。此阶段的师资培养属于“抢救性”培养阶段。在拥有一定数量的师资之后，将此类教师的培训纳入国家师范教育体系，与其他学科的师资力量并行培养，形成可持续发

① 《习近平在北京师范大学考察时号召全国广大教师做党和人民满意的好老师》，《人民日报》2014 年 9 月 10 日。

展，进入“持续性”培养阶段。

第二，可以选拔一些真正通达中华伦理道德且德行兼优的教师，于各类媒体平台宣讲中华伦理（父子有亲，君臣有义，夫妇有别，长幼有序，朋友有信）、道德（孝悌忠信，礼义廉耻，仁爱和平等），使人明白是非善恶美丑，令人羞于作恶，令人不敢作恶。同时针对电视、电影、网络、广播所播放内容的审核，增加与伦理道德相符合的标准，使悖德悖礼的人和事不再被广泛宣传，让媒体成为导人向善的弘扬正能量的平台。

第三，要真正落实“德才兼备，以德为先”的人才选拔标准。《孝经》讲：“君子之事亲孝，故忠可移于君。事兄悌，故顺可移于长。居家理，故治可移于官。”因此，无论是党员入党，还是选拔党政领导干部，“孝廉”都可以作为必备的条件。

第四，国民教育和党校课程当以“五伦八德”的伦理道德教育作为重要内容，以《国学治要》《群书治要》等作为治学、治国的重要读物。领导干部可以参加伦理道德教育的课程，并身体力行，践行所学，为社会大众做出榜样和示范，通过上行下效的作用，对广大群众起到教化的作用。

第五，办试验点、办特区是我国经济建设和改革开放取得成功的重要经验之一。在落实和弘扬中华伦理道德教育方面，可以先选择一个小镇、社区、学校、企业或监狱作为试验点，并将其试验成果向全国乃至全球普遍宣扬。

总之，要解决中国当前经济、政治、社会各领域出现的问题，就必须坚持全面深化改革。通过政治、行政、教育、文化等各个层面的改革，吸收中华传统圣贤教育的有益经验，解决当前中国社会存在的一些问题。唯有从觉悟人性、唤醒人心做起，才能拯救人民心灵、化解冲突灾难，使国泰民安、社会和谐。

第八讲

《群书治要》中的德福一致思想

“国无德不兴，人无德不立”中蕴含着中国人对德福一致观念的认同。几千年来，这一观念深刻影响了中国社会的大众心理、道德教育乃至国家治理。《群书治要》中有关德行和福祉之间关系的内容极其丰富。在讨论德福在个体层面的表现时，用词多为“善恶”“吉凶”“福祸”“灾祥”，而“治乱”“安危”“兴衰”“存亡”等则多见于在国家层面的讨论。此外，“天道”“民心”“国祚”“感应”等中国传统概念，也多见于有关德福关系的篇章。通过分析个体及国家层面的历史验证，可以得出德福一致的结论。当今社会有人认为，德行与福祉之间的关系是“不一致”的，这是由于不能科学理性地解释现实中所谓的“德福背离”的现象，特别是对德福一致的作用原理没有深入的认识所造成的。德福一致的观念是中国传统伦理型文化的重要特征，在中国传统道德教育中起到重要作用，是中国传统圣贤教育的重要组成部分。在中国传统社会，伦理道德教化之所以行之有效，德福一致观念深入人心是其重要原因。树立德福一致的思想，开展德福一致的教育，不仅可以净化人心、安定社会，还能对国家实现太平盛世，产生积极的促进作用。

一、德福一致的历史验证及当代传承

德行是福祉的基础，这是德福一致的基本内涵。《群书治要·六韬》讲到，君主不贤明则国家危亡、人民动乱，君主贤明则国家安定、天下大治，国家的祸福在于君主的德行，而不在于天命。这说明的是为政者的道德修养与国家兴衰高度一致的道理，下面从崇俭、爱民、纳谏三个方面进行说明。

（一）崇俭

戒除骄奢淫逸的风气是国家兴盛的关键。历史上的文景之治、贞观之治、康乾盛世，都是有皇帝带头厉行节俭。据《群书治要·汉书》记载，有人向汉文帝进献了一匹千里马，文帝下诏说："鸾旗车在前，跟班的车在后面，吉日出行一天五十里，军队行军一天三十里，我自己骑着千里马，要到哪儿去呢？"于是就命人将千里马归还，而且把献马人的路费也一并给了他。不仅如此，文帝还下诏说："我不接受进贡，可以下令天下四方之人不要再请求进献了。"在汉文帝的率先垂范下，当时的社会里闲游的娱乐禁绝了，奇珍异宝的馈赠也杜绝了，靡靡之音、倡优等也很少了。汉文帝不仅俭以修身，而且注重农业以及对百姓施行道德教化，通过多年的努力，国家实现了富足安定。汉文帝与汉景帝统治时期，社会出现的治世景象被称为"文景之治"。

古今中外因骄奢淫逸而导致败家亡国的事例比比皆是，教训极为深刻。以史为鉴，当今中国的领导人也深刻认识到，坚决杜绝铺张浪费，厉行勤俭节约，不仅关系群众的切身利益，也关系到党和人民事业的成功，更关系到国家的长远发展。2012 年 12 月 4 日，中共中央政治局会议审议通过关于改进工作作风、密切联系群众的八项规定，严厉整治形式主义、官僚主义、享乐主义和奢靡之风这与中国共产党"全心全意为人民服务"的宗旨相违背的"四风"，使党风政风和社会风气焕然一新。习近平总书记强调，要以永远在路上的执着把全面从严治党引向深入，开创全面从严治党新局面。[①]

① 参见《习近平在十九届中央纪委二次全会上发表重要讲话强调 全面贯彻落实党的十九大精神 以永远在路上的执着把从严治党引向深入》，《人民日报》2018 年 1 月 12 日。

（二）爱民

爱恶为祸福之源。对于一个人来说，“爱人者则人爱之，恶人者则人恶之”（《孔子家语》）。对于一个国家来说也是这样，国君能否爱民同样是国家的祸福之源。《群书治要·春秋左氏传（下）》讲：“国之兴也，视民如伤，是其福也；其亡也，以民为土芥，是其祸也。”国家的兴盛，是因为君主对待百姓就如同处理伤口一样小心翼翼，唯恐惊扰到他们，这是国家的福德；国家的衰亡，则是因为君主看待民众就如同草芥一样低贱，这是国家的灾祸。例如，夏、商、周三代的兴国之君，与天下之民同忧乐，子爱下民；而秦始皇、秦二世，欺凌天下之民，独乐其身。与民同忧乐的君主，他们的快乐也会长久；而独乐其身的君主，他们的灭亡不久就会到来。这就是为什么夏、商、周三代能够历世数十，而秦朝二世就灭亡的原因。

爱民就能得民心。君主有德，爱民如子，就能感召民众归附。民心所向，天命归之。《群书治要·史记》记载，舜在历山脚下耕种，历山的人都相互谦让田地边界；舜在雷泽捕鱼，雷泽的人能相互谦让居所；舜在黄河之滨制陶，那里生产的陶器没有粗糙劣质的。舜所居之处，一年成聚，二年成邑，三年成都。这些都是舜的德行所感召的。这就正如《大学》中所讲的“有德此有人，有人此有土，有土此有财，有财此有用。德者，本也；财者，末也”。

爱民，就是要从政治上利之，从经济上富之，从文化上教之。《群书治要·新序》记载，战国时期，邹国的国君邹穆公颁布了一项命令，即喂养野鸭、大雁一定要用秕谷而不能用粟米（粟米脱壳后即是小米）。等到粮仓里的秕谷用完了，邹穆公就派人到民间用两石粟米换一石秕谷。官吏们觉得这样太浪费了，就问：“用两石的粟米换一石的秕谷去喂养野鸭和大雁，那还不如直接用粟米，这不是更好吗？”邹穆公回答说：“你说得不对。百姓是光着脊背辛勤耕作，无有懈惰，才种植出这些粟米，难道是为了喂养这些鸟兽吗？粟米是上等人的食物，怎么能用来养鸟？你只知道算小账，却不知道算大账。周朝有一个谚语叫‘囊漏贮中’，是说盛粮食的口袋漏了，但是粮食还是漏在更大的容器里。你没有听说过这个道理吗？君主是百姓的父母，我们把粮仓里的小米转移到百姓家中，难道这就不是国家的粟米了吗？让鸟吃这些秕谷，为的是不伤害国家的粟米。粟米在我们仓库里还是在人民那里，对我又有什么区别呢？”这个故事中，一道看似简单的政令其实蕴含着深刻的道理，体现出的是邹穆公的爱民如子之心。

邹穆公的爱民之心赢得了民众的爱戴。《群书治要·贾子》记载，邹穆公很节俭，饮食从不讲求多样，衣着也很朴素，对自己刻薄，却对百姓丰厚。他亲近贤明以安邦定国，爱护百姓如同自己的孩子。因此，臣下顺从他的命令，就像手臂听从心的指挥那样默契。所以邹国虽然很小，但周围的鲁国、卫国这样的大国都不敢轻视邹国，齐国、楚国这样的强国也不能威胁到邹国。邹穆公去世后，邹国的百姓犹如失去了慈父一样悲痛，邹国的四边邻国，住在边境上的士民都朝向穆公所在的方向沿路哭泣，民间连琴瑟之音都停止了，直到一年以后才渐渐恢复。《群书治要·贾子》最后有一句总结说，这是“爱出者爱反，福往者福来”。

以爱民为主要内容的民本思想是中国几千年政治传承的核心。中国共产党作为中华优秀传统文化的忠实传承者和弘扬者，作为中国先进文化的积极倡导者和发展者，在长期革命斗争中形成的群众路线，是中国革命和建设中制胜的法宝。这就是对中华优秀传统文化的传承和发展。以百姓心为心，与人民同呼吸、共命运、心连心，是党的初心，也是党的恒心。中国共产党代表中国最广大人民的根本利益，她以“立党为公，执政为民”为自己的执政理念，以“全心全意为人民服务”作为自己的根本宗旨。特别是党的十八大以来，习近平总书记明确提出了“我将无我，不负人民”[①]“人民对美好生活的向往就是我们

① 《习近平谈治国理政》第3卷，外文出版社2020年版，第144页。

的奋斗目标”[①]“依靠人民创造历史伟业”[②]的人民情怀。

古语云：“居官不爱子民，如衣冠盗。”为官者如果做不到爱民，那就犹如穿着官服戴着官帽的强盗。领导干部如果不能将人民的利益放在首位，不能按照党章党纪的要求去做，就会成为百姓心中的“衣冠盗”，被人民所唾弃。“天视自我民视，天听自我民听”“得众者得国，失众者失国”，都是经得起历史检验的规律。

（三）纳谏

为政者能否虚心纳谏关系到国家的治乱兴衰。君主广纳谏言，兼听则明，德行会日渐广大，国家也进而得到治理。例如，在尧、舜的统治时期，进谏的鼓、可以批评的木牌都立在朝门之外，让人们随时可以进谏。《群书治要·尚书》记载，舜帝对群臣说：“如果我有过失，就请你们辅助纠正我，你们不要当面顺从，背后又去议论。”从这里看出，治理国家的方法是鼓励人民进谏，引导人们敢讲实话。这样，为政者才能明察真伪，通晓治乱的真实情况。相反，如果领导者只听奸佞之语，偏听则暗，昏庸愚昧就会与日俱增，言路被蔽塞，使下情不能上达，当民怨积累到一定程度的时候，人民就会起身反抗，国家就会陷入混乱，乃至走上覆亡的穷途。就像秦朝在行将灭亡之时，正直进谏的臣子被诛杀，阿谀奉承的人却获得赏赐，美善的言论哽结在忠臣之口，国家的命运操控在佞臣之手。接着，开启中国大一统时代的王朝就湮没在此起彼伏的起义大潮中了。

正是因为认识到谏言的重要性，古代贤明的领导者都很注重听取谏言。《群书治要·韩诗外传》中记载着一个赵简子和周舍的故事。赵简子有位臣子叫周舍，在门下站了三天三夜。赵简子就派人前去询问

---

① 《习近平在十八届中共中央政治局常委同中外记者见面时强调 人民对美好生活的向往就是我们的奋斗目标》，《人民日报》2012年11月16日。
② 习近平：《在纪念毛泽东同志诞辰120周年座谈会上的讲话》，《人民日报》2013年12月27日。

有何事求见。周舍回答说，我只想做一个犯颜直谏的臣子，每天跟在您身后，拿着笔墨和木牍，如实记录您的过失。每天有记载，一个月后就会有成果，一年之后便会有明显效验。赵简子接受了周舍的建议。从此以后，赵简子住在哪里，周舍就住在哪里；赵简子出行到哪里，周舍就一起出行到哪里，认真地记录一言一行、一举一动，特别是过失。但是没过多久，周舍就过世了。后来，有一次赵简子在洪波台和群臣饮酒，正当酒酣之时，赵简子突然哭了起来。群臣便不敢再饮，纷纷离席，惊慌说道："臣等知道自己有过失，但是不知道过失在何处，还请您明示。"赵简子说："诸位大夫都没有什么过失。过去，我有一位朋友叫周舍，他曾说过：'一千张羊羔皮不如一只狐狸腋下的皮毛有价值，众多唯唯诺诺的臣子比不上一位直士的谏诤之言。'历史上商纣王的臣子都闭口不言，商朝就灭亡了；周武王的臣子直言敢谏，周朝就兴盛了起来。现在，自从周舍去世之后，我再也没有听过别人指责我的过失了，看来我离灭亡的日子已经不远了，所以我才哀痛！"

中国自古就有谏议制度，臣下对君主（甚至后妃）的言行及国家军政要事的决策提出批评和劝告，以匡正君主之失。这是中国古代民主政治和协商政治的集中表现。现在中国实行的中国共产党领导的多党合作和政治协商制度就是中国共产党和中国人民对中国古代具有协商和民主特色的谏议制度的继承与超越。这种形式的优点远远超过了西方模式中所谓的反对派、影子内阁。西方模式形成的离心力，在各自团体私利的主导下，很容易陷入为了反对而反对的怪圈；而中国的民主模式形成了向心力与合力，谏言的内容是积极并富有建设性的，是为了中华民族共同的利益。因此，这种协商民主的模式是民主形式的伟大创造。

二、德福一致的作用原理

在德福一致的背后起作用的，是"种瓜得瓜，种豆得豆"这一朴素的因果规律。因果律不仅能阐释“德福一致”，还能阐释看似“德福背离”的现象。

（一）对“德福一致”的阐释

第一，因果的必然性。《群书治要·尚书》云：“天作孽，犹可违；自作孽，弗可逭。”天灾尚可躲避，但自招之灾则无可幸免。《左传》言，“多行不义必自毙”。《尚书》还记载有商朝国相伊尹以三种不好的风气和十种错误的行为告诫商君太甲，并说对于这“三风十愆”，“卿士有一于身，家必丧；邦君有一于身，国必亡”。《傅子》是西晋思想家傅玄的著作。《群书治要·傅子》云：“以不道遇人，人亦以不道报之。人仇之，天绝之。行无道，未有不亡者也。”古人一般都谨慎文辞，但是从以上几例来看，古人在言及善恶报应的时候，用词皆为“必”“弗”“未有”等，足见古人对因果必然性的肯定。

第二，因果的普遍性。《群书治要·老子》云：“天网恢恢，疏而不失。”《群书治要·傅子》云：“利天下者，天下亦利；害天下者，天下亦害之。利则利，害则害，无有幽深隐微，无不报也。”这都是在说明因果具有普遍性。

第三，因果的相应性。一方面，因果之间性质相同，就是常言所说的“善有善报，恶有恶报”。这种同质性体现在各个方面。例如，体现在人际关系上，有《孟子·离娄下》之“爱人者，人恒爱之。敬人者，人恒敬之”。体现在为人处世上，有《群书治要·文子》之“积爱成福，积憎成祸”，亦有《群书治要·老子》之“圣人不积，既以为人，己愈有”。为什么圣人不聚集财富呢？因为积财丧道。圣人明了此理，因此不但不聚集财富，而且还将财富施予他人，或用财富为人民谋福利，自己的财富反而越来越充足。《群书治要·六韬》列出了八种顺天逆天的行为及其结果，凸显了因果之间性质相同。能利益天下的人，天下的大门会为他开启（民皆顺从）；给天下带来祸害的人，天下的大门会为他关闭（民皆背离）；使天下得到休养生息的人，天下人都会感激他；残杀天下之人的人，天下人都会诛杀他；以真知灼见教化引导天下之人的人，天下人都会通达事理而归顺他；使天下穷困的人，天下人都会仇视他；给天下带来安宁的人，天下人都会倚赖他；给天下带来危难的人，天下人都会视他为灾害而远离他。从这八个方面可以看出，一切皆有因果，这也是因果的普遍性所决定的，至于有什么样的结果，只在原因不同而已。总而言之，这种同质性可以用《群书治要・尚书》中“惠迪吉，从逆凶，惟影响”来总结，即顺道则吉祥，违背则凶险，其效应如响之应声、影之随行一样。

另一方面，不同的因果之间大小是相应的。小因得小果，大因得大果。《群书治要・文子》云：“夫道者，小行之小得福；大行之大得福；尽行之天下服。”关于“道”，实行得小，会得到小的福祉；实行得大，会得到大的福祉；完全按照“道”的要求来做，全天下的人都会信服。古人胸怀宽广，言必称天下，是因为古人深知“天下者，非一人之天下，天下之天下也”，因此要顺“道”而行，“顺天者存，逆天者亡”。古人说“官门好积德”，为政者实行善政，利国利民，无形之中也为自己积累了功德。但同时也要知道，“官门好造罪”，身处要职却以权谋私，不仅给自己增添了罪责，甚至还会误国误民，那么罪责就更加严重了。

（二）对看似“德福背离”现象的阐释

现在有很多人认为德福之间的关系是背离的，因为有很多看起来德福不一致的现象。其实，之所以认为德福不一致，是因为对因果规律没有深入的了解。例如，《群书治要・文子》云：“有阴德者必有阳报，有隐行者必有昭名。”积累阴德一定会有好报，默默行善一定会获得显耀的名声。这就可以解释为什么有些人看起来并没有做什么好事，甚至以前还做过错事，现在却飞黄腾达，名声显赫。其实，任何事情都不会平白无故地发生。可能由于这些人改过向善，而且在默默无闻之中积累了大善，最后阴德阳报。如果周围的人不明了因果原理，以这样的现象为由否定德福一致，就实在是错了。《群书治要》中有很多论述，都可以解释看似“德福背离”的现象，下面将这些论述归纳为三类因果的规律。

第一，因果的历时性。

因果有一个显著特征是迟速有时，就像种庄稼，成熟有快有慢。多数因果是不同时发生的，从原因到结果需要经历一定的时间，或一日二日，或经年累月，甚至到后世子孙。出现这样的情况有两个原因。一是在条件具足的情况下，才能从原因发展到结果，而条件的成熟需要时间。就像如果没有阳光、水分、土壤、空气等必需的条件，种子也就无法发芽长成一样。二是“冰冻三尺非一日之寒”，“因”需一定的累积，由量变到质变而结“果”，这同样需要时间。正如《群书治要·晋书》所言：“天地不能顿为寒暑，人主亦不能顿为治乱。故寒暑渐于春秋，治乱起于得失。”

《群书治要》中对此现象的论述非常丰富。对于个人来讲，《周易》云，“善不积，不足以成名；恶不积，不足以灭身”。对于国家来讲，《汉书·贾谊传》云：“安者，非一日而安也；危者，非一日而危也。皆以积渐然”，“以礼义治之者，积礼义；以刑罚治之者，积刑罚。刑罚积而民怨背，礼义积而民和亲”。正是因为从因到果需要经历时间的积累，因此，对当今事情有疑虑的，可以察看过去的情况；同理，也可以根据以往的情况来预测未来。这就是《群书治要·管子》中所说的：“疑今者，察之古；不知来者，视之往。”历史上有诸多的史实可以为证。

《群书治要》中记载了很多往昔之因决定今日之果的历史验证。

例一，周从始祖后稷开始，世代累善积德，到了文王已经传了十余世。文王德行广大，感召殷商三分之二的诸侯国前来归附。文王的儿子武王继承父亲的志向和事业，在孟津观兵时有八百诸侯国不期而会，共同前来响应武王讨伐商纣。周能得天下并不仅仅是武王一世积功累德的结果，周从始祖开始累世积德，到武王时灭殷商的机缘成熟，牧野之战一举灭殷商而得天下。用现在举例来说就是，没有新中国成立后七十多年的节衣缩食、艰苦奋斗，没有四十多年改革开放、锐意进取，就不会有现在中国的繁荣和昌盛。

例二，春秋五霸之一的秦穆公使秦国成为一个强国，大约四百年后，秦始皇吞并六国，统一天下。随后，秦始皇焚书坑儒，疏远贤臣和忠谏之臣。秦二世胡亥同样亲近奸邪谄媚之臣，滥用刑罚，秦朝建立十五年便亡国了。秦二世之祸，其实从秦始皇就开始了。这正是《群书治要·贾子》所说的："自古而至于今，与民为仇者，有迟有速，而民必胜之矣。"对比上面周朝建国和秦朝亡国的速度可以发现，获得一个好的结果往往需要长期的积累，但是如果为非作歹，坏结果的到来是非常迅速的。换言之，以不正当手段得来的财富，是不会长久地享用的。正是因为因果具有历时性，因此在果尚未成熟之前，容易给人以因未必有果的幻象。例如，有些官员贪污受贿，但是尚未受到惩罚，过得悠然自在。看似因果背离，但其实是形成结果的条件尚未成熟；当纪检监察人员审查到他的时候，就是条件成熟的时候，自然会尝到锒铛入狱的苦果。

《群书治要》中还记载了当下之因决定日后之果的历史验证。

《群书治要·晋书》记载，晋朝的臣子何曾告老，被世祖武皇帝司马炎召见侍坐。但是何曾发现，司马炎不谈国事，只说一些寻常之语。何曾退朝后就感叹说，恐怕会身不免难。何曾告诉他的两个儿子，他们尚可善终；但是指着他的孙辈说，你们这辈就必遭遇祸乱而死。后来，何曾的孙子何绥死于动乱，何绥的兄长何嵩就感叹他们祖父预料如神。其实何曾能够准确地预断，是因为他明白德为福之基。司马炎昏庸不谈朝政，长此以往必定导致国家混乱。

以上三个历史验证所体现的因果的历时性特征，可以用《群书治要·汉书》中的一句来总结："积德累行，不知其善，有时而用；弃义背理，不知其恶，有时而亡。"也可以用人们常说的一句话来总结："不是不报，时候未到。时候一到，一切都报。"

第二，因果的变易性。

因果具有变易而熟的特点。用善恶来举例，善恶不会相互抵消，这是因果必然性的规律所决定的。但是善恶会相互影响，这分为四种情况：后善长养先善，善报增强；后恶助长先恶，恶果加重；后善压制先恶，恶报减轻；后恶抑制先善，善果减弱。这就正如《群书治要·老子》所说的："祸兮，福之所倚；福兮，祸之所伏。孰知其极？"人遭祸，能悔过向善，便会祸去福来。人得福，却骄恣放纵，则会福去祸来。祸福更相而生，无有尽时。

正是善恶会相互影响的规律，造成了德福不一致的错觉。但也正是因为有了变易性的特征，使得人们通过努力改变自己的命运，甚至改变国家的命运成为可能。

《群书治要·孔子家语》记载，鲁哀公向孔子请教，"国家的存亡祸福，真的是由天命决定，而非人力所能左右的吗？"孔子回答说："存亡祸福，都是在自己而已，天灾地妖并不能左右。"紧接着，孔子举出了两个例子。第一个例子，在商纣王统治时期，有一只雀鸟在城墙角生下一只大鸟，商纣王便妄以为可以凭借雀鸟带来的福祉，从而不理国政，殷朝因此灭亡了。这就是自己违逆天时，使福祉变为灾祸的事例。第二个例子，在商纣王的祖先殷王太戊统治时期，曾经一度社会道德衰败，国家法纪紊乱，以致出现桑谷二树共生在朝堂之上的反常现象，七天树就有两手合拢那么粗。太戊十分恐惧，于是谨慎地修养自己的德行。三年之后，远方国家仰慕他的仁义，派使者通过辗转翻译前来朝拜的国家就多达十六个。这就是通过自己的努力改变天时，将祸兆变为福祉的事例。

其实，灾变怪异是天下常有的事，历代如此，这些现象不过是给人以警示。遇到明主贤臣和有智慧有德行的人，便能修养道德，改善政治，反省己责，谨慎地应对灾异，就能使灾殃消失，转祸为福，转危为机，化险为夷。

第三，因果的放大性。

因果的放大性具体来说就是因小果大，这与上文所说的小因得小果，大因得大果不同。此处的放大性指同一因果内部从因到果是因小果大。用自然界的现象比喻便容易理解了，参天之木，长于毫末，这就是因小果大。因果的放大性有三层内涵，这在《群书治要》中都有丰富的论述。

首先，程度深。《尚书》云："作善，降之百祥；作不善，降之百殃。"又《三略》云："废一善，则众善衰；赏一恶，则众恶归。""一令逆者，则百令失；君令一逆，民不从。"再如《典语》云："敬一贤则众贤悦，诛一恶则众恶惧。"这些都说明，细微的行为会产生深远的影响。

其次，范围广。《周易》云："君子居其室、出其言，善则千里之外应之，况其迩者乎？居其室、出其言，不善则千里之外违之，况其迩者乎？""迩"是近的意思。言从口出，不仅影响身边之人，甚至还会涉及远方的民众。因此君子必定谨言慎行。领导者更要谨言慎行，因为谬误出口，祸乱不仅会殃及自身，还有可能殃及万里之外。

最后，时间久。言行举止的影响可能会持续很长时间。《周易》云："积善之家，必有余庆；积不善之家，必有余殃。""余庆""余殃"指吉庆和灾殃之后持续的余波，此处一个"余"字是关键，说明了无论是吉庆的余荫还是灾殃的余波，都会持续很长时间。这种影响甚至会持续影响到后世子孙。如《管子》讲到，古代的三王五霸，都是君主中能有利于天下的人，所以自身显贵，而且子孙蒙受恩泽；夏桀、商纣、周幽王、周厉王，都是君主中危害天下的人，所以自身困窘毁伤，而子孙也蒙受灾祸。

因果的放大性可以解释很多看似德福背离的现象。例如，因为有"历时久"的特征，当一个人已经迁善改过，却还总是遭遇灾殃。一方面，可能是先前恶行的后果尚有余波；另一方面，也可能是在变易性规律的作用下，后善压制先恶，从而恶果减轻了，不然原本可能遭受的厄运更加严重。

总之，以上六个因果规律，必然性、普遍性、相应性、历时性、变易性、放大性，都是从《群书治要》中古人的论述以及历史验证中总结出的。这些规律不仅解释了为什么“德福一致”，而且解释了看似“德福背离”的原因。总之，根据《群书治要》中的记载，无论是对个人而言，还是对一个民族、一个国家而言，德行与福祉都是一致的。

三、树立德福一致观的时代价值

树立德福一致观具有深远的意义，特别是对当代而言，不仅有助于提高领导干部的政德修养，还有助于道德教化的推行，更能让人生起迁善改过之心和居安思危的忧患意识，有益于国家的长治久安。

第一，树立德福一致观可以使人坚定弃恶扬善，改造命运的信心。《左传》有言：“祸福无门，唯人所召。”祸福是由人自身的言行所导致的。换言之，就是命由我做，福自我求。那么，命运就没有不可改变的道理。《群书治要·周书》云：“人强胜天。”人强大则能战胜天命。但是这里的强大不是指武力和科技的强大，从而战胜对手、战胜自然；而是指德行的强大，从而化敌为友，协和万邦。使德行强大的方法就是迁善改过。见人之过，如己之过，有则改之，无则加勉。《群书治要·昌言》中有一段，端正容仪，存心中正，乐好道德，践行仁义，敬事天地，恭敬宗庙，这是吉祥之道。不幸遭到祸患，则克己复礼、反躬内省而归于安宁。常怀戒慎恐惧之心和反求诸己的意识，迁善改过，久久为功，自然能够增益德行，改变命运。这对一个人来说是如此，对于一个家庭、一个国家、一个民族，又何尝不是呢？

第二，树立德福一致观有助于道德教化的推行，使社会治于无形之中。《群书治要·袁子正书》说：不能制止百姓内在想要作恶的心，而只是想用刑罚禁止他们外在的行为，那么即使每天都在闹市处决犯人，也不能制止作奸犯科的事情发生。贤明的人知道防治恶行在于治本，所以返回头去修养德行。这说明了道德教化的重要性。道德教化可以治人心，这是治理的根本。但随即产生了一个现象，那就是即使施行了道德教化，但往往收效甚微。这是什么原因呢？就是由于不懂得德福一致的道理。明了德福一致可使人不敢作恶，不仅仅是因为害怕法律的惩罚，更是害怕因果律的惩罚。此外，还有一种“有形”的因果教育，也能使人产生敬慎戒惧之心而不敢为非，那就是典籍。人的善恶得失只在朝夕之间，但是荣辱却流传千载。因此，典籍可以达到使善人得到劝慰，奸邪之人惊惧自危而不敢作恶的效果。这是典籍的教化作用，因为人都想名留青史，谁也不想遗臭万年。无论是有形还是无形的因果教育，都能在人的心上树立起改过止恶的高墙。德福一致背后的因果律犹如无形之鞭、无声之言，可以导人向善、禁人为非，教人于无声无息、化人于不知不觉，治社会于无形之中。

第三，树立德福一致观可以在人们心中建立起居安思危的忧患意识。《群书治要·政论》云：大凡天下之所以得不到治理，常常是因为君主安享太平已久，风俗渐渐败坏而不能醒悟，政治逐渐腐败而不纠正，习惯了混乱和危难，安处于其中而觉察不到自己的处境。这就是在告诫人君莫入死于安乐之途。古人的忧患意识可见一斑。这种忧患意识从何而来呢？古人饱读经史，深明前人成功的经验、失败的教训，知道天有恒而命无常，上天不会佑护一姓的君主，民众也不会归于一个王朝，纵使夏禹、商汤都是德比圣人之人，也依然不能改变末世子孙夏桀、商纣覆国亡身的命运。因此要常保戒慎之心，不能避讳谈及灭亡。只有安不忘危，存不忘亡，治不忘乱，才能够身安而保国家。中华民族绵延不绝，一个很重要的原因是自古就有很强烈的忧患意识，可以通过观察社会中出现的征兆，在事物未萌之际禁绝其发展。《中庸》云：“国家将兴，必有祯祥；国家将亡，必有妖孽。”明了兴衰成败之理，祸福存亡之机，就能见微知著、睹始知终。在当今中国走向繁荣富强、民族复兴的阶段，更需要领导者增强居安思危的忧患意识，以史为鉴，不断完善社会治理，防患于未然，避免使小恶发展为大恶，以致为国家和人民带来严重危害。

第九讲

《群书治要》中的崇俭思想

德是立身之本。“士有百行，以德为首”，德是最为重要的。正所谓“德若木之根，才若木之枝”，德行是做人的根本，只有根基稳固，才能枝繁叶茂。人只有德行高尚，加上卓越的本领，才能够服务于人民，为社会做出贡献。如果没有好的德行，那么再多的才华也只能是无本之木。

官德是从政之本。做官先做人，为官先修德。习近平总书记曾深刻指出：“在历史的长河中，那些帝国的崩溃、王朝的覆灭、执政党的下台，无不与其当政者不立德、不修德、不践德有关，无不与其当权者作风不正、腐败盛行、丧失人心有关。”[①] 领导干部的德行修养是整个社会的风向标，所以历代明君都把德行作为选拔官员的前提条件。“大臣无耻，凡百士大夫法则之，以及士庶人法则之。”领导干部是社会的标杆，如果标杆丧失了羞耻感，整个社会都会被传染。现实生活中，一些领导干部把关注点集中在仕途升迁，对道德品行的培养漠然置之；一些领导干部即使身居高位，依然对权力与金钱充满欲望。古人曾指出：德不配位则必有灾殃。某些领导干部这样的行为不仅损害公共利益，带坏整个社会的风气，最终也会殃及自身。

德源于心。古人讲，“治天下必先治己，治己必先治心”。最佳的状态是保持内心的宁静。人生有起伏，官场有升降。领导干部在面对名利诱惑时，应当以平常心处之。内心私欲横流者，行必损公；心地肮脏者，德必龌龊。领导干部涵养德行，就要保持平常心，看淡个人得失进退，善于处理公与私、苦和乐的关系，才能做到心无旁骛，全

① 习近平：《之江新语》，浙江人民出版社 2007 年版，第 258 页。

心全意为人民服务，以“风雨不动安如山”的精神永葆政治本色。

俭以养心。节俭是中华民族的传统美德。一个人恬淡寡欲，看轻世俗的名利，就能不为外物所累，保持一颗平常心。领导干部身心处于安宁恬静的状态，就能摒弃贪欲，做到淡泊名利。反之，如果追求奢华的生活，必定要陷入贪污受贿的泥潭，危害党和人民群众的利益。这就是古人所说的“贵而过奢，其势必至于贪婪”的道理。节俭看似寻常，却是领导干部不可缺失的美德。“千里之堤，溃于蚁穴”。如果在上位者不懂得节制，无法遏止贪心、防微杜渐，就会导致与民争利，必将招致民怨，甚至导致灭亡。在当今时代，节俭的重要意义正是在于培养人平和、宁静的心境，只有心境平稳沉着、专心致志，才能厚积薄发，实现远大的理想。

《群书治要》总结国家由盛转衰的根源在于官员的政德出了问题，正所谓“国家之败，由官邪也；官之失德，宠赂章也”。国之覆亡，常常是由于官吏贪赃枉法、邪恶不正；而官吏失德，往往是由于私宠、贿赂之风盛行。《群书治要·春秋左氏传》讲：“俭，德之共也；侈，恶之大也。”节俭是德行高尚的人所共同具有的，奢侈则是最大的坏习惯。老子更是把“俭”当作“三宝”之一。纵览中华上下五千多年发展中的国家兴衰，勤俭推动着国家的兴盛，奢侈则往往导致政权的衰亡。

如果领导干部能够在现实生活中严于律己，崇尚节俭，从点滴做起，俭以修身，俭以丰家，俭以兴国，俭以利天下，那么就能够将明大德、守公德、严私德落于实处，成为党和人民需要的好干部。

一、修身：崇尚节俭是修身养性的基石

古人讲：“君子为政之道，以修身为本。”中国传统文化历来把修身作为齐家、治国、平天下的第一步。修身是对自我的一种约束与克

制。一些领导明明知法、懂法，却依然违法乱纪，究其根本，在于他们无法控制自己的欲望，没能在财色名利的诱惑面前保持定力。俭以修身就是要通过朴素生活戒除人的贪欲，锤炼定力。领导干部在生活中能崇尚俭朴，面对物质享乐就能够放平心态，就不易被五光十色的诱惑迷乱了心智。《群书治要 · 老子》讲："五色令人目盲，五音令人耳聋，五味令人口爽，驰骋田猎令人心发狂，难得之货令人行妨。"对于耳目口腹的欲求，沉浸于驰骋田猎的生活，对奇珍异宝过分追求，会损害人的感觉能力，使人的贪心增长，令人的思想狂乱、行为失当。老子主张"为腹不为目"就是教导人们节制欲望，以内心的闲适与恬淡作为追求。

《群书治要 · 政要论》中谈及人的欲望问题，肯定了人天生就会对外物产生感情，而感情产生之后就会发展为欲望。这就是为什么人只要接触到外界的事物，内心就会产生情感活动。外物对人情感的影响没有止境，而由情感所产生的欲望也没有止境。所以一旦任由外物控制了人的欲望，那么人原本纯净纯善的本性就会转化为贪婪的习性。人的欲望是没有止境的。如果一个人以内心无穷无尽的欲望，去追逐身外无穷无尽的物境，纵然有成圣成贤的资质，也必定颓堕和失败。领导干部崇尚节俭，涵养的正是知止的定力，所谓"知止不殆，可以长久"。修其心治其身，领导干部不断修养心性，才能守住心灵的清净高地，做到对党的宗旨和目标心无旁骛。"非淡泊无以明志，非宁静无以致远。"心是行动之源，领导干部崇尚节俭，善养宁静之心，才能实现远大的理想。

作为官员，崇尚节俭有助于涵养智慧。《群书治要 · 文子》讲："水之性欲清，沙石秽之；人之性欲平，嗜欲害之。"水原本都是清澈的，但是沙石却使它变得浑浊；人的本性原本都是平和安静的，但是肉体感官上的贪欲却妨碍了它。人的欲望正如沙石一般，会让本性清宁的内心变得混乱，失去正确的判断力。领导干部不断放纵欲望，就容易做出错误的选择，使自身陷入危殆。古今中外，凡有大成就者，往往都具有大智慧。这种智慧不是一蹴而就的，而是不断修习、累积的结果。领导干部拥有大智慧，才能够有大作为，才能在纷繁复杂的形势中廓清迷雾，运筹帷幄。以节俭滋养心灵，领导干部就能明白纵有广厦万间，每天睡的不过是六尺小床；纵有黄金万两，每日不过三餐。

《群书治要·春秋左氏传》记载了一个关于春秋时期宋国名臣子罕弗受玉的故事。一个宋国人得到了一块玉石，就把它进献给子罕，但被子罕拒绝了。子罕说："我是以不贪占为宝物，你是以玉为宝物。如果你把它给了我，咱们两人都丧失了宝物，不如各人有各人的宝物吧！"子罕不贪的德行是比美玉更珍贵的品质，人们发自内心尊重与爱戴这位清官。欲壑难填，人的欲望是没有止境的。屋檐上滴下来的水能把水壶装满，可即使是江河之水也装不满漏水的酒杯。如果人们不懂得节制，使贪欲无限扩大，那么再高的地位还是会觉得不够尊贵，富甲天下仍会觉得不够快乐。一旦被贪欲迷乱了心智，就分不清孰是孰非。结果往往得到的福少，招致的祸多。很多事情看似能给人带来眼前的利益，其实是让人丧失了更大的机会；看似能给人带来福利，反而为人招致了灾祸。

《群书治要·韩诗外传》讲："理好恶，则不贪无用；不贪无用，则不以物害性矣。适情性，则欲不过节；欲不过节，则养性知足矣。"这是说我们要管理好自身的好恶，不要贪恋无用的东西，这样就不会因外物而妨碍了心性。我们让自己的情感保持适度，那么欲望就不会超越法度，就懂得知足，涵养德行。孔子曾盛赞颜回："一箪食，一瓢饮，在陋巷。人不堪其忧，回也不改其乐。"孔子自己何尝不是如此！他每日粗茶淡饭，睡觉时弯着胳膊当作枕头。虽然贫穷，却也自得其乐。

当今社会，人们的物质生活比古人优裕太多，但仍有人不满足。一些领导干部伸出贪婪之手，其实不在于生活的困苦，而在于心灵的干涸。人拥有的越多，就越容易被分散注意力，思考就会随之减少，生命的内涵就更少，以致最终成为物的奴隶。所以说“骄奢淫逸，万恶之始”。领导干部手中握有权力，若热衷于名利，就很容易被诱惑，走上贪赃枉法的不归路。

节俭有助于加强廉政建设。古人言：“居官之所恃者，在廉；其所以能廉者，在俭。”廉洁是做官极为重要的依靠，而节俭是保持廉洁的关键。曾国藩也曾强调“惟俭可以养廉”。领导干部要保持廉洁，关键在于以节俭的生活作风涵养正确的人生价值观，守住底线，管好自己的心不贪、手不拿。中国共产党从一穷二白到今天取得举世瞩目的成就，一个重要原因就是勤俭节约。回想新中国成立之初，毛泽东同志一件睡衣穿了 20 多年，打了 73 个补丁。朱德去世后，家里更是找不到一件新衣。革命先辈身体力行，勤俭节约，树立了党的光辉形象。在当时的环境下，人民也自律节俭，开启了一代节俭之风。现如今，一些领导干部丢掉了节俭的习惯，在五光十色的诱惑中，一步步走向腐败的深渊。历史的教训告诉我们，即使国家富裕了，人民的生活富足了，节约的美德也不能丢。清正廉洁是中国共产党人安身立命之本，是永远不能丢弃的政治底色。

二、齐家：崇尚节俭是树立良好家风的重要内容

在中国文化中，个体、家庭与国家之间是一体的关系。修身正己才能清正家风，家风良好方能治理国家。齐家作为修身和治国的中间环节，有着至关重要的作用。家风好，则国风好，尤其是领导干部的家风对整个社会风气都有着重要影响。领导干部的家风好坏，直接决定着干部队伍在人民群众心目中的形象。家风连着党风、政风。家风纯正，雨润万物；家风一破，污秽尽来。领导干部手握权力，如果家风不正，则其配偶、子女多易滋生贪欲或仗势欺人、违法乱纪，更易成为别有用心之人的突破口。“积善之家，必有余庆；积不善之家，必

有余殃。”领导干部没有良好的家风，很容易被身边人“拉下水”，难以成为清廉贤明、刚正不阿的好官员。那么，如何涵养良好家风呢？

“俭”为持家修德之首，“廉”是为政做官之首。廉从俭生，俭能养廉。节俭是中华民族的传统美德，我国历史上的有识之士都曾以节俭作为家规家训的重点内容，不仅树立了良好的家风，也成了世人良好的表率。

诸葛亮在《诫子书》中以简短的几句话道出了他毕生的智慧精华：“夫君子之行，静以修身，俭以养德。非淡泊无以明志，非宁静无以致远。”一个人恬淡寡欲，看轻世俗的名利，才能明晰自身的志向；身心安宁恬静，才能实现远大的理想。他是这样说的，更是这样做的。据《群书治要·蜀志》记载，诸葛亮临终前，对身后事放心不下，曾上表刘禅，写下了自己的肺腑之言，还详细列明了自己的财产清单：十五顷田地，八百多棵桑树。诸葛亮去世之后，人们发现其家产和他上表的一模一样，没有一丝私藏。他生前身为一国丞相，留下这点儿家产，可以说是两袖清风了。

北宋名臣司马光以“由俭入奢易，由奢入俭难”告诫子孙要崇尚节俭。他自己在生活方面就十分俭朴，“平生衣取蔽寒，食取充腹”。为让子孙明晰崇尚节俭的重要性，他写下了《训俭示康》，以家书的形式告诉儿子：“言有德者皆由俭来也。夫俭则寡欲，君子寡欲则不役于物，可以直道而行；小人寡欲则能谨身节用，远罪丰家。”反之，“侈则多欲，君子多欲则贪慕富贵，枉道速祸；小人多欲则多求妄用，败家丧身”。司马康在父亲的教育下，从小就懂得俭朴的重要性，他以此家训为镜子，不断鞭策自己，后来历任校书郎、著作郎，以俭朴、廉洁扬名于世。

北宋政治家范仲淹以“先天下之忧而忧，后天下之乐而乐”为人生信条，把“俭廉恕德”作为家风传承，时常告诫自己的孩子要勤俭。曾国藩认为，“由俭入奢易于下水，由奢反俭难于登天”，要求家人养成节俭的美德。深谙节俭智慧的古人，往往会将节俭美德作为精神财富传承给后人。儿童时期是人价值观形成的关键时期，这个时候对孩子进行节俭的教育，是培养他们爱惜财物、节约用度之心，也是培养他们懂得节欲，磨砺意志的过程。“一粥一饭，当思来处不易。半丝半缕，恒念物力维艰。”以节俭作为家风、家训的重要内容正是在教导孩子应当对万物充满敬意与感恩。

“家风正则后代正，则源头正，则国正”。中华五千多年文化薪火相传，经久不衰，与良好家风的传承有着很大关系。时至今日，《孔子家语》《朱子家训》《颜氏家训》《曾国藩家书》等家训经典依然被许多家庭当作教育孩子的宝典。它们都强调家国天下、俭以治家的思想。

俗语说“惯子如杀子”，对孩子的过分宠溺，其实就是放纵孩子的欲望，容易让他们养成骄奢怠惰的习气。这样的孩子，往往难以经得起风浪，不懂得尊重与感恩，容易迷失自己的人生方向。“艰难困苦，玉汝于成”，艰难困苦往往能够磨砺人的意志，助人走向成功。温室里的花朵经不起风雨。领导干部修身养性，崇尚节俭，懂得节制，自觉抵御不良诱惑，才能成为孩子的榜样，进而树立良好的家风，成为社会的榜样。

“家俭则兴”，“一家仁，一国兴仁；一家德，一国兴德”。我们如今的财富是经过众多仁人志士的努力，充分发扬勤俭节约、艰苦奋斗的精神才渐渐积累下来的。奢侈浪费无法涵养良好的社会风气，更无法促进民族持续的兴旺昌盛。党的十八大以来，习近平总书记多次谈到家风，他指出：“各级领导干部要带头抓好家风，继承和弘扬革命前辈的红色家风，向焦裕禄、谷文昌、杨善洲等同志学习，做家风建设的表率。各级领导干部要教育亲属子女树立遵纪守法、艰苦朴素、自食其力的良好观念，明白见利忘义、贪赃枉法都是不道德的事情，要为全社会做表率。”[①] 作为新时代的党员干部，应当把家风建设摆在

① 《习近平在会见第一届全国文明家庭代表时强调 动员社会各界广泛参与家庭文明建设 推动形成社会主义家庭文明新风尚》，《人民日报》2016 年 12 月 13 日。

重要位置，以身作则，树立良好的家风，以良好家风促进党风、政风建设。

三、治国：崇尚节俭有助于夯实国家治理的根基

党的领导是国家治理现代化的主导力量和根本保证。全面从严治党关键是要抓住领导干部这个“关键少数”。节俭是我们党治国理政的传家宝，中央多次发出号召要厉行节俭之风。习近平总书记告诫各级领导干部：“要坚持勤俭办一切事业，坚决反对讲排场比阔气，坚决抵制享乐主义和奢靡之风。要大力弘扬中华民族勤俭节约的优秀传统，大力宣传节约光荣、浪费可耻的思想观念，努力使厉行节约、反对浪费在全社会蔚然成风。”[①] 领导干部崇尚节俭，能够产生强大的示范作用，牢固党群、干群关系，夯实国家治理的根基。

领导干部严格落实各项节约措施，积极践行勤俭节约的传统美德，才能狠刹歪风邪气，遏制住奢靡浪费之风。所谓“官奢民贪，骄俗坏民”。《群书治要·墨子》中提到上古时期圣人制作衣服的原则是合身保暖，并非显示尊贵而让老百姓观赏。在那时候，豪车、良马不算高贵，雕刻刺绣也并不让人心生欢喜，人们对于自给自足的生活很满足，而不会去攀比。所以老百姓很节俭且容易教化，君王花费节省，府库充盈。

在上位者不节制欲望，很容易招致灾祸，甚至会使整个国家覆亡。柳宗元的《蝜蝂传》中，讲了一个有关蝜蝂的故事。蝜蝂是一种喜爱背东西的小虫。爬行时遇到东西，总是抓取过来放在背上，然后抬起头背着这些东西继续前行，于是背上的东西就越来越重。这种小虫又喜欢往高处爬，用尽了力气也不肯停下来，以致跌倒摔死在地上。蝜

① 《习近平在十八届中央纪委二次全会上发表重要讲话强调 更加科学有效地防治腐败 坚定不移把反腐倡廉建设引向深入》，《人民日报》2013 年 1 月 23 日。

蜮的悲剧正是在讽刺那些贪得无厌的人。天下大福，莫大于无贪欲；天下大祸，莫大于欲无底。

《论语》有言："政者，正也。子帅以正，孰敢不正？"《群书治要·晏子》中记载的"晏子拒车"的故事正说明了这个道理。晏子历任齐国三朝卿相，他一生节俭，为齐国百姓所敬仰。据说晏子上朝时，坐的马车十分破旧。景公看到后，十分不忍，就派人给晏子送去了一辆豪华大车，可是晏子拒绝了多次。景公为此很不高兴，就告诉晏子说："您要是不接受赠送给您的车马，我以后也不坐了。"晏子就跟景公说："您让我监督群臣百官，我崇尚节俭，希望能够为大家作出表率。即使这样，我还是担心人民奢侈浪费而不知节制。如今您作为君王，我作为臣下，我们都乘坐如此豪华的马车，我又如何去禁止百姓中不讲道义、奢侈浪费，且不考虑自己行为是否得当的人呢？"于是，晏子还是拒绝了景公送的马车。

上行下效是自古以来匡正风俗、治理国家的重要举措。晏子作为齐国的卿相，厉行节俭，成为天下人的表率。正是由于他廉洁无私，心胸坦荡，所以才能辅佐齐国三公。上级领导干部廉洁奉公，就能够为基层干部在作风问题上率先垂范，以自身行动去教育和感化基层干部。我们党拥有 9600 多万名党员，大多数在基层。党的基层组织就有 493 万多个。基层党员干部与群众联系最紧密，一旦违法乱纪，会直接破坏党和政府的形象，损害人民群众的利益，伤害人民群众的感情。习近平总书记强调，"治国安邦重在基层"[①]。基层干部是贯彻党中央方针政策的"最后一公里"，是党联系群众的纽带。党的工作当中，无论是最坚实的力量支撑，还是最突出的矛盾和问题都在基层，只有抓好基层工作、打牢基础才是固本之举。节俭关系着国家的长治久安和民族的兴旺发达。地方看中央，基层看上层，群众看干部。领导干部

① 《全面从严治党向基层延伸——以习近平同志为核心的党中央抓基层强基础纪实》，《人民日报》2017 年 6 月 29 日。

的一言一行都至关重要，将对全社会起到示范作用。

党的十八大以来，作风建设之所以成效显著，一个重要经验就是坚持以上率下。习近平总书记常说，“己不正，焉能正人”[①]，始终要求从中央政治局常委会、中央政治局、中央委员会抓起，从高级干部抓起。经过几年的努力，全面从严治党从中央政治局立规矩开始，从落实中央八项规定精神破题，以习近平同志为核心的党中央，以身作则、率先垂范，为全党树立了榜样和标杆，全党自觉看齐、对标，一级做给一级看，一级带着一级干，终于使作风建设成为党的建设的一张亮丽名片，在全面从严治党历史进程中写下了浓墨重彩的一笔。在新起点上再出发，关键依然在党员领导干部。尤其是基层干部，与群众的联系更为紧密，一旦出现问题，会更直接损害人民群众的感情和切身利益。“乐民之乐者，民亦乐其乐；忧民之忧者，民亦忧其忧”（《孟子·梁惠王下》）。只有领导干部保持定力，层层落实，才能够取信于民，得到人民的拥护，从而维护国家的长治久安。

四、平天下：崇尚节俭有助于牢记全心全意为人民服务的宗旨

天下之事，民生为大。领导干部应当具备为民情怀，全心全意为人民服务。中国共产党是为人民谋幸福的党，也是为人类进步事业而奋斗的党。中国共产党所做的一切就是为中国人民谋幸福、为中华民族谋复兴、为人类谋和平与发展。不忘初心，牢记使命。领导干部规范自身行为，坚持勤劳节俭、艰苦奋斗的优良传统和作风，才能增强为民服务意识，始终把人民的忧乐冷暖挂心上。领导干部廉洁自律，

① 习近平：《在庆祝中国共产党成立95周年大会上的讲话》，《人民日报》2016年7月2日。

不以权谋私，才能真正为广大干部和群众作出表率。领导干部俭以修身，以平常心对待名利，少走上层，才有精力下基层，深入群众，倾听群众的声音，了解群众所需，服务人民。

当前的国际形势复杂多变，改革发展稳定的任务艰巨繁重，要实现中华民族伟大复兴的中国梦，必须坚持从严治党。作风建设是党的建设的重要切入点和着力点。党的作风就是党的形象，关系人心向背，关系党的生死存亡。习近平总书记指出："有些领导干部爱忆苦思甜，口头上说是穷苦家庭出身，是党和人民培养了自己，但言行不一，心里想的是自己当上官了，终于可以扬眉吐气了，要好好享受一下当官的尊荣，摆起官架子来比谁都大。享乐主义实质是革命意志衰退、奋斗精神消减，根源是世界观、人生观、价值观不正确，拈轻怕重，贪图安逸，追求感官享受。奢靡之风实质是剥削阶级思想和腐朽生活方式的反映，根源是思想堕落、物欲膨胀，灯红酒绿，纸醉金迷。"①

"人无俭不立，家无俭不旺，党无俭必败，国无俭必亡。"我国传统文化中的俭廉文化，能够不断提高党的领导水平和执政水平，提高拒腐防变和抵御风险能力，有助于领导干部牢记全心全意为人民服务的宗旨。铺张浪费绝非小事，它败坏了党风、政风和社会风气。中央厉行节俭、反对浪费的坚定决心，体现了党密切联系群众、关心群众生活、注重改善民生的为民情怀。历史上，中国共产党一直崇尚节俭，与人民群众同甘共苦，领导人民群众推翻了"三座大山"。在革命战争年代，领导干部和官兵人民同吃一样的饭、同穿一样的衣服，一心为人民，深受民众的爱戴。毛泽东要求别人做的自己首先做到。他一生粗茶淡饭，睡硬板床，穿粗布衣，生活极为简朴。三年困难时期，他自己主动减薪、降低生活标准，不吃鱼肉、水果。20世纪60年代，有一次他召开会议到中午还没有结束，他留大家吃午饭，餐桌上一大盆

① 《习近平关于党风廉政建设和反腐败斗争论述摘编》，中央文献出版社、中国方正出版社2015年版，第75页。

肉丸熬白菜、几小碟咸菜，主食是烧饼。周恩来有一条穿了多年的藏蓝色的裤子，只因上面没有补丁，所以只舍得在出席会议时才穿。在他看来，共产党是为人民利益工作的，讲究吃穿只会增加人民负担，穿得干净就可以了。后来，那条裤子多次缝缝补补，周恩来都照常穿着它迎宾会客。

老一辈革命家始终保持着艰苦朴素的传统，赢得了人民群众的无限爱戴，清正廉明也成为中国共产党的光荣传统。无论从个人角度出发，还是从国家层面而言，古人崇尚节俭的思想都应该被大力弘扬。党中央一再强调要惩治腐败，把党风廉政建设作为取信于民、立国之本的大事来抓。领导干部应当明白唇亡齿寒的古训，始终牢记为人民服务的宗旨，明晰党的崇高理想，并为之奋斗终生。在生活中，领导干部养成节俭的生活作风，有助于抵御各种腐朽思想的侵蚀，在不良诱惑面前恪守正道。党和国家历来高度重视腐败问题，这是关系到国家的根基大业。党的十八大以来，中央出重拳反腐，习近平总书记强调："纠正'四风'不能止步，作风建设永远在路上。"[1]以习近平同志为核心的党中央，坚持以上率下，以身作则、身体力行，"四风"问题得到有力整治，党风、政风和社会风气为之一新。

中国共产党是从人民中走来的政党，依靠人民发展壮大，不仅对中国人民有着深厚情怀，对世界各国人民也有着深厚情怀。不仅愿意为中国人民造福，也愿意为世界人民造福。我们要努力建设一个远离贫困、共同繁荣，远离封闭、开放包容，山清水秀、清洁美丽的世界。顺应时代发展潮流、顺应人民共同期待是大势所趋，中国共产党愿把自身发展同国家、民族、全人类的发展紧密结合在一起。地球是人类共同的家园，人的欲求是无止境的，而地球的资源却是有限的。现如今，全人类所面临的环境问题、资源问题归根结底是人贪欲的无限性

---

① 《习近平近日作出重要指示强调 纠正"四风"不能止步 作风建设永远在路上》，《人民日报》2017年12月12日。

与资源的有限性之间的矛盾。北宋名臣田况在《儒林公议》中讲，“俭则常足……侈则常不足”，那些贪求财物而不知休止的人，虽然拥有天下，但是并不富足。土地生长的物品不会增加，山林水泽出产的资材也是有限的。怀着不知足的心理去追求不能增多的物品，怀着强烈的欲望去追求会穷尽的钱财，这就是夏桀、商纣丧失天子地位的原因。

当今时代，崇尚节俭是实现绿色消费、科学发展的必由之路。习近平总书记在党的十九大报告中指出，“倡导简约适度、绿色低碳的生活方式，反对奢侈浪费和不合理消费”①。我们崇尚节俭就是要弘扬绿色消费观，即倡导消费者在与自然协调发展的基础上，从事科学合理的生活消费，提倡健康适度的消费心理，通过改变消费方式来引导生产模式发生重大变革，促进生态产业发展的消费理念。美好生活需要唤醒人类对节俭价值观的推崇，需要为人们树立起绿色、合理的消费理念，破除享乐主义消费的倾向。崇尚节俭并不是要人们过苦行僧般的生活。艰苦奋斗是为了过上幸福生活，与此同时，我们也应当明晰人类的幸福并非止步于物质消费需求的满足，更大程度上是来源于精神上的富足，适当克制消费需要反而令人得到追求和感知幸福的能力。要在全社会弘扬节俭理念，使厉行节俭、绿色消费成为社会的主流，需要领导干部发挥模范带头作用。

中华民族要实现伟大复兴，既需要不断发展经济，又需要强有力的精神引领。节俭作为中华民族的传统美德，不仅能修身养性、树立起良好家风，还能促进国家的有效治理，推动全人类的可持续发展。节俭是领导干部改进作风的切入点，也是官德修养的着力点。节俭是值得每个人一生修炼的功课，这种强大的精神力量不断映照着领导干部的理想信念和初心本色，引领我们朝着伟大复兴的中国梦不断奋勇前进！

---

① 习近平：《决胜全面建成小康社会 夺取新时代中国特色社会主义伟大胜利——在中国共产党第十九次全国代表大会上的报告》，《人民日报》2017年10月28日。

第十讲

从《群书治要》看中国古代民本思想

在北京的天安门城楼前，耸立着四根汉白玉制成的华表。华表的前身是四千多年前上古帝王尧舜用来倾听民意的谤木，它是古代帝王执政为民的标志，时刻提醒执政者，无论时代如何变迁，政治的本质就在于全心全意为人民服务。中国五千多年的历史，是一部历代王朝兴亡更替的循环史，鉴于对天地大道运行规律的把握，对国家兴衰成败经验的总结，中国古代很早就意识到了民众的地位和力量，洞察到了民心大如天这一真理，将“以民为本”作为治国理政的核心理念，将相对稳定、宏观的民心向背作为政权合法性的唯一来源，将人民的长远利益和整体利益作为治国理政的根本出发点。民本思想，是《群书治要》治道思想的重要组成部分，这些思想瑰宝不仅在中国绵延千年的大一统发展中发挥了巨大作用，并作为一以贯之的政道传统保留至今。

一、“民本”之道

首先，什么是“民本”呢？“民本”一词最早出自《尚书·五子之歌》中的“民惟邦本，本固邦宁”，这是四千多年前夏朝开国帝王大禹对后世子孙的教诲。意思是说，人民是国家的根本，只有百姓安居乐业，根本稳固了，国家才能够安宁。大禹的这一思想，可以说是夏朝开国的宪章。大禹以祖训的形式，向后世子孙揭示了治国理政的基本规律，告诉子孙后代治国、平天下的根本之道。然而，大禹的继承者，也就是大禹之孙、帝启之子太康忘记了祖宗之法，骄奢淫逸，政事不修，导致内部矛盾加剧，外部四夷背叛，使得民怨沸腾、众叛亲离，最终被有穷部落的首领后羿夺去了国政，落得“太康失国”“后羿代夏”的下场。

太康失国的历史告诉我们，任何政权、任何制度能否确立存续的关键，在于是否正视了“民惟邦本”这个民本思想。这一思想背后深层次的内涵，在于《礼记》所说的：“大道之行，天下为公。”中国文化认为，天地万物的本源是一个道，道虽然看不见也摸不着，但它能通过万事万物显现出来，在天即天道，在地即地道，在人即人道。天、地、人三道是相通的，万事万物是“天地与我并生，万物与我为一”的一体关系。一体就是“公”，公是与私相对的。“天下为公”的意思是，大道广行于天下，国家不是某个人、某部分利益集团的私物。国家是人民之国家，国家与人民是休戚与共的命运共同体。因此，人民是国家的根本，也是国家命运的真正主宰，“民惟邦本”是由道法自然决定的。

道是宇宙的本源，是恒常不变的真理，更是需要力行的通途，小到个人，大到国家，只有依道而行才会有德。德者，得也，“得道者多助，失道者寡助”。从“道”的角度来说，“天下为公”是人间正道，“民惟邦本”是正道在治国领域的彰显。政道即正道也，治国理政要依正（政）道而行。自公元前 221 年秦朝建立开始，中国便建立起统一的多民族国家。在两千多年的兴衰更替中，中国能以广阔的版图、众多的人口、多元的文化屹立于世界东方；中华文明能作为世界上唯一一个未曾中断的文明长存于世，一个重要的原因就在于，中国人面对复杂问题的出发点和落脚点一直是“道”。“道”是与“器”相对的。形而上者谓之道，形而下者谓之器，道是本，器是末，器是为道服务的。在中国人看来，治国理政中具体的政体、制度、程序等都是有形的器，器会随着时间和空间的变化而变化，但背后的规律、理念、目的是无形的道，道是不变的。自古以来，中国人在治国理政中，注重从实现良政善治的根本目的出发，按照对“道”的把握，形成一整套经得起历史检验的政治理念和政治传统，比如以民为本、选贤任能、仁政德治等；从政道出发，再设计与具体社会发展相吻合的制度安排，比如民主集中制、官僚层级制度等。换言之，千百年来，中国人的国家治理并不拘泥于某种特定的制度和模式，也并不以某种具体的制度安排评价一国的治理是良政或者劣政，而是以“道”为归依，实事求是地把重点放在执政所要达到的良政善治这一终极目标上。

与中国侧重“政道”的治理传统不同，西方主流政治学认为，国家治理中“政体”是最重要的，并围绕政体而“重点关注权力的产生、分配和制约”，倾向于用民主与专制二元对立的思维进行良政劣政的评价。这一点尤其体现在当代对民主的理解上。按照西方政治学的观点，民主常常被理解为某种程序性民主，即在实践中体现为以“一人一票”这种制度性程序为代表的多党制下的政党竞选制度。这一制度随着近年来西方“黑天鹅”事件的接连发生，常常令人产生一些疑问，那就是：形式正义是否会自动产生实质正义？形式民主是否就等于实质民主？与之相对，中国历来更关注以“民本”为出发点的实质民主，即在实践中更多从人民长远利益和国家整体利益出发，以良政善治这一结果为导向，判断并选择某种模式是否能真正体现人民当家作主，并根据国情的变化不断调整实现路径，有的时候更强调民主，有的时候更强调法治，有的时候更强调无为而治……总之，就是在不偏离政道的前提下，灵活运用各种手段和方法，使政治生活始终服务于广大人民的实际需要，避免以私废公，舍本逐末。

邓小平曾说，评价一个国家的政治体制、政治结构和政策是否正确，关键看三条：第一是看国家的政局是否稳定；第二是看能否增进人民的团结，改善人民的生活；第三是看生产力能否得到持续发展。[①]

① 参见《毛泽东 邓小平 江泽民论科学发展》，中央文献出版社、党建读物出版社2009年版，第44页。

我们可以看到，以民本思想为代表的中国政道传统，是统摄政体、制度在内的一种更务实的治理哲学，它不单单用一两个指标来教条地推进、衡量国家治理。它通过对政道的把握，理性地平衡政治实践中存在的各种矛盾和对立、妥善地处理国家治理中存在的各种利益和冲突。它更关注政治生活存在的实际意义，也就是良政善治这个终极目的。它以辩证的、发展的眼光看待政治生活的变化，它是内容与形式的统一，是静态与动态的统一，更是动机与结果的统一。

二、民贵君轻，政在养民

理解了“民本”之道，我们再来进一步探究中国传统的民本理念。在《群书治要》所节录的诸多典籍和文字中，蕴藏着丰富的民本思想，其主要内涵可概括为“民贵君轻，政在养民”。

“民贵君轻”出自四书中的《孟子》：“民为贵，社稷次之，君为轻。”“民为贵”，人民是最尊贵的；“社稷次之”，“社”是指土地神，“稷”是指谷神，在古代都要祭祀土地神和谷神，所以经常用“社稷”来代表国家；“君为轻”强调君主较国与民而言，是最轻的。朱熹曾对此作了阐释，他说：“国以民为本，社稷亦为民而立，而君之尊，又系于二者之存亡，故其轻重如此。”

为何“民为贵”呢？贾谊在他的政论文集《新书·大政上》中指出：“于政也，民无不为本也。国以为本，君以为本，吏以为本。”对于治国理政来说，人民是一切事务的根本。《说文解字》中认为，民者“众萌也”，“民”也就是尚未开化的普罗大众。从治国理政的角度来讲，民是和君、官相区别的一个不参与行政管理的社会基层群体，而“木下曰本”，“本”，即树根。“民本”，是将国家喻为大树，人民等同于树根。尽管相对更为明显的“枝干”（君、官）而言，“树根”（百姓）处于底端，容易被人忽视遗忘，但是从地位作用上讲，根却是最重要的。树的生命力由根决定，国家的生命力由人民决定，国家的安定、民生功绩都是依靠百姓的力量成就的。因此，贾谊指出："夫民者，至贱而不可简也，至愚而不可欺也。故自古而至于今，与民为仇者，有迟有速，而民必胜之矣。"（《群书治要·贾子》）人民虽处于低位却不可以怠慢，素质良莠不齐却不可以欺骗，从古至今，凡是与人民敌对的，或早或晚，人民必定会得到胜利。正如孟子所言，"天时不如地利，地利不如人和"，民心是最大的政治，共识是奋进的动力。人心的凝聚、力量的合和，能够战胜一切困难，抵抗一切风险，成就一切事业。因此，人民是真正的社稷之本、执政之基、力量之源。

为何"君为轻"呢？古圣先贤也给出了答案，那就是君为民所立，权为民所赋。从中国文化的视角看，君权并不是依靠强权威慑就能得到的，君权也并不意味着天下的所有权，而是天下的治理权。治权的产生是人民在社会实践中为了获得更好生活达成集体共识的结果。正如《群书治要·吕氏春秋》指出：尧舜禹汤等古圣先王，之所以能够承继帝位、留名青史，是因为他能够顺天应人，以符合大道的无私之心克己复礼、为民造福，自然得到百姓的拥戴，登天子之位。所以归根到底，人民才是国家的主人，治权是人民赋予的，治权的本质是代表人民整体利益的公权力的统一。如《汉书·刘向传》中说道："天命所授者博，非独一姓也。"在古人看来，天道和人道的本质是大公无私的，民心和天心是相通的，正所谓"民之所欲，天必从之"。因此，天子之位受命于天更受命于民，执政者是人民选择出来护佑万民的代表，并非为一家一姓而立。历史记载，汉光武帝刘秀曾同百官商讨立谁为太子太傅。群臣为迎合上心一致推举太子的舅舅阴识担任。而博士张佚指出："今陛下立太子，为阴氏乎？为天下乎？即为阴氏，则阴侯可；为天下，则固宜用天下之贤才。"（《后汉书·桓荣传》）在张佚看来，太子是一国储君，是为天下而立的，若太子贤德，则他日即位可以敬天保民；若太子不肖，则邦国不稳，百姓受苦。因此，太子太傅的选择就不能够任人唯亲，而要从民生福祉出发选用贤能。由此，我们可以得知，中国传统治国理政思想中，民贵君轻、立君为民的理念源远流长，它是五千多年朝代更迭、历史变迁中政权合法性的根本来源。

在《群书治要·孔子家语》中有一句话，唐太宗李世民经常引以为戒，就是："夫君者舟也，民者水也。水所以载舟，亦所以覆舟。"从中国文化的视角看，君、民之间是同体相系、安危共存的一体关系。纵观历史，若君、民二者遵循一体之道，团结一心，就会天下太平；若君、民二者偏离一体之道，分化对立，就会导致乱世。如《汉书》中记载，在周朝的时候，有一千八百多个诸侯国。这些诸侯国的国君役使民众都非常敬慎，每年百姓服徭役不超过三天。即便如此，国库还是非常充盈。但是到了秦始皇统一之后，他让这一千八百多个国家的人民都来奉养自己，穷奢极欲、大兴土木，为了一己私欲，使得人民饥寒交迫、苦不堪言。繁重的徭役、残酷的刑罚、沉重的赋税，使得人人与他结怨，家家与他结仇。所以尽管在初期，秦国能顺应人心和历史大势，击败强大的六国联军，建立中国历史上第一个大一统多民族的王朝——秦朝，但因为执政者不能行仁政、施德治，才刚刚统治了 14 年，就二世而亡，成为中国历史上存在时间较短的王朝。

杜牧曾在《阿房宫赋》中感叹："灭六国者，六国也，非秦也；族秦者，秦也，非天下也。"六国和秦朝的灭亡看似都是外力导致的，但中国传统文化历来强调行有不得，反求诸己。从根本上来说，灭亡六国的不是秦朝，灭亡秦国的也并非天下人，是六国和秦朝的执政者自己推翻了自己，正所谓："天作孽，犹可违；自作孽，不可逭。"身为国家的领导者不能体悟立君为民的道理，不能遵循以民为本的原则，反而利用人民赋予的权力谋取私利，残暴不仁，那么身殒国灭是迟早的事。

以人为鉴，可以明得失；以史为鉴，可以知兴替。从古代的治国经验中可以看出，民心向背决定了国家和政权的稳固性和长远性，治国理政重在得民心，而得民心的方法就在于《群书治要·傅子》中所说的："夫能通天下之志者，莫大乎至公。能行至公者，莫要乎无忌心。"也就是说，想要通达天下人的心志，关键就在于至公无私。《群书治要·六韬》记载，文王有次向太公请教如何才能感得人心归附，太公说："天下者，非一人之天下，天下之天下也。与天下同利者，则得天下；擅天下之利者，失天下。天有时，地有财，能与人共之者，仁也。仁之所在，天下归之。"意思是，天下不是一个人的天下，而是天下人的天下。能和天下人共享利益的人，可以得到天下；独占天下利益的人，最后一定会失去天下。上天有四时，大地有财货，与天下人共享的就是仁者。有仁心的君主所在的地方，天下人会向那个地方聚拢。由此可知，民心归附要以广大人民的根本利益为旨归，大公无私，仁民爱物。而仁民爱物、为民造福的关键就在于"为政以德，施行善政"。

那么，什么是政德呢？《典语》说，君王之所以被称为天子，就是因为他办理政事是合于天道的，君德与地位相配。天地有什么特点呢？天地之大德曰生，天地的特点在于好生恶杀、无私地生养万物。所以，君王之所以称天子，是因为他能像天地覆佑万物一样，公正无私地践行生生之德，惠利民生，如此才能受到万民的敬仰登上王位。如若君主失德，自私自利，也就不能称之为天子，政权也就失去了合法性。如同孟子在评价武王伐纣时说："闻诛一夫纣矣，未闻弑君也。"孟子认为，不能捍卫人民利益的统治者，不能尊称其为天子、君王，而只是独夫民贼，如此德不配位的执政者迟早是要被推翻的，不存在政权的合法性。

什么是善政呢？《群书治要·尚书》中大禹指出："德惟善政，政在养民。水、火、金、木、土、谷惟修，正德、利用、厚生惟和。"在大禹看来，国以民为本，君为民而立，执政者从一体之仁出发，以大公之心治国、平天下的关键就在于仁民爱物，为政以德。君王之德惟在善政，善政之要，惟在养民。养民的关键，就在于执政者要正己之德、利民之用、厚民之生。正己之德则能正己化人，利民之用则能兴利除弊，厚民之生则能丰衣足食。这三件事和谐了，就是所谓的"善政”。进一步说，治国理政欲要实现民心归附、国泰民安，为政者就要以百姓之心为心，为人民谋福祉。在政治上爱民重民，让人民当家作主；在经济上利民惠民，让人民安居乐业；在文化上教民安民，让人民良知存心。

《孔子家语》对此作了进一步阐发，鲁哀公曾经向孔子请教怎样为政。孔子说，治理国家，没有比让人们富裕且长寿更重要的了。哀公接着问，怎么样才能做到这一点？孔子说：“省力役，薄赋敛，则民富矣。敦礼教，远罪疾，则民寿矣。”意思是，治国理政，务必要爱惜民力，节制徭役的征用；务必要让利于民，减少赋税的征敛，这样民众就能够生活富足。同时，国家要重视礼乐道德的教化，让人民从根本上敦伦尽分、闲邪存诚，这样就可以免于罪恶和灾难，得以福寿绵长了。鲁哀公听了之后说，如果我真的按照您的话来做，减少徭役、减轻赋税，国家难道不会因此而贫穷吗？孔子说，《诗经》里有这样一句话：“恺悌君子，民之父母。”意思是，仁慈博爱的君主，好像百姓的父母一般。既然是百姓的父母，哪有子女富裕而父母贫穷的呢？换言之，孔子认为，君王和百姓并不是此消彼长、非此即彼的对立关系，而是一荣俱荣、一损俱损的一体关系。真正有德的执政者，既是万民的表率，也会为百姓造福，他们会像爱护子女一般，从百姓的长远利益出发，重民爱民，利民惠民，教民安民。作之君、作之亲、作之师，使百姓富裕、安康、精神充实……百姓安居乐业了，国家团结稳定了，国君自然也不会陷于匮乏危难之中。

那么，从实践的角度，究竟该如何落实善政呢？《管子》指出：“政之所兴在顺民心，政之所废在逆民心。”从古至今，看似波谲云诡的历史变迁背后总是透出人心向背的决定性作用。那些赢得了百姓拥护的人，无不是因为倾听大众的呼声、代表人民的利益而走上历史舞台；那些憾然离场的人，无不是因为忽视了大众的声音、背离了人民的利益而失去政权的合法性。因此，对执政者而言，政治的第一要务就在于重民、爱民，在于体恤民心、体察民情。

《晏子》中记载，春秋时期，齐景公在位的时候，有一年大雪下了三天都没有见晴。齐景公披着“狐白之裘”，就是穿着一件珍贵稀有的白色裘衣，坐在厅堂上。上大夫晏子进谏时，齐景公就感叹：“真是奇怪，雪下了三天也不觉得寒冷。”晏子听了之后，就问道：“大王，真的觉得天气不寒冷吗？”被晏子这么一问，齐景公才反应过来。晏子接着说道：“我听说古代的贤君，自己吃饱时便想到还有百姓在挨饿，自己穿暖时便想到还有百姓在受冻，自己很安逸时便想到还有百姓在忧愁，可惜您现在却感受不到啊！”齐景公听了晏子的一席话，很快便赞同说：“我懂得您的教诲了。”紧接着，景公便下令取出府库中的冬衣，并开仓放粮，救济饥寒交迫的百姓。

距今三千多年前，周公在总结前朝治乱的经验教训时说：“人，无于水监，当于民监。”古代的镜子称为“监”，周公认为为政者不要用水做镜子，应以“民”为镜，时时观照、反省为政的得失。晏子劝谏景公的故事表明，民心、民意、民情是治国理政的重要参考，为政者居于庙堂之高，如果不能时时刻刻把百姓忧乐放在心上，就无法真正做到爱民、利民。国家施政的根本依据，在于是否符合广大人民的根本利益。所以，为政者只有在充分体恤民心、体察民情的基础上，才能推己及人、以百姓之心为心，只有满足人民的真实需求，才能赢得民心。

那么，应该怎样体恤民心、体察民情呢？《群书治要·潜夫论》讲：“治国之道，劝之使谏，宣之使言，然后君明察而治情通矣。”自古以来，中国的政治传统非常重视听取人民的意见，认为治国之道的核心在于劝导臣下进谏，在于让百姓说话。只有广开言路、广纳谏言，让大众积极地参政议政，同上下广泛地开展民主协商，为政者才能明察秋毫，公正地制定合乎国计民生的政策法度。反之，如果不能下情上传，从谏如流，专制武断地决定国家的大政方针，甚至剥夺了百姓参政议政的权利，导致民怨积聚、民心离散，那么国家的危亡就在旦夕之间了。

据《左传》记载，鲁襄公三十一年（前 542），当时的郑国人习惯于劳作后聚集在乡校中谈论政治得失，褒贬善恶。当时，郑国的大夫然明很担心民众肆意聚集会导致毁谤、非议国政的状况，就向国卿子产建议毁掉乡校。子产却不以为然，他认为，人们劳作归来到乡校游聚，议论执政者施政的好坏，对这些议论不必多虑，百姓所赞赏的，执政者就去推行；百姓所憎恶的，执政者就应当改正。乡校就好像老师一样，为什么要毁掉呢？随后，子产进一步阐发道："我只听说过，通过忠诚善良能够消减怨恨、止息毁谤，却未听说利用威权来防止怨恨的。"诚然，依靠高压手段（毁掉乡校）能够让人们畏惧而迅速止息怨言，然而这就好像防堵洪水一样，一旦大水决堤，势必造成更大的伤害，想要补救也来不及了，倒不如提前打开小的决口来疏导。民意也是这样，导之则润土，塞之则决堤。与其不让百姓说话，不如广泛听取民间的言论，并以此作为纠正施政弊病的良药，这样才真正有利于国家。

"防民之口，甚于防川"是流传千古的治国良言，它背后的深层内涵在于，人民是国家的主人，议论政治得失既是人民参政、议政的权利，也是执政者反省、提高施政绩效的参考。止息民怨的方法在于真正以民为本，施行善政，而不是为了维护表层的秩序和威福，剥夺人民说话的权利。子产明白为政之要在于得民的道理，故能够保持民意畅通。反之，西周时的周厉王却深忿世人议论朝政，他施政暴虐、只手遮天，对于有异见人士肆意打压，威权统治下导致人民在路上相遇也不敢说话，只能以目示意。这样过了三年，人民不堪忍受揭竿而起，最终把厉王驱赶下台。无独有偶，二世而亡的秦朝二君同样有此特点。秦始皇自认圣主，心多忌讳，对人民议论朝政深恶痛绝，故焚书坑儒闭目塞听。秦二世听从奸臣蛊惑，深居宫中，内不听朝政，外不晓民情，天下大乱尚茫然无知，最终导致身败国灭。

中国历朝历代都格外重视广集舆情、广泛协商，认为能否下情上传是衡量国家安危的底线，能否广开言路是评价执政者贤良不肖的标准。为了上下通达、集思广益，古代的圣帝明王不仅仅礼贤下士、虚怀纳谏，更开创了诸多便于民众参政议政的制度和政策，比如黄帝所建立的明台咨议制度，尧帝所设立的衢室询问制度，管仲建议桓公所设立的“啧室之议”纳谏机构等，都体现了古代执政者对民心民情的重视。这一执政传统流传至今，鲜明地体现在当代中国所奉行的协商民主制度上。协商民主制是中国特色社会主义民主政治中独特、独有的民主形式，是人民内部各方面在作出重大决策之前和决策实施之中开展广泛协商、努力形成集体共识的重要民主形式。协商民主的独特优势在于，它解决了选举民主使广大公民除了投票时刻之外，无法真正参与政治决策的问题，避免了仅仅依靠选举民主无法避免的“多数暴政”对少数权利的侵害。重大问题充分协商，既尊重了多数人的意愿，也照顾了少数人的合理要求，能保障最大限度地实现人民民主。正如习近平总书记所阐释的：“在中国社会主义制度下，有事好商量，众人的事情由众人商量，找到全社会意愿和要求的最大公约数，是人民民主的真谛。涉及人民利益的事情，要在人民内部商量好怎么办，不商量或者商量不够，要想把事情办成办好是很难的。”①

《群书治要·傅子》中阐明了实现社会大治必须具备的两个条件：“明君必顺善制而后致治，非善制之能独治也，必须良佐有以行之也。”意思是说，贤明的领导者必须通过制定并推行好的礼法制度，才能达到社会的繁荣稳定。但并不是只要有了完备的制度，就一定能够实现大治，还必须有贤良的辅佐之人去贯彻落实。无数经验教训告诉我们，人是政治生活中的最大变量，如果在国家治理中任用贤能，即使制度不完备也能因为“尽人事”而达到事半功倍的效果，但如果不能选贤任能，制度再完备也很难达到好的治理效果。因此，要想治理好国家、赢得大众的拥护，不仅要体恤民心、体察民情，还要知人善任、选贤任能。这也就是荀子说的“爱民而安，好士而荣”。在荀子看来，政

① 习近平：《在庆祝中国人民政治协商会议成立65周年大会上的讲话》，《人民日报》2014年9月22日。

治存在的目的就是通过良政善治为人民创造幸福美好的生活，良政善治不是仅凭一人、一制就能达到的。只有在治国理政中招纳德才兼备的君子，才能在最大程度上汇集智慧和力量实现善治。比如上古时期，尧帝用大舜，舜在位的时候，任用五臣、八元、八恺等贤士辅佐，还有商汤用伊尹来辅佐自己，文王用太公，武王用周公，这些天子正是因为有贤德之臣的辅佐，才能够自上而下兴起尊德尚贤的风气，才能够凭借贤臣成就大业而实现国家的长治久安。

鉴于对“其人存，则其政举；其人亡，则其政息”的透彻领悟，“选贤任能”这一传承千年的政治传统，时至今日，仍是我国干部选拔任用体系中的核心思想。邓小平在1978年指出，中国必须确保改革开放政策的连续性，确保国家全面现代化目标的如期实现，确保国家的长治久安，而要想从组织安排上保证这些战略目标的实现，就需要通过选贤任能的机制，“正确的政治路线要靠正确的组织路线来保证。中国的事情能不能办好，社会主义和改革开放能不能坚持，经济能不能快一点发展起来，国家能不能长治久安，从一定意义上说，关键在人”[①]。当代中国坚持在领导干部选拔中，采取“选拔”和“选举”相结合的组织人事制度，力求推举出德才兼备、经验丰富、有能力有担当的领导干部。这种不同于西方“一人一票”的精英治国理念，其本质意义就在于，让不那么理性的人强制执行由精英组成的相对智慧、公正的政府意志，从而实现集体的共同价值。

三、民本思想与当代中国

以“民贵君轻，政在养民”为代表的民本思想，是中华传统文化和上千年治国经验的集大成，它揭示了深刻的执政规律，让一代代中

① 《邓小平文选》第3卷，人民出版社1993年版，第380页。

国人引以为戒、继承发扬。中国共产党的历史，是一部“权为民所赋，权为民所用”的历史。中国共产党的领导地位，不是与生俱来的，是历史的选择，人民的选择。自1840年鸦片战争以来，近代中国积贫积弱，屡遭列强侵袭，为了救亡图存，中国共产党应运而生。相对代表少数利益的局部型政党，中国共产党是代表一个国家和民族整体利益的“国家型政党”。中国共产党从诞生之日起就坚持立党为公、执政为民的基本理念，践行全心全意为人民服务的根本宗旨，把为中国人民谋幸福、为中华民族谋复兴作为自己的初心和使命。这个初心和使命带领中国人民打败了国内外一切侵略者和反动派，实现了整个国家孜孜以求的民族独立和主权完整；这个初心和使命指引中国共产党在新中国成立后的不同历史时期，始终坚持与人民同呼吸、共命运、心连心，把人民对美好生活的向往作为奋斗目标。

“民贵君轻，政在养民”的民本思想，随着历史的发展不断丰富和衍变，为当代中国国家制度和治理体系的发展提供了深厚的价值底蕴和文明积淀。“人民是历史的创造者，是决定党和国家前途命运的根本力量”“坚持以人民为中心的发展思想，坚持发展为了人民、发展依靠人民、发展成果由人民共享”等，是中国共产党在汲取古代民本智慧上的理论创新，是对民本思想的继承和发扬。在此基础上，中国确立了人民民主专政的国体、人民代表大会制度的政体，确立了中国共产党领导的多党合作和政治协商制度、民族区域自治制度以及基层群众自治制度，确立了公有制为主体、多种所有制经济共同发展的基本经济制度，确立了不同时期“人民至上”的发展战略和发展规划。

《群书治要·傅子》中说：“有公心必有公道，有公道必有公制。”这些重要思想和制度，从共产党人的大公之心出发，彰显了人民群众的主体地位，体现了“以民为本、由民作主、为民服务、受民监督、让民满意”的民本真谛。它指引为政者公而忘私，恪守为民之责，坚持权为民所用、情为民所系、利为民所谋，始终将人民群众的利益放在第一位，为人民谋幸福，为民族谋复兴；这些重要思想和制度，指引广大人民在中国共产党的领导下统一思想、凝聚共识，为坚持“全国一盘棋”，集中力量办大事提供了可靠保障；这些重要思想和制度，立足广大人民的根本利益，从物质层面和精神层面不断增进人民福祉、促进社会公平正义，在广袤的中华大地上形成了一种有利于绝大多数人利益的平衡。

“以人民为中心”的发展思想和制度安排，切实维护和实现了广大人民的根本利益，它促使十四亿多中国人民团结起来，将伟大复兴的中国梦逐渐化作美好而生动的现实。在中国共产党的领导下，中国人民团结一心，用七十多年的时间以“弯道超车”的方式，走完了西方国家几百年的工业化历程，国家综合实力与日俱增，并一跃成为世界第二大经济体。1979 年至 2018 年，中国经济以年均 9.4% 的速度快速发展，成为世界经济增长的主要稳定器和动力源；中国人民以“8 亿件衬衫换一架波音飞机”的实干精神，换来中国经济的转型升级，目前已形成了独立完整的现代工业体系，成为全世界唯一拥有联合国产业分类当中全部工业门类的国家；随着经济发展，中国人民的生活水平不断提高。2018 年中国人均可支配收入达到 28228 元，比 1949 年名义增长 566.6 倍，扣除物价因素实际增长 59.2 倍，人均预期寿命从 35 岁提高到 77 岁，文盲率从 80% 下降到 4%。中国业已创造了世界上最大的中产阶层、世界上最大的社会保障网、世界上规模最大的教育体系……一项项发展成就彰显了“人民至上”的价值追求。

“民贵君轻，政在养民”的民本思想博大深厚、历久弥新，它指引中国坚持人民至上、不断造福人民的发展理念，自强不息、艰苦奋斗，使曾经贫穷落后的中国再次屹立于世界民族之林，谱写了中华民族从站起来、富起来到强起来的壮丽史诗。面对如今复杂多变的国际形势，五千多年风雨沉淀下的民本智慧，亦可为世界的和平发展、永续繁荣提供崭新思路。中国发展的成功经验表明：得民心者得天下。不管什么政治制度，无论国家地区、文化历史有何差异，最后一定要落实到良政善治才行，落实到以人为本、励精图治才行。它要求为政者秉持“一体之仁”，认识人民的主体地位，尊重人民所表达的意愿、所拥有的权利、所发挥的作用，不断提升人民的获得感、幸福感、安全感；面对深度变迁的世界格局，它要求各个国家从世界人民的根本利益出发，深刻认识到利益交融、安危与共的国际形势，坚持和平、发展、合作、共赢的“人类命运共同体”理念，积极建设开放型世界经济，以文明互鉴论代替文明冲突论，以实际行动共同承担起全球发展的重任。

源远流长的民本思想立足中国、面向世界，具有跨越国度、跨越时代的影响力，因为它深深植根于人民之中，指明了依靠人民推动历史前进的人间正道。在《共产党宣言》中，马克思、恩格斯对共产主义社会做了这样的界定：“代替那存在着阶级和阶级对立的资产阶级旧社会的，将是这样一个联合体，在那里，每个人的自由发展是一切人的自由发展的条件。”[①]这句话旗帜鲜明地向全世界宣告了共产党人的最高理想，而中国共产党也带领中国人民用七十多年的发展成果生动诠释了这一伟大追求。

阿基米德曾说：“给我一个支点，我就能撬动整个地球。”这说明，不管物体体积多大、质量多大，只要找到支点、用对方法，就能撬动它。对于治国理政而言，以民为本正是实现良政善治的支点。中华文明五千多年的发展历程证明，无论形势多么复杂、任务多么艰巨，只要从人民根本利益出发，只要全心全意为人民服务，认识世界、改造世界，就能赢得民心、赢得时代，就能善作善成、一往无前。

---

① 马克思、恩格斯：《共产党宣言》，人民出版社2014年版，第51页。

第十一讲
《群书治要》中的重农思想

自古以来，我国就是贵民重民、贵农重农的国家。《群书治要》不仅辑录了经史百家中有关中国古代治国安邦、匡政利民的治世思想，同时也撷取了许多重民重农的详细论述，如“民惟邦本，本固邦宁”（《群书治要·尚书》）。这些思想在历朝历代的太平盛世均发挥了稳定社会、百业兴旺、富民保国、协和万邦的重要作用。

党的十八大以来，习近平总书记在一系列重要讲话中多次提出“讲仁爱、重民本”“道法自然、天人合一”是中华优秀传统文化的核心思想和理念，深入挖掘优秀传统农耕文化蕴含的思想观念是推动乡村振兴的重要抓手。特别是随着中国特色社会主义进入新时代，面对工业化、城市化、信息化程度的不断提高，面对地球资源日渐匮乏、人居环境严重污染、粮食安全危机四伏，在人类生命健康受到威胁以及未来农业发展何去何从的背景下，将以五千多年农耕文明著称于世的农业大国的重农智慧挖掘出来，以坚定自信的姿态承前启后，继往开来，继续开创新时代生态文明建设的伟大征程，具有重要历史意义和现实价值。

一、对“三才”的重视：天人合一的思想

天人合一是中华传统文化的核心理念之一。这一理念源于远古时期伏羲对“天地人三才”的观察和古人实践经验的积累。作为华夏民族人文始祖的伏羲将天地变化的规律用代表阴阳的符号画出了八卦，揭示出“天道”“地道”“人道”的相互对立又和谐统一的生生不息的、

不以人的意志为转移的运行规律，这个规律被称为“道”。天之道，揭示宇宙生生不息、周而复始的自然规律；地之道，是顺承天道而长养万物的厚德之道；人之道，是人与人之间行仁义礼智信之伦常大道。老子说：“天大，地大，人亦大。”（《道德经》）孔子也说：“天地之性，人为贵。”（《群书治要·孝经》）在天地万物之间，人之所以被称为万物之灵，是因为唯有人可以传承天的持之以恒、自强不息的精神，唯有人能够像大地那样宽广、包容、谦卑。当人能够遵循天地的规律，再现天地无私、无畏、无条件付出的德行之时，也就是与天地之道相合之时，所以“天人合一”也被称为“天人合德”。道为体，德为相，所谓“一阴一阳之谓道，继之者善也，成之者性也”（《易经·系辞上》）。道为天地之母，顺应自然，顺应道者则昌，违逆道者则亡。

何谓“农”？农，耕也。《汉书·食货志》讲，“四民有业……辟土殖谷曰农”。“农”的本义指耕作。清代段玉裁《说文解字注》云：“农，耕人也；各本无人字，今依玄应书卷十一补。”段玉裁对“农”的解释，使其含义更加深刻。早期的农业是指狭义的耕作，随着社会经济的发展，人们对农业的认知逐渐从狭义的种植业，扩展到畜牧业、养殖业、林业，再进一步扩展到农产品加工、销售、商贸、机械、管理等，成为广义的农业。但同时随着工业文明的步步推进，人们却逐渐淡化和忽视了“人”在农业中的作用和在四民（士、农、工、商）中的地位。

习近平总书记讲“五大振兴”：产业振兴、人才振兴、文化振兴、生态振兴、组织振兴。“五大振兴”的前提都是人才，没有人才，产业、文化、生态、组织如何振兴？事实上，早在春秋战国时代，古人就对“人”的能力和作用有了清醒认知。战国时代一些著名的思想家还从不同角度论述了“天时、地利、人和”内在联系和相互作用的原理，并进一步论述了三者缺一不可，互为因果。“天时不祥，则有水旱；地道不宜，则有饥馑；人道不顺，则有祸乱。此三者之来也，政召之自。”（《管子·五辅》）

管子认为，天时不祥，则有水旱；地利不宜，则有饥荒；人道不和，则有祸患。三者的到来，都是因为领导没有遵循“三才”之道而招致的。因此，告诫官员们要尊重自然规律，要了解民情，满足百姓生活之需，并通过道德教化，使人感恩天地之德，才能够顺天时、尊地利、致人和。人的积极性调动起来，发挥才智，纵然有天灾，也可找到避险的方法。反之，违背天道，小视地道，悖礼悖德，逆天行事，势必危难频起、灾祸难抵。孟子也提出，“天时不如地利，地利不如人和”。荀子和管子都更加强调“上得天时，下得地利，中得人和”才能富国强民。

（一）顺天时的思想

俗话说，“看天看地种庄稼”。自古至今，我国许多山区的乡村或在一些偏远地区，人们还保留着这种敬天的观念或春耕前祭天的习俗，以表达对天地的感恩和敬畏之情，也希冀秋天有个好收成。很多不了解传统文化内涵的人，认为这是迷信。何谓迷信？不了解其中的道理，盲目信从或跟从的行为才称为迷信。事实上，古代把祭祀天地祖宗看作国家的头等大事。《左传·成公十三年》说：“国之大事，在祀与戎。”古代帝王要做的最重要的一件事是顺承天意。“祭之旨在不忘本，所谓报本返始也。”祭祀的目的，是通过定时举办祭祀典礼，表达对天地万物、祖先以及有功于国家之人的恭敬与感恩。

荀子说：“礼有三本：天地者，生之本也；先祖者，类之本也；君师者，治之本也。”（《荀子·礼论》）礼有三个源头。天地是万物的根本，没有天地，就没有万物；先祖是人类的根本，没有先祖就没有后世子孙；领导人和老师是治理的根本，没有领导者日理万机的治理和老师的辛勤教导，就没有安定和谐的社会环境。

草木生长与凋零，是由节气（气候变化规律）支配的，人们必须按照自然规律办事，才能使草木为我所用。春秋战国时期，人们已深刻认识到“农时”的重要性，强调在农业生产中要“不违农时”，才能耕有所获。

反之，伐木不顺应天时，木材不是折断就是弯曲。庄稼熟了不及时收获，一定会遭到天灾。《荀子》指出："春耕、夏耘、秋收、冬藏四者不失时，故五谷不绝而百姓有余食也。"只要不违背农时、不耽误百姓耕种，粮食就吃不完。不仅仅强调以粮食生产为主的种植业要顺天时，对于广义农业所涉及的牧业、林业也要求"不失时"。孟子说："数罟不入洿池，鱼鳖不可胜食也；斧斤以时入山林，材木不可胜用也。"（《孟子·梁惠王上》）不用细密的网在池塘里捕捞，鱼鳖就吃不完；按照时令采伐林木，木材就用不完。

《群书治要·礼记》上讲："孟夏之月，无起土功。毋发大众。命野虞劳农。命农勉作。毋休于都。"就是说在夏季的第一个月，不要大兴土木工程，不要大量征发民众。《礼记·月令》的主要精神就是随顺天时来安排政事。为保证农业生产的正常运行，《群书治要·管子》指出："先王者善爲民除害兴利。故天下之民归之。所谓兴利者。利农事也。所谓除害者。禁害农事也。国富则安乡家。"还有具体的政策措施作保障。据《吕氏春秋·上农》记载，主要有三个方面。

一是农忙季节不准大兴土木，不准兴师打仗，不准庶人行冠礼、婚嫁、享祀，不准设宴集会，等等。

二是"制野禁"，即制定乡村禁令，包括不准本地男子出赘、女子出嫁外地；地未整理好，不准做其他事；不上年纪不准种园；力量不足时，不准广泛开拓荒地而耕；农民不得经商，也不得从事非农事活动。

三是统治者要三不夺，即不"夺之以土功（大兴土木）"，不"夺之以水事（大搞水利工程）"，不"夺之以兵事（兴兵打仗）"。如果"数夺民时"，"大饥乃来"。

可见，不违农时不仅成为农业生产中的宝贵经验，农本邦宁也已经成为古代统治者治国理政的基本原则。

（二）重“地宜”的思想

从事农业生产，不仅要了解天气变化的规律，顺天时，利用天时，获得植物所需的阳光、空气和雨水，还要充分利用土壤的养分和土地资源为人类生产财富。所谓“地宜”，就是因地制宜地合理利用土地资源，以满足不同地域、不同环境、不同土质、不同作物的生长需要。

春秋战国时代，管理农事的官员已高度重视地形和土壤状况的开发和利用。《群书治要 · 礼记》记载：“孟春之月……立春之日，天子亲帅三公、九卿、诸侯、大夫以迎春于东郊……命相布德和令……善相丘陵、阪险、原隰，土地所宜，五谷所殖，以教道民，必躬亲之。田事既饬，先定准直，农乃不惑。”

每到春耕季节，天子下令布置农耕之事，往往要率领三公、九卿、诸侯、大夫，亲自躬耕，并要求地方农官认真地考察丘陵、坡地、原隰等各种土地所适宜种植的作物，教导农民什么谷物应在什么地方种植，免得农民疑惑。这表明春秋战国时期，无论农夫还是有关农林牧副渔的官员已经对因地制宜和精耕细作的思想有了深刻的认识。或者说，在这种思想的指导下，人们已懂得因地制宜地采取精细的土壤耕作，周到的田间管理，合理的灌溉、施肥（有机肥）及选育良种等一系列农业技术措施，以达到提高单位面积产量的目的。

（三）尽人力的思想

在农业生产中，古代人们不仅仅深知“生之者地也，养之者天也”的道理，更看重人在农业生产中的主导作用。天有四时的变化，地有蕴藏的财富，而人有利用天时、挖掘地利的办法。发挥人的主观能动性，因时因地因物从事农耕，趋利避害，是我国传统农学思想的重要特色。思想观念决定行动，让人首先从思想上认知“农人”和农业的重要性十分必要。

《群书治要 · 管子》说：“地之生财有时，民之用力有倦，而人君之欲无穷。……故取于民有度，用之有止，国虽小必安；取于民无度，用于不止，国虽大必危。”这段话的意思是，土地生产财物是有季节性的，老百姓的气力有用尽的时候，可是君王的欲望却是无穷无尽的。向百姓征赋收税要有限度，生活费用要有节制，国家再小也能安定；相反，征赋敛税若没有限度，生活费用又没有节制，国家再大也必然很危险。就是说，要想使百姓生活富足、国家富强，不仅要清醒地认识顺天时、重地宜等遵循自然规律的重要性，更重要的是重视涉农的“人”，发挥其主观能动性和创造力。

二、对“农人”的重视

（一）“与民休息”的思想

“与民休息”是指给予百姓休养生息的机会，保养民力，复兴经济。实则是对农民的尊重，对农业的重视，通过提倡重农、崇俭和轻徭薄赋等风气，调动人民的积极性，使百姓过上安居乐业的幸福生活。据《汉书·食货志》记载，文景时期的“与民休息”政策使当时社会经济获得显著的发展。文景二帝多次下诏劝课农桑，在县级、乡级按户口比例设置三老（能率众的长老）、孝悌（忠厚之人）以及力田（耕作优秀的人员若干），给予他们赏赐，以鼓励人民尊老爱幼，热爱土地，发展生产，还通过各种税收优惠政策鼓励人民开荒。并多次下诏申明以农为立国之本，强调重本抑末。文帝二年（前 178）九月，汉文帝下诏书说：

农，天下之大本也，民所恃以生也，而民或不务本而事末，故生不遂。（《汉书·文帝纪》）

重申以农为本，反对弃本事末，还决定减免当年半数的田租。汉文帝十三年（前 167）的时候，还全年免田税。汉文帝多次下诏书申劝务农之旨，对汉初社会生产力的恢复和发展及社会的稳定起到了一定的促进作用。汉文帝提倡简约的生活以及农为本、德化民的工作作风，这都被汉景帝继承下来。汉景帝也曾下诏说：

雕文刻镂，伤农事者也。锦绣纂组，害女红者也。农事伤则饥之本也，女红害则寒之原也。夫饥寒并至，而能亡为非者寡矣。朕亲耕，后亲桑，以奉宗庙粢盛祭服，为天下先。不受献，减太官，省繇赋，欲天下务农蚕。素有畜积，以备灾害。（《群书治要·汉书一》）

其大意是说：在器物上雕镂花纹图形，是损害农业生产的事。编织精致华丽的丝带，是伤害女工的事。农业生产受到损害，就是饥饿的根源；女工受到伤害，就是受冻产生的根源。饥寒同时出现，而能不做坏事的人是很少的。我亲自耕种田地，皇后亲自种桑养蚕，为的是给祭祀祖庙时提供谷物和祭服，为天下人民做个先导。我不接受进献的物品，减少膳食，减少老百姓的徭役赋税，是要天下人民努力种田和养蚕，平时有积蓄，才可防备灾害。可见，领导认知事物的高度决定百姓对事物的认知程度。领导之德如风，百姓之德如草，风向哪边吹，草向哪边倒。

《史记·孝景本纪》中记载，由于文景时期，政治清明，仁政爱民，采取减轻田赋税率等休养生息的惠农政策，粮食充足，百姓生活安定，使中国出现了一个太平盛世。然而，随着物质的不断积累及人们生活水平的不断提高，人们很容易放纵耳目口腹之欲，过上骄奢淫逸的生活。《群书治要·汉书二》中描述商人的生活是：“其男不耕耘，女不蚕织，衣必文采，食必粱肉。无农夫之苦，而有阡陌之得。”这些富人中男的不耕田种地，女的不养蚕织布，穿的一定是华丽的衣裳，吃的一定是细粮和肉，没有农民的劳苦，却有田间的收成。在这种情况下，国家若不及时引导，弃农从商的人就会增多，人们的私欲也很容易膨胀起来。加之，“农桑勤而利薄，工商逸而入厚”（《群书治要·政论》)。从事奢侈品制造的人口增多，务农人口势必会减少。自然会导致农民因趋利而离开农业转向工商行业。

这样农业的基础性地位很容易动摇，如果农业劳动力流失，会直接导致粮食、布帛减产，进而引发全社会动乱。当时汉景帝能及时下诏，提醒人们不要追名逐利，舍农本求商末，并躬身自律，携带家人亲自下田耕种养蚕，做出表率兴起重农之风，不能不让后人敬佩赞叹。

至于汉代规定商人衣服上不能有花纹图案，不能穿绫罗绸缎等高级衣料制品，不能用金银玉石做衣服装饰物等，其目的均为提醒当时的领导者不要本末倒置，而应高度重视农业，进一步增加农业人口，减少游民，促进社会治安的稳定。

(二)粟贵薄赋的思想

文景之治与贞观之治有一个共同的特点，就是重民本、尚勤俭和徭薄赋，使人口不断增加，流民还归田园，使农业得以不断发展。然而，农业的发展，却使粮价大大降低。史载汉文帝时每石粮食仅十余钱。民以谷为命，粮价的变动对百姓的生活有最直接的影响：粮价过高会使百姓生活成本加大，影响民众情绪；粮价过低则会使农民丧失积极性而荒废土地，不利于农业发展。如何解决产品过剩，而又不伤害百姓的利益呢?

西汉初期重要的政治家晁错为文帝献策，写了一篇《论贵粟疏》，全面论述了“贵粟”(重视粮食)的重要性，并细致地分析了农民与商人之间的矛盾，导致农民流亡、粮食匮乏的严重状况。晁错继承了贾谊的重农思想，提出重农抑商、入粟于官、拜爵除罪等一系列主张，鼓励有钱人家购买农民的粮食，捐献给国家。对于能捐献粮食并运送到边境粮库的，国家按照捐献数额的不同赐予不同爵位，还可以赎罪，这叫“入粟补爵”。晁错认为，“欲民务农，在于贵粟”，但“贵粟”的方法并不直接提高粮价，而是“使民以粟为赏罚”，具体措施即是能够为国家贡献一定数量的粮食之人“得以拜爵，得以除罪”，通过提升粮食的热度间接提升粮价。“爵者，上之所擅，出于口而无穷；粟者，民之所种，生于地而不乏。夫得高爵也免罪，人之所甚欲也。使天下人入粟于边，以受爵免罪，不过三岁，塞下之粟必多矣。”（《群书治要·汉书二》）

汉代通过补爵助农的思想，以国家所富有者换取国家所需求者，确实是一种高明的“交易”策略。文帝采纳了晁错的建议后，边防要塞的粮食储备迅速充足了，各郡县的储备充实后，便免收农民的田租。在这种政策的鼓励下，农民的收入有了保障，负担减轻了，国家的储备也充足了。“损有余而补不足”的有效方法，既保证了国家的粮食储备，满足百姓生活所需，又促进民间财富合理流动，也刺激了农业的发展，最终以各取所需的方式，达到“用人力”对国家资源的优化配置。

奖惩策略历来是治理有效的方法，但关键的问题是上层领导要对哪些人奖励，奖励什么，方向不对，努力白费。历史的经验告诉我们，智慧的领导往往会在根本上下功夫，本固枝荣是放之四海而皆准的真理。

（三）集约经营的思想

气候（光、热、水）、地形（平原、山地）、土壤（酸性）、水源这些客观因素给人们提供了开发智力和提高农业技术的机会，通过对自然条件的适当利用，如何因地制宜更好地精耕细作，提高单产面积产量，一直是古今思想家和农学家考虑的问题。

从夏、商、周到清朝时期，垦辟农田的活动一直在进行，春秋战国时代铁器的发明和农具的应用，促使扩大耕地面积的势头更为迅猛，特别是随着人口的增加，在开垦农田的同时，提高单位面积产量，以及土地利用率已引起当时人们的普遍重视。例如，战国时期的政治家李悝曾为魏文侯制定了充分利用土地生产能力的教令：

以为地方百里，提封九万顷，除山泽邑居参分去一，为田六百万亩。治田勤谨则亩益三升，不勤则损亦如之。地方百里之增减，辄为粟百八十万石矣。(《汉书·食货志》)

李悝认为，土地方圆百里，总共有九万顷，除去山地大湖村居所占的三分之一，还有田亩六百万亩，耕耘田地勤奋小心则每亩加收三斗，不勤奋自然会减去三斗。方圆百里土地上的粮食增减一次，就是一百八十万石粟。李悝的“尽地力之教”即勤谨治田思想，主要是希望通过开垦土地及勤奋耕种以达到提高单位面积产量的目的，其措施包括“必杂五种，以备灾害……力耕数耘，收获如寇盗之至”(《汉书·食货志》)，告诉农人谷物的耕植要多样化，耕地要深，除草要勤，收获时要如防备寇盗那样快，以免作物遭受自然灾害而受损失。由此可以看出，这种精耕细作和集约经营的思想在战国时期已经有所体现。《荀子》也提出要善于治田，“楛耕伤稼，楛耘伤岁”，粗糙不细致的耕耘会伤害庄稼，减少收成。管子还把是否实行精耕细作，作为一个国家是否富裕的标准。他说：“行其田野，视其耕芸，计其农事，而饥饱之国可以知也。”(《管子·八观》)巡视一个国家的田野，看看它的耕耘状况，计算它的农业生产，饥饱之国，就可以区别出来。耕地不深，锄草不勤；宜种的土地没有种，未开垦的土地很荒乱，已耕的土地不见得肥沃，荒芜的土地不见得贫瘠；按人口计算土地，荒地多而熟地少。即使没有水旱天灾，这也是一个饥国的田野。此外，春秋战国时代已经开始普遍实行连年种植制，说明农田虽在垦辟，但人们并非追求广种薄收，而是更注重精耕细作和提高土地利用率。这种多种经营的思想，在汉代又有所发展。《淮南子·主术训》说：

教民养育六畜，以时种树，务修田畴，滋植桑麻。肥垸高下，各因其宜。丘陵阪险不生五谷者，以树竹木，春伐枯槁，夏取果蓏，秋畜疏食，冬伐薪蒸，以为民资。是故生无乏用，死无转尸。

教育人民饲养繁育六畜，按季节播种栽植，努力修整田地，培植栽种桑树线麻。肥沃贫瘠高塽低洼的土地，各自根据它们所适宜的种植。丘陵险坡不生五谷的地方，用来栽植竹子树木，春季采伐枯干的树木，夏季收取瓜果，秋季贮藏蔬菜粮食，冬季砍伐木柴，把它们作为人民的积蓄。因此活着不缺乏用的，死了不弃置尸体。

由此看出，中国的这种勤劳、简约、充分利用资源的集约经营思想，对于充分发挥人的作用，最大限度地利用各种土地为人类创造财富的传统至今还被传承和发挥着作用。

当代农史学家梁家勉先生认为："只要我国人多地少的情况和自然条件没有大的改变，我国农业就必然要继续走精耕细作、多种经营、农林牧结合、节能低耗、维持生态平衡、集约经营和提高单产的道路。"①

三、对粮食安全的重视：居安思危的思想

仓廪实，天下安。"洪范八政，一曰食，二曰货。"（《群书治要·汉书二》）我国是一个人口众多的大国，粮食安全是农业安全中重要的基石，关乎国家安全和社会稳定。自古至今，解决好吃饭问题始终是治国理政的头等大事。中国古代许多关于"粮食安全观"的论述和实践，既反映了古人朴素的生存思想和强烈的忧患意识，也是历史经验教训的精辟总结，非常值得后人借鉴和重视。

"'一夫不耕，或受之饥；一女不织，或受之寒。'生之有时，而用之无度，则物力必屈。古之治天下，至纤至悉也，故其蓄积足恃。"（《群书治要·汉书二》）一个农夫不耕种，有的人就可能因此而挨饿；一个女子不纺织，有的人就可能因此而受冻。生产东西有时节的限制，

① 梁家勉主编：《中国农业科学技术史稿》，农业出版社1989年版，第133页。

而消费它却没有限度，这样下去，社会财富一定会用尽。古代的人治理国家，考虑得极为细致和周密，所以把存储粮食作为国家安定的依靠。或者说，重农之政的目的在于促进粮食生产而保国富民；而仓储之策，则在充实谷物之积蓄，居安思危而防患于未然。

《群书治要·汉书二》云："粟米布帛生于地，长于时，聚于力，非可一日成也。"由于农业本身具有地域性、周期性、季节性等特点，受自然因素和人为因素的影响比较大。粮食生产必须遵循农作物本身的生长规律和周期。由于作物依靠自身抵御自然灾害的能力较差，一旦天灾频发，造成了粮食歉收，则短期内无法进行补救。如果没有充足的储粮，国家很快就会陷入危机。所以，仓廪空虚可谓国之"毒忧"。正如《群书治要·政论》中所描述的："仓廪空而囹圄实，一谷不登则饥馁流死，上下俱匮无以相济。国以民为根，民以谷为命，命尽则根拔，根拔则本颠。此最国家之毒忧，可为热心者也。"为此，古代历代王朝都很重视粮食的仓储，并形成了仓储制度。

我国历来仓库之种类甚多，而其性质也各异，且常因时代变迁而相互影响、相互渗透以至不可辨别为利为弊。从周朝的"掌邦之委积，以待施惠"（委积，即储备粮草的地方，可谓粮仓的雏形），到汉宣帝设立的"常平仓"制度："令边郡皆筑仓，以谷贱时增其贾而籴（买进），以利农，谷贵时减贾而粜（卖出），名曰常平仓。"（《汉书·食货志》）目的是充实边军粮饷，赈济灾民，平衡粮价，抑制商人囤积居奇，避免"谷贱伤农，谷贵伤民"。后隋、唐、宋、元、明、清又有义仓、社仓（乡仓）、广惠仓、丰储仓、平籴仓的仓储制度，其作用大致相同。尤以"常平仓"和"义仓"最为广泛。因为两种粮仓的性质均为国家建立的粮仓，通过粮仓吞吐，平抑粮价，保护农业生产，保护农民和城市平民的利益。尽管这些仓储制度有其弱点，如因粮仓多设在城镇，很难照顾到偏远山区的村民，或容易使贪官污吏钻空子从中牟利，但在凶荒之年仍然发挥了巨大的作用。据邓云特的《中国救灾史》记载，在唐代近三百年间，旱灾、水灾、蝗灾等各种灾害达493次，重大灾害有10余次，一次水灾死亡就达两万余人[①]，这些无妄之灾都给当时的社会经济造成了极大的破坏。但由于唐代历届君王广施仁政，无偿开仓赈济，尤其是唐太宗和唐玄宗时期，灾难很快得以化解。如唐陆贽疏云："仁君在上，则海内无饿殍之人，盖以虑得其宜，制得其道，致人于歉乏之外，设备于灾沴之前耳。"（《陆宜公集》）

仓储制度在重大灾难的赈恤方面发挥了巨大的作用。《群书治要·管子》讲："凡有地牧民者，务在四时，守在仓廪。仓廪实则知礼节，衣食足则知荣辱。"文景之治时期，由于皇帝一直奉行不夺农时、息止兵事、均田轻赋等原则，加上自然灾害的频次不到0.2次/年，所以出现了"都鄙廪庾皆满，而府库余货财。京师之钱累巨万，贯朽而不可校"的繁荣景象。据气候专家葛全胜等学者研究，对2000年来气候冷暖变化与中原王朝兴衰的时期进行对比，发现两者之间存在着良好的对应关系，大凡社会稳定、经济发达、国势强盛、人口增加和疆域扩展的大一统王朝，恰恰都与气候暖湿或变暖期大体一致，而藩镇割据、农民起义和外族入侵的分裂混乱时期，则属于中国历史上的气候冷期与变冷期。[②]

手中有粮，心中不慌。在这种居安思危、未雨绸缪思想的指导下，古代还根据前人的经验，为防患于未然计算储粮的年限。如要求仓粟储存九年、米储存五年，潮湿的地方粟只能存五年、米只能存三年，并通过出粜、贷给、赈济等方式来调剂仓储粮食的更换。《群书治要·礼记》认为：

国无九年之蓄曰不足，无六年之蓄曰急，无三年之蓄曰国非其国也。三年耕，必有一年之食。九年耕，必有三年之食。以三十年之通，虽有凶旱水溢，民无菜色，然后天子食，日举以乐。

---

① 参见邓云特：《中国救荒史》，商务印书馆1993年版，第19页。
② 参见葛全胜等：《中国历朝气候变化》，科学出版社2011年版，第133—134、202页。

《群书治要·汉书》云："民三年耕，则余一年之畜……余三年食，进业曰登；再登曰平，余六年食；三登曰泰平，二十七岁，遗九年食。然后王德流洽，礼乐成焉。"古代为什么强调储备足够九年食用的粮食才能促成"王德流洽"的太平盛世局面？主要基于两方面的考虑。一是为了防御不可预料的"天灾"，二是为了预防突发的"人祸"。据《中国救灾史》记载，中国灾荒之多，世界罕见，三千多年来，几乎无年不有灾。旱灾、水灾、虫灾等自然灾害导致的灾荒情形之严重，令人咂舌，加之战争、瘟疫等人祸之灾，无人种粮，若无三年的粮食储备，只能坐以待毙。

也许有人会说，古代交通不发达，需要储备三年、六年甚至九年的粮食，现今交通便利，只要经济强大，不需要粮食满仓。殊不知，随着现代科技的迅猛发展以及由于人类过度贪婪而引起的全球气候变暖，自然灾害出现的频次和风险较之古代增加很多。科学家普遍认为，2019 年发生的众多自然灾害，诸如持续数月的澳大利亚山火、印度的极度干旱、东非席卷了多个国家的蝗灾均与全球变暖有直接关系。专家指出："2020 年的自然灾害不会更少，而是可能更多。太平洋厄尔尼诺现象开始重现。由于全球变暖，大气、海洋和整个地球系统变得越来越不稳定，所有这些都带来了新的麻烦。"[①] 再加上现代农业施化肥、喷洒农药对食物和土地造成的破坏，均可导致粮食生产的不稳定性。《群书治要·吴志》中"先王治国，无三年之储曰国非其国"的说法不无道理，粮食问题确实是国家战略规划中所应高度重视的大问题。

粮食安全是维护国家安全的重要基石，也是增进民生福祉的重要保障。自古以来，粮食就被看作"政之本务"。新中国成立以来，我国始终将粮食安全当作头等大事。尽管 18 世纪以来，受工业革命推动、帝国主义疯狂掠夺、官僚资本主义残酷剥削、战争不断、灾害频发等内乱外扰的影响，中国近代农业曾一度走向衰微。到 20 世纪 30 年代，

① 《气候变暖引发自然灾害 专家：2020 年亚洲受影响最大》，中国新闻网 2020 年 1 月 6 日。

中国的农业经济陷入崩溃的境地。但新中国成立后国家对粮食生产高度重视，把中国人民的吃饭问题摆在了前头，提出“以粮为纲”的口号，采取诸如垦荒造田、修筑梯田发展农业生产等一系列措施，促进了农业生产。特别是改革开放之后，随着家庭联产承包责任制的逐渐推行，加上风调雨顺，全国粮食普遍丰收，1996 年我国粮食总产量首次突破 5 亿吨，较 1949 年增加了 4 倍多，在人口不断增加而耕地面积没有增长的情况下，取得了用占世界 7% 的耕地养活了占世界 22% 的人口的成绩。这不能不说是中国农民创造的一大奇迹，也不能不说是中国传统农业的精耕细作、集约经营、合理利用土地、农牧结合等维持生态平衡的智慧带给世界的贡献。

特别是党的十八大以来，习近平总书记始终把粮食安全作为治国理政的头等大事，党中央立足世情国情粮情，确立了“以我为主、立足国内、确保产能、适度进口、科技支撑”的粮食安全战略，提出了“确保谷物基本自给、口粮绝对安全”的新粮食安全观，采取了一系列藏粮于地、藏粮于技的政策举措，粮食生产取得历史性的“十六连丰”，粮食产量连续 5 年稳定在 6.5 亿吨以上。国务院新闻办公室于 2019 年 10 月 14 日发表《中国的粮食安全》白皮书指出，目前中国人均粮食占有量达到 470 公斤左右，比 1949 年新中国成立时的 209 公斤增长了 126%，比 1996 年的 414 公斤增长了 14%，高于世界平均水平。

粮食储备能力也显著增强，2018 年全国共有标准粮食仓房仓容 6.7 亿吨，简易仓容 2.4 亿吨，有效仓容总量比 1996 年增长 31.9%。食用油罐总罐容 2800 万吨，比 1996 年增长 7 倍。规划建设了一批现代化新粮仓，维修改造了一批老粮库，仓容规模进一步增加，设施功能不断完善，安全储粮能力持续增强，总体达到了世界较先进水平。

尽管如此，打造更加完备的粮食产业体系，保证“中国人的饭碗要牢牢端在自己手中，碗里主要装中国粮”，全面提升我国粮食的竞争力和影响力的战略警觉仍不应放松。

四、对生态农业的重视：循环可续的思想

生态农业，又称自然农业、有机农业和生物农业，其内涵是指按照自然规律进行农业生产，使各种能源循环利用，并能获得较高的经济效益、生态效益和社会效益的现代化农业。它要求把发展粮食与多种经济作物生产，与林、牧、副、渔业，与第二、三产业结合起来，利用传统农业精华和现代科技成果，通过人工设计生态工程，协调发展与环境之间、资源利用与保护之间的矛盾，形成生态上与经济上两个良性循环，经济、生态、社会三大效益的统一。

从生态农业的内涵来看，古代中国的农业就是健康有机的生态农业，或者说，生态农业的思想起源于我国古代的农耕文明。只是随着不断引进西方技术，在农业上过量投入化学合成的化肥、农药、除草剂等才改变了农业本来的属性。生态农业思想可以追溯到中国春秋时期。那时我国古人就懂得顺天时、用地养地的道理，以及物理杀虫、人工除草等做法。1924 年生态农业在欧洲才兴起，20 世纪 30—40 年代在瑞士、英国、日本等得到发展；20 世纪 60 年代欧洲的许多农场转向生态耕作，70 年代末东南亚地区开始研究生态农业；至 20 世纪 90 年代，世界各国均有了较大发展。[①] 有目共睹，21 世纪生态农业已成为世界农业的主导模式，走生态种植、有机保种的可持续发展道路已成为世界各国农业发展的共同选择。

春秋战国时期管子、荀子等思想家都曾论述遵循当地的生态节律、土壤特点和作物特性进行农业生产设计、调整、管理和经营的思想。西汉崔寔的《四民月令》中，不仅记载了每月农作物的生产安排，还记载了果树、家畜、饲草料、染料等相结合的种植规划，以及

① 参见林祥金：《世界生态农业的发展趋势》，《中国农村经济》2003 年第 7 期。

农产品在田内加工销售等经营计划，体现出生态循环农业的可持续发展思想。

《群书治要·老子》也讲道：“人法地，地法天，天法道，道法自然。”告诉人们，世界上有四种东西最大，即人、地、天、道。这四者之间的关系相互独立，又相互依存。人取法于地，地取法于天，天取法于道，道取法于自然。道，乃自然规律。道向自然学习，效法并顺应自然。道是至高无上的，就连它都要顺应并效法自然，更何况人类呢？所以，人类不应该自恃头脑聪明，有独立的思想，就可以主宰世间的万事万物，而应该顺应自然，敬畏自然。如果破坏自然的和谐，大肆屠杀牲畜，任意砍伐森林，那么大道和天地就会随时惩罚人类。因此，人类要与天地合二为一，就要向天地学习，了解天地运行的规律，顺应天时，努力去发掘大地的优势，并能顺应其特点合理安排资源，和大自然和谐相处，人类才会生活得快活逍遥，无所为而亦无所不为。

这种道法自然、天人合一的理念早已融入中国人的思维模式中，如《吕氏春秋》一书中的《上农》《任地》《辩土》等篇中记载的“代田法”，西汉末期《汜胜之书》记录的抗旱高产栽培技术“区田法”，均巧妙地体现了“息者欲劳，劳者欲息”的土地利用原则，及合理密植、中耕锄草、施肥等管理措施。

还有中国保存得最完整的古农书巨著，北魏时期贾思勰撰写的《齐民要术》提出的“起自农耕，终于醯醢，资生之业，靡不毕书”，将“食为政首”贯穿于全书，充分肯定了轮作制和间作套种对防止土地肥力衰退、消灭杂草、减少病虫害、防止作物生长良莠不齐等方面的功效。在今天看来，这些都是有机农业倡导的低能消耗的资源循环利用、多种经营、用地养地改土结合使地力常新、精耕细作提高土地利用率的宝贵经验。

五、对农业教育的重视：知农爱农的思想

说起农业教育，人们会情不自禁地想起“后稷教民稼穑”的故事。传说周族始祖弃在儿童时期就知道种植庄稼，于是舜帝封他为后稷教民种植作物，人们都称他为谷神。他的子孙公刘、古公、季历乃至文王都遵循祖训，重视农业生产，厚实民生，施行文德教化，在多年的发展中崛起为强国，最终武王吊民伐罪，推翻商纣王，建立周朝。神农氏发明了农具，教导人进行职业技能的培训，使之有一技之长以谋生。周朝以农业而兴起，以农业而保国，以与农业文明相辅相成的儒家文化治国，享国八百年，成了中国历史上国祚最为久远的朝代。

几千年来，我国的农业教育不仅教授农业技术，更重要的是向百姓传授“农道”，使务农人知“道”，即天人合一的道理，以及农本邦宁的道理，并能依“道”奉行。《群书治要·汉书二》记录了我国古代国家施政的八个方面，第一个是“食”，第二个是“货”。这两个方面是养育人民的根本，自神农氏时代就已经兴起。百姓接受“农道”的教育及先进的农耕技术，获得丰收后，将自己的农产品带到集市上进行贸易，自觉遵守“三才”之道的规则，货物流通，粮食充足，使人民乐其本业而不感到厌倦，政教风形成，国家自然殷实，人民自然富足。殷商和周朝的兴盛，《诗经》《尚书》中已有所记述，其要务在于安定人民，使百姓富足后再教导他们。所以《群书治要·周易》说：“天地之大德曰生，圣人之大宝曰位。何以守位？曰仁。何以聚人？曰财。”天地的大德是生养万物，圣人的大宝是地位。用什么来保持地位？要靠仁德。用什么来聚集人民？要用财富。财富，是帝王用来聚合人民、保持地位、养育众生、治理国家、安定百姓的根本。所以，圣明的君王划分区域来安置人民，建筑城市让人们居住，设置井田并建立房屋对人们进行平均分配，开设集市让人们互通有无，设立学校

来教导大众。士人、农民、工人、商人都有自己的职业。圣明的君王通过衡量人们的能力来授予职业，四民（士、农、工、商）以贡献自己的才能来接受任务。所以，朝廷中没有不称职的官员，城邑里没有闲游之民，田野中也没有荒芜的土地。

可见，古代所说的农业教育比我们现在所说的大农业的概念还要宽泛，不仅仅包括产前农业耕种、产中农业管理、产后农产品经管理和销售，还包括农业与每个人的关系、个人的道德品质的提升，以及农业的地位和作用。无论是从事农业的人还是从事其他职业的人都与农业有着密不可分的关系，甚至把农业生产与“农人”比作衣食父母、治国的根本和要务。孔子说“富之”“教之”（《群书治要·论语》），人民的生活富裕了就要加强教育。如果将国家比喻为大树，农业就是树之根，而其余各项事业就是枝叶花果。如果没有农业这个立国之本，枝叶花果也就无从谈起，所以古代十分重视农业教育。

百姓若想获得幸福安定的生活，首先要处理好人与天地之间的关系。要遵循自然规律，敬重天地父母，尊重农业、农村和农民，感恩天地滋养万物。其次要处理好五伦关系。人与人之间诚实有信、相互尊重，找准各自的职业角色，敦伦尽分，做好自己分内的事。术有专攻，业有所长。要发挥人的聪明才智，在四种职业（士人、农民、工人、商人）中，要特别尊重付出最多受益最少的农民，要时刻感恩农夫的辛勤耕作，尤其是在商品经济发达、物质生活日益提高而弃农从商、背离农业为本的时候，领导干部更要以身作则，勤俭持家，教导大众进一步学习农道与做人之道，提倡知农爱农，勤劳耕作，平等友善，相互交流物资产品，共享劳动所得，这样才能真正过上“天人合一”的祥和而文明的生活。

《群书治要·礼记》记载：“立春之日，天子亲帅三公、九卿、诸侯、大夫以迎春于东郊……是月也，天子乃以元日祈谷于上帝，乃择元辰，天子亲载耒耜，措之于参保介之御间，帅三公九卿诸侯大夫耕躬帝藉。”从《月令》中可以看出，早在周朝乃至其前，在国家发展理念上就已经明确了重农传统。天子不仅每年会亲自率领群臣祈祷上苍，还要带头从事农业生产，通过身体力行教导人民重视农业。俗话说得好，“火车跑得快，全凭车头带”。唯有各级领导干部重视了农业、农村和农人，黎民百姓才会真正知农爱农。

“耕读传家久，诗书济世长。”耕读文化是中国千年乡村文明之魂，是中华文明之根。几千年来，我们中国人都沿袭着“耕读传家”的优良传统，通过耕种，供给家庭的物质需求；通过读书，提升个人的思想境界。党中央提出的乡村振兴战略是乡村文明全面复兴的前进号令。21世纪中华民族的伟大复兴，一定是耕读文化的复兴。耕修德，读开慧，乡村文明的全面复兴，一定从文化复兴开始。

自古至今，无论政治家还是农学家，都很重视人才培养和劳动力质量的提升。管子认为，一年之计，莫如树谷；十年之计，莫如树木；终身之计，莫如树人。2019年，习近平总书记在给全国涉农高校的书记校长和专家代表的回信中说：“新时代，农村是充满希望的田野，是干事创业的广阔舞台，我国高等农林教育大有可为。希望你们继续以立德树人为根本，以强农兴农为己任，拿出更多科技成果，培养更多知农爱农新型人才，为推进农业农村现代化、确保国家粮食安全、提高亿万农民生活水平和思想道德素质、促进山水林田湖草系统治理，为打赢脱贫攻坚战、推进乡村全面振兴不断作出新的更大的贡献。”①

习近平总书记的回信，充分体现了他对涉农高校的高度重视、对农业人才的高度重视，并为高等农林教育人才培养工作进一步指明了方向，即要培养“知农爱农新型人才”，要有“顶天”的魄力，勇于探索世界上最前沿、最关键、最难突破的农业科学问题；要有“立地”的情怀，致力于把科技成果转化为亿万农民的福祉，用之于民，惠之于民。

---

① 《习近平回信寄语全国涉农高校广大师生 以立德树人为根本 以强农兴农为己任》，《人民日报》2019年9月7日。

正如《论语》中所说："所重，民、食、丧、祭。"《群书治要》对此句的注释为："重民，国之本也。重食，民之命也。"如果国家粮食的储量和质量安全受到威胁，则必为国之大患。相反，如果"自天子以至于庶人"都能以农为本，人人都能把"天地和乡村"当作生养我们的父母，用一颗至诚感恩的心敬爱天地国家、祖宗父母，用一颗无私的心回报我们的地球母亲，我们人类的福祉就能日益增进！

第十二讲

《群书治要》中选贤任能的智慧与实践

中国的历史是一部圣贤文化传承的历史。古圣先贤将无穷的智慧记录在典籍之中，再通过经典教学，培养圣贤人才。圣贤人才办理圣贤政治，成就圣贤文化。圣贤政治的一个突出特征就是贤能治国，其精髓可以概括为“选贤举能”“任人唯贤”。自上古起，中国人就开始了选贤举能的实践，而且从未中断对贤能治国的探索，并由此积累了世界上最为丰富的治国理政的智慧和经验。

在《群书治要》囊括的众多经典中，关于选贤任能的思想俯拾即是。这些选贤任能的理论和实践使中国历代涌现出了大批优秀的人才。在这些贤能之士的治理下，中国成就了一个又一个太平盛世，推动了中华文明的传承和发展，为上下五千多年的辉煌作出了不可磨灭的贡献。贤能政治的影响一直持续到今天。因此，了解古代选人用人思想不仅能很好地理解古代盛世是如何成就的，也能对当今中国实行的选人用人的制度政策产生更深入的理解，还能为将来制定人才举拔政策提供有益的借鉴。

一、任贤的重要性

从《群书治要》中可以读出，“得贤者则安昌，失之者则危亡”是不变的历史规律。一个国家的臣子，上承君主，下接百姓，是国家运转的枢纽。枢纽运转不畅，甚至失去了枢纽，就会上政不能下达，下情不能上启，内政无人主持，外交不能落实。即使典籍中详细记载有古圣贤王的治国方略，但如果没有贤德之人来推行，国家政事也依然得不到治理。因此，治国理政中的首要之事是选贤任能。能否任贤不仅会影响君主的正邪劳逸，还会影响民风的善恶厚薄，更重要的是会直接影响国家的治乱兴衰和安危成败。

首先，官员贤德与否关系到国家的安危。春秋战国是中国历史上一个社会动荡、战乱频繁的时代，但就是在这样的年代，贤臣却能够成为稳定国家的力量。《群书治要·新序》中记载，秦国想要攻打楚国，于是派遣使者前去观看楚国的宝器。楚臣昭奚恤告诉楚王，秦国使者观宝是假，其真实目的乃是借此观察楚国的政治得失，进而有所图谋。于是，楚王就派昭奚恤来应对。昭奚恤向秦国使者一一展示了楚国的宝器——贤能的臣子：治理内政的令尹子西、处理外交的太宗子敖、保卫疆土的叶公子高、抵御强敌的司马子反，以及能记述先王治国理政经验智慧的昭奚恤自己。秦国的使者震惊得答不出话来，回国后告诉楚王，楚国有很多贤明的臣子，不能对楚国有所图谋，因此秦国就没有攻打楚国。国家因为有贤才而得以安存的故事在春秋战国时期屡见不鲜。

其次，官员贤德与否关系到君主的正邪劳逸。春秋五霸之首齐桓公九合诸侯，一匡天下，能获得如此的成就和荣耀离不开贤臣管仲的辅佐。齐桓公确实具有容人的雅量和任贤的决心。信任鲍叔牙的举荐，不计较管仲曾射中其衣带钩的前嫌，任用管仲，并尊其为“仲父”，大小国事皆由管仲处理。管仲相齐四十余年，使齐国国富兵强。然而，管仲去世后，正因桓公没能黜退身边的奸佞之臣，落得身死不葬的下场。同样是桓公一人，荣在任贤，辱在任奸。这是官员贤德与否给君主带来深刻影响的生动事例。《群书治要·尚书》中警示得好：“仆臣正，厥后克正；仆臣谀，厥后自圣。”如果仆臣皆为正人，则其君主能为正人；如果仆臣皆是谄谀之人，其君主就会自以为圣明。因为君主天天听到的都是赞叹的话，不知道自己的过失在哪里，也就无从改进，当过恶积累到一定程度，败亡也就不远了。现在有很多落马的官员，都是由于失于察人，而被身边的人拖下水。所以古人特别强调不能让谄媚逢迎之人留在身边。身为领导者，必须有知人之明，要善于识人，管好身边的人，做到任贤远佞。

最后，官员贤德与否关系到民风的善恶厚薄。《群书治要 · 后汉书》记载，鲁恭治理中牟县时，注重运用道德教化来治理百姓，尤其不会专任刑罚；遇到难解案件还会反求诸己，认为是自己没有将百姓教化好，才致使人们犯错。鲁恭深厚的德行和罪己的真诚，赢得了百姓和下属的信服。建初七年（82），与中牟县相邻的郡国螟虫成灾，危害庄稼。中牟县与邻县犬牙交错，却没有遭受螟虫的侵害。这是因为，在鲁恭治下，中牟县的人民受到了道德教化，民风越来越好。看到野鸡飞落田间，其他地方的人们可能首先想到的是驱赶或捉拿，而中牟县的人却用仁心保护喂养，结果当其他地方螟虫成灾的时候，中牟县却因野鸡吃光螟虫而幸免于灾。一国之君或是一邑之长有德行，施行善政，上下和睦，社会大治，就能感得风调雨顺，灾害不生。这一年，中牟县长出了嘉禾，这被视为天降福祉、政通人和的吉祥之兆。

《群书治要 · 三略》精辟地总结了贤士对国家的重要性以及伤害贤者的后果：贤德之臣亲附，奸邪之臣就会疏远；奸邪之臣亲附，贤德之臣就会陷入死地。亲附的臣子与疏远的臣子如果用舍不得其道，祸患就会累及后世、无有止息。伤害贤德之人，祸患会累及三世；遮蔽贤德之人，自身会受到损害；举荐贤德之人，福泽会庇佑子孙；嫉妒贤德之人，名誉就不能保全。

正是对"任贤必治，任不肖必乱"的道理有着深刻的认识，中国共产党历来高度重视选贤任能，始终视选人用人为关系党和人民事业的关键性、根本性问题。周恩来总理就是尊重人才的杰出典范。周总理将人才上升到国家战略的高度，从全局出发统筹规划，在政治上对人才充分信任，视杰出人才为"国宝"；在工作上创造良好环境，尊重支持人才；在生活上为人才提供保障。此外，还通过大力发展科学和教育来造就人才，全面培养人才。周总理的人才观以及对人才工作的探索和实践，不仅对中国的各项人才制度产生了深远影响，还为中国提出"科教兴国""人才强国"战略提供了理论基础。

在当前新的历史发展时期，面对新的历史特点，人才更是实现伟大梦想的关键。因此，党的十九大报告明确指出，“人才是实现民族振兴、赢得国际竞争主动的战略资源。要坚持党管人才原则，聚天下英才而用之，加快建设人才强国。实行更加积极、更加开放、更加有效的人才政策，以识才的慧眼、爱才的诚意、用才的胆识、容才的雅量、聚才的良方，把党内和党外、国内和国外各方面优秀人才集聚到党和人民的伟大奋斗中来”。

任贤的道理显而易见，但囿于制度的局限及为政者的好恶等因素影响，任人唯贤往往会被任人唯亲、任人唯利所取代。《群书治要·墨子》中对此有一生动比喻：王公贵族们对于修理坏弓、医治病马、剪裁衣料、屠宰牛羊尚知道选用良匠、兽医、裁缝和屠夫，纵然自己有骨肉至亲，也不会让他们来做，就是唯恐任人不当损坏了财物；然而，当治理国家时，他们却不假思索地任人唯亲、任人唯利，甚至以貌取人。可见，这些王公大人对国家的热爱和重视还不及这些财物，这就是在小事上明白要选贤任能，在大事上却不明白啊！其实，这种现象无论在古代还是当代都屡见不鲜。习近平总书记针对这种情况曾一针见血地指出：“这其中作祟的，是一些领导干部的私心杂念，是人们议论的‘关系网’、‘潜规则’。”① 正是这些不健康的因素起作用，任人唯贤被丢在一边，任人唯亲、任人唯利等问题就发生了。习近平总书记强调：“干部群众对这些问题深恶痛绝。必须下决心加以整治，使用人之风真正纯洁起来。”②

二、选贤的标准

任贤的前提是得贤，因此就要有选贤的标准。在现代汉语中，“贤

① 《习近平谈治国理政》第 1 卷，外文出版社 2018 年版，第 420 页。
② 《习近平谈治国理政》第 1 卷，外文出版社 2018 年版，第 420 页。

能”一词通常连用，而在古代，贤是贤，能是能。根据古代大儒的注解，有德谓之贤，有技谓之能。可见，贤、能之分，即德、才之别。北宋名臣司马光曾在《资治通鉴》中论述德与才的关系：“才者，德之资也；德者，才之帅也”，并将人才分为四种，才德全尽是圣人，才德兼亡是愚人，德胜才者是君子，才胜德者是小人。在选用人才时，尤其要慎重，一定不能选用才胜德的小人。因此，司马光提出，凡是选举人才，如果在得不到圣人、君子的情况下，与其得到小人，还不如得到愚人。这是因为，君子用才能来行善，小人用才能来作恶。用才能来行善，则善无不至；用才能来作恶，恶也会席卷而来。自古以来，国家的乱臣，家族的败子，无不是才有余而德不足，最终导致国家衰亡，家族覆灭。

德是才的根本。博学多才固然重要，但若没有德行为承载，就有可能知识越多、能力越强，危害反而越大，就像现在社会中出现的高科技犯罪。这些犯罪之人，没有将所学的知识技能转化为贡献社会的资粮，反而窃其为犯罪的工具。另外，还有精致的利己主义者，作为道德体系的腐蚀剂，危害更加深远。因此，古人在选举人才时，主张德才兼备，而且一向是以德行为先。时至今日，中国在选用干部时，仍然坚持“德才兼备，以德为先”的原则。在《着力培养选拔党和人民需要的好干部》的讲话中，习近平总书记指出：“各级党委及组织部门要坚持党管干部原则，坚持正确用人导向，坚持德才兼备、以德为先，努力做到选贤任能、用当其时，知人善任、人尽其才，把好干部及时发现出来、合理使用起来。”①

在众多的德行当中，当以哪种德行为先呢？当以孝德为先。对父母没有敬爱之心，却对他人爱敬，是悖德悖礼的行为。例如，一个人连自己的父母都不赡养，却天天向领导嘘寒问暖，对领导言听计从，若不是为了一己之私，又当如何解释这种两面之人？又如何能相信这种人是国

① 《习近平谈治国理政》第1卷，外文出版社2018年版，第418页。

家的忠臣呢？孝是道德大厦的基石，没有基石，有再高所谓的才德，也不过是空中楼阁。因此，中国自古便有“举孝廉”的选人机制，即选拔官员时首先考察其是否孝敬父母、行为是否清廉。因为一个孝子，一举足不敢忘父母，一出言不敢忘父母，言谈举止小心翼翼，念念不忘父母教诲，不敢辱没父母名声，定会为官恭谨，怎么敢去贪污腐败呢？

《群书治要·晋书》记载了孝子吴隐之成为廉洁官员典范的故事。吴隐之早年丧父，侍奉母亲，恭谨孝敬。他的邻居是太常韩康伯。韩康伯的母亲对韩康伯说：“如果你以后做了负责选拔官吏的官员，就应当推举像吴隐之这样的人。”后来，韩康伯任吏部尚书，推荐提拔了吴隐之。再后来，朝廷任命吴隐之为龙骧将军、广州刺史，目的是革除岭南一带贪污受贿的弊政。距离广州二十里处，有一口“贪泉”。传说饮了贪泉的水，人就会变得贪得无厌，清廉官员也会改变节操。吴隐之深知，贪污与否与饮贪泉水毫无关系，关键在一个人能否把握好自己的节操。于是，为了表明自己的清廉之志，为了破除贪泉的邪说，更是为了教育当地的官吏百姓，吴隐之在赴任广州前来到贪泉，喝下贪泉的水并赋诗一首：“古人云此水，一歃怀千金。试使夷齐饮，终当不易心。”吴隐之在广州任职期间，更加注重砥砺自己清廉的节操，使边远的荒蛮之地都受到了道德教化。吴隐之也因此受到了皇帝的嘉奖。现在某些官员认为贪污受贿是环境使然，所以不得不贪，钱不得不收。但是想一想吴隐之吧。从历史上看，两晋时期的官风极其腐败，日食万钱、比阔斗富的不良风气均发生在那个时代，这也是中国历史上的一段黑暗时期。但就在如此的环境中，吴隐之依然能够清廉自守，成为一代廉吏，名垂青史。

《群书治要·孝经》云：“夫孝，德之本也。”践行孝道能培养人的感恩心、恭敬心、仁爱心和责任心，正所谓“孝心一开，百善皆开”。人将这种善推而广之，“事诸父，如事父；事诸兄，如事兄”。“老吾老，以及人之老；幼吾幼，以及人之幼。”从处理好个人和家庭的伦理关系，扩展到社会和国家，便是“移孝作忠”。《群书治要·礼记》中描述了三种不孝的行为：工作不尽职尽责是不孝，为官不谨慎是不孝，作战不英勇是不孝。这三点直接体现了忠孝一如的道理，这也是为什么古人常说“求忠臣必于孝子之门”。

从孝养自己的父母培养起服务人民群众的心。小孝是孝养自己的父母，大孝是孝养天下的父母，而天下父母就是人民。当一个领导干部能够做到目中时时有人民、心中念念有群众的时候，自然就能做到清正、廉洁和担当。党的干部是人民的公仆，忠诚于人民，以人民忧乐为忧乐，以人民甘苦为甘苦，全心全意为人民服务。多年不变深耕基层、踏实亲民的作风，使习近平总书记在广大老百姓中赢得了“平民书记”的赞誉。习近平总书记说：“对于我们共产党人来说，老百姓是我们的衣食父母。要像爱自己的父母那样爱老百姓，为老百姓谋利益，带老百姓奔好日子。”① 心里装着人民、时刻想着人民、讲话贴近人民、奋斗为了人民，这是习近平总书记的人民情怀。②

三、选贤制度的历史沿革

“选贤与能”出自《礼记·礼运》“大道之行也，天下为公，选贤与能，讲信修睦”。“与”通“举”，“选贤与能”亦作“选贤举能”，即选举贤能之人。

中国自上古时期便已经开始了选贤的实践。夏、商、周三代之前，帝位继承实行禅让制，推选继承人的过程就是在选贤举能。《群书治要·史记》记载，尧帝在他在位七十年时，希望从四方的诸侯中选出继任者，但大家都以德行浅陋而推辞。尧帝则命大家举荐贤德之人，不论其出身是高贵还是贫寒。大家一致推举了舜。舜当时地位低微，但德行高尚，是一位至孝之子。他的父亲不遵德义，母亲不讲忠

---

① 《习近平谈治国理政》第1卷，外文出版社2018年版，第432页。
② 参见《习近平谈治国理政》第1卷，外文出版社2018年版，第428页。

信，弟弟狂傲无理，但是舜都能用孝顺友爱之心与他们亲睦共处，使他们上进，而不至于发展到奸恶的程度。舜被举荐出来之后，尧帝没有立刻让位，而是对他进行了细致的考察。尧将自己的两个女儿嫁给舜，以此来考察他齐家的能力；让自己的九个儿子和舜交朋友，观察他为人处世的能力。结果，尧的两个女儿不敢骄慢自居，九个儿子更加忠厚谨敬。尧又命舜处理政务，考察其教化百姓、统领百官、政事、外交、祭祀等能力。最后，又考察舜的生存能力，在山林川泽中遇到暴风雷雨，舜从不迷失方向。三年的考察，可谓历试诸难。在舜的带领下，民皆德化、百事振兴、诸侯和睦、风调雨顺。舜以优异的政绩，在民众中赢得了广泛的信任和拥戴。尧才将帝位禅让给了舜。

当今中国很多干部培养模式和制度，都能从尧舜这里找到历史渊源。首先，选贤的标准是德才兼备，以德为先。以孝德为本的选贤标准，从尧舜算起，在中国传承了近五千年。其次，在任命之前，要对候选人作全方位的考察，就像尧从“公”“私”两方面来考察舜。在“私”的方面，为什么要考察齐家的能力？因为《大学》说，“欲治其国者，先齐其家”，“其家不可教而能教人者，无之”。我国目前在考察领导干部时，家人的状况也被纳入考察内容，因为这体现着领导干部教导、影响家人的能力；换言之，就是齐家的能力，更何况有很多锒铛入狱的领导干部，都是被家人拉下马的。此外，在“公”的方面，考察的不仅是政绩，还有在民众中的口碑。例如，根据《党政领导干部选拔任用工作条例》，干部选拔任免之前都要进行公示。公示期不少于五个工作日，广泛听取群众的反映和意见，再正式实施对公务员的任职。这就是在“大事”上看德，在“小节”中察德。最后，进入高层的领导干部要经过系统、全方位的培养和考验，就像选贤之后，舜没有立即即位，而是经历了历练和考核。在当今中国，中高层领导干部的选拔不以言取人，不迷信选票，而是根据干部的实际工作能力和政绩进行选拔。干部须从基层做起，再通过换岗，在不同的工作岗位、不同的工作地域进行工作，积累从政经验，之后再根据政绩以及群众的反响，进行晋升。

从汉代开始，中国历史上先后出现了三种重要的选举制度，察举制、九品中正制和科举制。其中前两者在《群书治要》中均有提及。察举制分为举贤良方正、举孝廉、举直言、举文学、举茂才（秀才）等，即举荐德行高尚志节清白之人，举荐孝敬父母行为清廉之人，举荐能直言极谏之人，举荐博通经史之人，举荐才能出众之人。察举制包含有自下而上的举荐和自上而下的考察，在乡党之间观察德行，在官职之上考察能力，有政绩者再察选至中央，作进一步考试和任用。

察举制中颇具特色的是“进贤受上赏，蔽贤蒙显戮”的连带责任制。这种制度早在战国时期的典籍中就有论述。例如，《群书治要·尸子》讲：若能做到举荐贤者有赏，举荐不肖者要负连带责任，若是没能举贤，便是无能之人，如此一来，人们就会多举荐贤者了。而且，臣子若立大功，便追问谁是举荐人，一同赏赐；若是犯了大过，也同样追问是谁任用了他，连带处罚。到了汉代，连带责任成为一种制度。《汉书·武帝纪》记载，汉武帝曾下诏命人讨论不举荐贤良的郡县官吏应如何治罪。专司官吏上书分析说：“诸侯向朝廷举荐人才，首次推举的人才如果得当，则称其‘好德’；第二次推举得当，则称其‘贤明’；第三次推举得当，便称其‘有功’，朝廷对他进行崇高的奖赏。诸侯不向朝廷举荐贤才，第一次贬爵，第二次削地，第三次爵位和土地全部削尽。勾结于下而欺罔君上的人要处死，谗媚于上而欺罔臣民的人要加刑，参与国政而不能造福于民的要弃逐，身居要职而不能进荐贤才的要退位，这就是劝善惩恶的措施。今日诏书要求发扬先代帝王选能举贤的传统，令郡守县令推举孝廉贤才，是为了教化人民、移风易俗。那些对举贤诏令置若罔闻的官吏，当以不遵朝命论处。不能培养与发现贤才，就是不能胜任其职，应该罢免。”专司官吏的上奏被汉武帝采纳。

正因古人深刻认识到了贤才的难得和可贵，所以才有了连带责任制，以保证能够将真正贤德之人举荐出来，而非举荐者的亲私。这种奖惩和追责机制，把能否荐贤纳入官员的政绩考核，既调动了官员荐贤的积极性，也使官员不敢随便举荐无德之人，同时可以形成进贤退不肖的良好政治风气，因此，连带责任制是多被后世效仿的一种有效的荐贤保障制度。

魏晋南北朝兴起了九品中正制，又称九品官人法，即由朝廷指派中正官，一般是由德行和名望皆高之人担任，将地方上的人才，无论是否已经在职，根据其德行、才能和家世定为九个品次，供吏部选用。其积极意义，是将察举制中注重的德行进行了量化，并且定品时是以德行为先。此外，它还对基层人才进行了普筛和梳理，建立了类似今天人才库的档案，相比察举制中按照户籍数目举荐孝廉之人的做法，减少了人才遗漏。因此，九品中正制实际上是察举制的发展。然而，其自身也不乏局限和问题。评定人的德行及个人爱憎会直接影响评定结果，加之没有监督审查，结党营私难以避免。而且，“以德为先”逐渐被“出身为先”所取代，评价时将候选人的出身凌驾于德行之上，导致出现了“上品无寒门，下品无士族”，晋朝便多有忠臣上书痛陈九品之弊。最终，这种选人制度被废止。

自隋朝至清朝实行科举制，这是一种以考试选人的制度。中国最早的考试可以追溯到西周时期。《周礼·地官》在“乡大夫”一职中记载，每三年考试一次，考察乡人的德行和技艺，从中选出贤德之人和多才多艺之人，任贤使能。真正将考试选人制度化的是科举制。科举制在中国实行了一千三百多年，历史上因此涌现了一大批优秀的人才。科举制不仅对中国历史产生了积极并且难以估量的深远影响，还在世界范围内产生了深远影响，而且这种影响一直持续到今天。科举制是现今中国公务员考试任用制度的历史渊源。公务员考试制度是吸取了中国古代科举制中公平竞争、择优录取等原则，又结合当今中国的时代需要，从而建立起的适应社会发展的制度，是对中国古代科举制的继承和升华。在公务员考试制度实行的近三十年时间里，经历了从创立到发展再到平稳的过程。现在，公务员考试制度依然处在完善的过程中，科举制中的精华，如考试严格性和统一性、考试机构的独立性、公务员录用的庄严性等，仍然具有借鉴意义。

梳理历史上各种选贤方式可以发现，设计制度都是为了将德才兼备之人选拔出来，然而其出现的问题，也都是忽略了“以德为先”这一原则。当一种选举制度弊病丛生，不能选出贤德之人的时候，必然会被历史淘汰。这点对我们当前选拔人才是重要的启示。

四、任人唯贤及其中的“中国特色”

“任人唯贤”一词出自《尚书·咸有一德》中的“任官惟贤材，左右惟其人”。国家所选任的官员必须是贤德之人，君主的左右也必须是忠臣良将。在中国选贤任贤的历史长河中，有着众多的优良传统，形成了鲜明的“中国特色”。

（一）尊贤

领导者礼敬的态度和谦虚的品德是赢得贤士的关键所在。周公是西周初期杰出的政治家、军事家、思想家、教育家，被后世尊为“元圣”。《群书治要·史记》记载，周公的儿子伯禽代替周公到鲁国受封之前，周公告诫伯禽要礼敬贤士、谦恭待人。周公说：“我是文王的儿子，武王的弟弟，当今天子成王的叔父，我的地位在全天下人中已经不算低了。但是我洗一次头仍要多次握起头发，吃一顿饭要多次吐出口中食物，起身接待贤士，即便如此，我依然害怕失去天下的贤士。你到鲁国之后，千万要谨慎，不要因为拥有诸侯国而骄慢待人。”“一沐三捉发，一饭三吐哺”成了周公谦恭待人、礼贤下士的写照。正是因为有周公“吐哺握发”的态度，天下贤德之人竞相前来归附。据《群书治要·说苑》记载，在周公代理天子执政的七年里，平民人士之中，他带着礼物以尊师之礼求见的有十人，以朋友之礼求见的有十二人，对穷巷陋室中的贫寒之士优先接见的有四十九人，被他举荐的优秀人才有上百人，受他教导的士人有上千人，授予官职的朝拜者有万人。假使周公对人骄傲且鄙吝，那么天下的贤士来的就很少了，就算有来的，也是贪图财利之人。

中国共产党人也继承了这种尊贤的传统。2017 年 11 月 17 日，在全国精神文明建设表彰大会上，习近平总书记与代表们热情握手时，看到一位白发苍苍的老人站在人群中，他一把挪开了前排的凳子，伸手扶住老人，邀请他坐到自己身边。老人执意推辞。习近平总书记一再邀请，说："来！挤挤就行了。"另一位老人也在他的邀请下坐到了前排座位上，与全体代表共同合影留念。习近平总书记的这个举动被无数人点赞，全场更是爆发出了长时间热烈的掌声。这两位老人，一位是大国重器，93 岁的黄旭华——"中国核潜艇之父"、中船重工第七一九研究所名誉所长、首批中国工程院院士、我国第一代核潜艇总设计师。另一位是时代楷模，82 岁的黄大发——绝壁凿水渠的村支书，用 36 年的时间干了一件大事：修水渠，让全村人喝上水。习近平总书记一个简单的动作，使大家备受感动，就是因为他尊贤敬老的举动，因为黄旭华、黄大发代表了民族脊梁。

（二）辨贤

在选人时，一定要对人才进行观察和分辨，是真正的贤才，还是似贤非贤。古人在这方面积累了丰富的经验，其中特别值得我们借鉴的，是古人不以言举人。因为言语好听未必会有真实德行。孔子云："巧言令色，鲜矣仁。"《群书治要 · 孙卿子》云："口能言之，身能行之，国宝也。"口能言说圣贤之道，又能身体力行，这样的人被誉为国家的至宝。"口不能言，身能行之，国器也。"虽然不能讲述圣贤之道，但能将圣贤所说的道理践行出来，这种人被称为国家的重器。"口能言之，身不能行，国用也。"口能谈论圣贤之道，但是自身却不能具体落实，这种人只可作为国家的用具。"口言善，身行恶，国妖也。"口中说得好听，所为却是恶事，这种人是国家邪恶之人。"治国者，敬其宝，爱其器，任其用，除其妖。”治理国家的人，应当尊敬国宝，爱戴国器，任用国用，铲除国妖。为何要“除其妖”？因为将国妖置于领导岗位，无异于将他的恶行传播给众人，国妖的职位越高，危害也就越大。“国妖”并不仅指国家的臣子，凡是会对社会风气造成不良影响的，使人对道德伦理丧失信心的，诱导人们为非作歹的，都属于国妖。“除其妖”最根本的是要去除他们产生的不良影响，而根治的捷径还是要从任用贤德、净化人心做起。

（三）让贤

让贤似乎与崇尚竞争的社会格格不入，但查析历史便不难得出让贤之风与国家兴盛息息相关的结论。与“让”相对的是“争”。为何古人提倡“让”而不提倡“争”呢？因为“争”往往无法选出最上等的人才。《晏子春秋》记载，晏子将人才分为三等：最上等的贤德之人最难出仕为官，而且出仕之后，也最容易退出；次一等的人容易出来做官，但也容易退出；而最下等的人，最容易出来做官，但却是很难被罢退的。之所以形成这样的局面，是因为贤德之人心之所在，只是江山社稷、黎民百姓，他们毫无私利，不计功名，出仕是为了道义，为辅佐君主，使社会安定、人民幸福。如果君主不贤明，这些贤德之人就难于被举荐出来，纵使被举荐而做官，也会发现自己难以发挥作用，容易因此退出官场。对于这类贤德之人，要有贤明的君主诚心礼请，就像刘备三顾茅庐请诸葛亮出山一样。而最下等的人就不一样了。这类人裹挟私心，只要能争得一官半职，就会把住不放，因为能为自己带来利益，怎么会轻易退出？因此，竞争的最好结果，不过是使中等的人才在位而已，存在人才遗漏的问题。此外，竞争还容易引发对立。如果在竞争的过程中不能有效地克制私欲，就容易与竞争对手产生对立。如果对立不能及时化解，反而进一步加剧，就可能会自赞毁他，引发斗争。通过这种方式选出的领导者，也容易用对立的方式处理问题，导致社会乃至世界范围内的混乱。因此，古人提倡要让，并教导要选任推让最多，能够荐贤之人。因为没有私心、不怕贤人取代或超越自己的人，才能荐贤。能否荐贤也成为评价官员政绩的标准之一。

（四）从贤

有贤而不用，等于没有贤士；不听从贤士的意见，也等于没有贤士。因此，任人唯贤中最重要的一环是用贤。用贤就要遵从贤士的意见。《群书治要·春秋左氏传》中记载了栾书“从善而不从众”的故事。公元前585年，在晋楚对抗中，当时晋国中军帅栾书的佐将有十一位，三位认为不可出兵，八位主张出兵。栾书遵从了三位的意见。有人对栾书说：“圣人与众人同愿，因而能成事。您何不听从众人的意见呢？您的辅佐者中不同意作战者只有三人，而想要交战者占多数。《商书》说：‘三人占卜，听从其中结论相同的两个人的意见。’这就是取其多数的缘故啊。”但是栾书回答说：“如果同样都是好的意见，就服从多数。好的意见是众人所当听从的。现在这三位将领的意见是好的，就当听从，他们就是多数。听从三位贤卿的意见，难道不可以吗？”栾书的高明之处在于他懂得如何用贤。如果以人数多少为标准，那么三人确实不敌八人。但是栾书认为，善为众之主。现在三卿是晋国的贤臣，他们的意见是善的，即使是少数，也应当以他们的意见为主，其余臣子的意见都碌碌不足为数。

正是因为中国人自古便懂得“从善而不从众”的道理，因此无论是在选人用人过程中，还是在国家社会治理过程中，实行的都是贤能政治，而非西方式的民主政治。因为不能完全依靠众人之言对人进行评判。《群书治要·论语》：“众恶之，必察焉；众好之，必察焉。”所有的人都厌恶一个人，不要轻易地相信，要认真地去考察，是这个人真的品质恶劣、能力低下，还是因为不阿众取荣，得罪了某些人？或是众人都贪污受贿，而这个人自守清廉，不愿同流合污？如果所有人都喜欢一个人，也不要轻易相信，要认真地考察，是这个人真的德行高尚、能力超群，还是因为结党营私，搞小团体，赞誉的人接受了贿赂，才为他说好话？如果领导者只喜欢用世人所赞誉的人，那很有可能得不到真正的贤士。看似举贤任贤，但是不得用贤之实，就会导致社会的混乱。对此，《群书治要·六韬》里有一段精辟的论述：如果领导者以世俗大众所称赞的人为贤德的智者，所毁谤的人是不肖之徒，那么，喜欢结党营私的人就会被举荐出来，不愿结党、党羽少的人就会被罢退。邪曲不正之人结党营私、排除异己，真正贤德之人就会被蒙蔽埋没。忠臣还会因“莫须有”的罪名被处死，奸邪小人以虚有的声誉取得领导之位。如此下去，世间的乱象就会愈来愈严重，国家也就免不了要危亡了。

第十三讲
《群书治要》中的谏议思想

“纳谏昌，拒谏亡”与“文死谏，武死战”生动说明了谏议在中国历史上的重要地位，也指出了古代政治中君臣最高的道德操守。谏议思想是中国古代政治的重要组成部分，以“民惟邦本”和“天下为公”为思想基础，以政权长治久安为现实目的，以君仁臣忠为执政要求，通过导谏、谏诤、纳谏以及议论等方式展现出的一套政治思想体系。谏议的政治功能不仅局限于提出和听取批评意见，它还涉及畅通言路、协商议政、选贤任能、监督制约等诸多政治机制的运作，规范着执政行为，也影响着治乱兴衰。谏议思想在中国数千年的历史演进中形成了完备的理论和制度，成为中国传统政治的一大特色和亮点。

《群书治要》作为大唐“贞观之治”的施政指南，是由谏官魏徵和虞世南等受命于唐太宗辑录了“上始五帝，下尽晋年”治国安邦的经验教训，从一定意义上讲是一部旷世谏书。《群书治要》深刻揭示了一个千古不易的治乱之道：纳谏则国治，杜谏则国亡。大唐盛世的出现与唐太宗积极求谏、虚心纳谏，以及魏徵等群臣勇于进谏、敢讲真话密切相关，朝中形成君臣“共相切磋”集思广益的政治氛围和“共相匡辅”齐心协力的大治局面，成就了“九天阊阖开宫殿，万国衣冠拜冕旒”的大唐盛世。

谏议思想贯通着中国传统社会政治的实践逻辑，蕴含着中国作为世界上唯一一个延续五千多年而未曾中断的文明体可大可久的政治密码，也是中华优秀传统文化的重要内容。深入到中国传统政治的土壤中了解谏议思想与实践，既可以探讨中国古代政治兴衰存亡的规律，古镜今鉴；也可以思考当今中国作为独特文明型国家的历史传承和文明积淀，化古纳新。

习近平总书记指出："宣传阐释中国特色，要讲清楚每个国家和民族的历史传统、文化积淀、基本国情不同，其发展道路必然有着自己的特色；讲清楚中华文化积淀着中华民族最深沉的精神追求，是中华民族生生不息、发展壮大的丰厚滋养；讲清楚中华优秀传统文化是中华民族的突出优势，是我们最深厚的文化软实力；讲清楚中国特色社会主义植根于中华文化沃土、反映中国人民意愿、适应中国和时代发展进步要求，有着深厚历史渊源和广泛现实基础。"①

一、谏议思想的主要内容

有一种认识，一说到中国古代政治就是君主独裁专制，似乎一切都是君主一人说了算，大臣没有发言权，要么是"君要臣死，臣不得不死"的愚忠愚孝，要么是"主子圣明，奴才该死"的谄媚逢迎，这实际上是一种误解。从谏议思想的源远流长和制度化实践来看，谏议是对君权的制约和规范，是士大夫弘道精神的高扬，以谏议为纽带所联结的君、臣、民三者关系的良性互动是政权得以稳固和持续的内生性要求，谏议思想本质上塑造并维系政治共同体最高的善。

谏，即规劝，主要指通过批评、建议、劝诫等方式使他人改过从善。在古代宗法秩序和君主政治中，臣对君、子对父、下级对上级提出批评劝诫称为进谏，君主、父亲、上级接纳批评劝诫称为纳谏。刘泽华先生认为，谏总要辨析正误，言明利害，讲一番道理，就需要议。"谏"与"议"两字连用，同时又相通。谏是议的一种形式，议的目的往往是谏。在政治生活中，谏议的内涵比谏要丰富得多。集议、奏疏、封驳、侍臣讽谏、侍讲侍读、臣民上书等都是谏议行为的运作方式。

---

① 《习近平在全国宣传思想工作会议上强调 胸怀大局把握大势着眼大事 努力把宣传思想工作做得更好》，《人民日报》2013 年 8 月 21 日。

（一）求谏与纳谏

在古代的政治权力结构中，君主虽高居权力顶端拥有最高决定权，但君位却具有公共性。君主如果单凭强权暴力为所欲为地统治民众，或许能令人畏惧，但却不能树立权威，强权统治可能维系一时却不会持续太久，君位也无法长保。早在先秦时期，先哲们就通过对三代兴衰存亡政治实践的考察得出一个政治规律：要想稳固君位，君主要节制自己的权力欲望，寻求民众的认同，而这必须获得大臣的协助，最有效的办法莫过于虚心求谏和纳谏。

君主要有求谏的诚意、气魄和智慧。商王武丁的求谏可谓至诚，商王朝也在武丁时达到极盛。武丁得到贤人傅说之后，请他直言规谏，对他说："朝夕纳诲，以辅台德！若金，用汝作砺；若济巨川，用汝作舟楫；若岁大旱，用汝作霖雨。启乃心，沃朕心！若药弗瞑眩，厥疾弗瘳；若跣弗视地，厥足用伤。"（《群书治要·尚书》）我将朝夕听你的谏议，用以帮助我提高品德！如果我是铁器，你就是那磨刀石；如果我要过河，你就是那渡人的船；如果年岁大旱，你就是那及时雨。开启你的心，来浇灌我的心田！接受你的忠言，就好比吃药，如果药力不能让人头晕目眩，那病就治不好；如果赤脚走路不看地下，那就会被扎伤。武丁用生动的比喻表达了君主对谏议作用的认识：接受忠言，就好比吃药，如果药力不能让人头晕目眩，那病就治不好。求谏可以确保君主不犯错误、少犯错误或犯了错误能够及时得到纠正，是政治肌体得以健康运转的良药。讳疾忌医，不纳忠言是丧失领导力的表现。

举凡历史上失败的君主都有一个共同的特点：不闻己过，或闻过而不能改。商纣王拒谏而身死国丧就是一个典型的案例。商纣王天资聪明，办事敏捷，力大过人，但他刚愎自用、一意孤行，听不进去任何不同意见。"微子数谏不听，乃遂去。比干强谏，纣怒，剖比干，观其心。"（《群书治要·史记》）微子屡次劝谏纣王，都不听，微子便离开了他；比干尽力劝谏惹怒纣王，剖了比干的心。商纣王倒行逆施，天怒人怨，周武王率诸侯伐纣，纣王败走，终至投火自焚而死。周公在总结夏、商覆亡的教训时指出，君王如果一味听阿谀奉承之言，听不到或听不进去不同意见，不能虚心纳谏，必然导致政治昏聩乃至政权覆灭。秦二世一味听信赵高之言，被迷惑和架空，“群臣谏者，以为诽谤”（《群书治要·史记》），凡是大臣进谏的，都被认为是对皇帝的毁谤。于是，朝廷官员们为了保持禄位都只讨好皇帝和赵高，没有人再谏诤，二世最终被弄权的赵高杀害，秦王朝也无可挽回地走向灭亡。太史公司马迁评论道：“三主失道，忠臣不敢谏，智士不敢谋，天下已乱，奸不上闻，岂不哀哉！”三位君主迷失正道，忠臣不敢谏议，智士不敢谋划，全国已经大乱，叛乱行动不敢上报，这难道不可悲吗？君主不受谏，忠臣不敢谏而导致国政“壅蔽”是秦朝灭亡的重要原因。隋炀帝直言“我性不欲人谏”，并废除了谏议大夫、散骑常侍等谏官，听不得任何逆耳之言，正常的政治生活遭到破坏，征高句丽、大兴土木、多次巡游江南等重大政治决策失误得不到及时纠正，加速了隋朝灭亡。身在高位，不能纳谏，听到的都是歌功颂德的话，久而久之就会忘乎所以，必然会犯错误，有些错误一旦犯了就是颠覆性的，难以挽回。

纳谏是君道的体现，也是对一切君主普遍适用的政治原则。在周朝，君主纳谏，大臣进谏成为一项重要的政治制度。武王去世后，成王年少，由召公、周公辅佐成王，重大的政治决策和军事行动都出于召、周二公的谏议。周公还政成王后，仍作《多士》《无逸》进行劝谏。周公曰：“乌乎！君子所，其无逸。……先知稼穑之艰难，乃逸，则知小人之依。”（《群书治要·尚书》）周公告诫警示成王：君王在位，不应该贪图安逸享乐。要先了解耕耘之艰难，再考虑安逸，就会知道百姓所依靠的是什么。成王虚心接纳周公的劝谏，小心谨慎地治理国家，不敢任性放纵，终为“成康之治”奠定了基础。历史上“汉唐盛世”的出现也与重视谏议密切相关。两汉四百余年，求言纳谏的事例不绝于史。娄敬否定刘邦攻打匈奴的决策，谏议匈奴不可击；陆贾批评刘邦马上治天下，谏议礼乐教化治国；贾谊、晁错发现地方势力尾大不掉的朝政隐患，谏议削藩；董仲舒针对汉武帝策问，谏议“罢黜百家，表彰六经”；东方朔反对修建上林苑，《谏起上林苑疏》中记载了很多这样的事例，虽然有些谏议并未被采纳，但都受到足够的重视和提倡，朝政活跃，君臣相洽。此外，汉代有些重大的政治会议如盐铁会议、石渠阁会议以及白虎观会议，通过畅所欲言、针锋相对的讨论辩论来进行决策，多元参与、协商议政有利于凝聚政治共同体意识。唐太宗目睹隋炀帝不受谏诤、信用谗佞，结果落得“殒于匹夫之手，子孙殄绝，为天下笑”的下场，内心深受震动，深刻认识到只有君主提倡鼓励谏议，虚心纳谏才能获得政治清明、国家长治久安。唐太宗可谓深得君道要旨，魏徵清楚地指出这一点，他对太宗说：“陛下导臣使言，臣所以敢言。若陛下不受臣言，臣亦何敢犯龙鳞、触忌讳也。”（《贞观政要·任贤》）君主从谏如流，臣下直言进谏成为一代政治风气。魏徵等人受命于唐太宗编撰《群书治要》，谏议思想和事例是贯穿全书的一条主线，大概也与贞观一朝博大的政治气象和成熟的政治智慧相感通。

从政务运作的角度讲，谏议是实现政通人和的重要思想和制度保障。宋人范祖禹在《唐鉴》中对谏议与政权的关系进行了精辟论述：“谏者使下情得以上通、上意得以下达，如气血周流于一身也。故言路开则治，言路塞则乱，治乱者系乎言路而已。”因此“国将兴必赏谏臣，国将亡必杀谏臣。故谏而受赏者，兴之祥也；谏而被杀者，亡之兆也”。对于最高统治者而言，纳谏可以使下情上通、上情下达，言路畅通，政务顺达。君主深居九重，唯有广开言路，才能体察民情、洞察隐忧；唯有集思广益，才能有效决策、不被蒙蔽；唯有兼听齐明，才能防止权臣擅权、欺上瞒下，君王能否求谏、纳谏是政治兴亡的风向标。

（二）进谏与尽责

中国古代政治哲学的基本理念：天下非君王一人之天下，天下乃天下人之天下。士人尤当勇于承担责任，而最要者莫过于以道事君、致君尧舜，“所谓大臣者，以道事君”（《论语·先进》）。以道事君、致君尧舜，这既是饱读圣贤书的士大夫们“家国天下”的政治自觉和使命担当，也是成熟的君主政治对为臣之道的内在规定性要求，落实到现实政治中最直接的体现是大臣能够不计私利、一心为公地谏议朝政得失，匡正君主行为。

忠诚是为臣之道最根本的政治要求，忠诚感的启蒙在家庭孝道，“谏”是孝道思想的硬核，谏议是“移孝作忠”在政治行为中的体现。这也许是一个令人震惊的政治命题。一般认为，孝就是要顺从父母之意，唯父母之命是从，“移孝作忠”即是要完全遵从君主的旨意，决不能违背。其实，孝道的内涵并非如此狭隘，孝道思想中客观地认识到父母也会有错误和过失，做子女的要进行规劝和谏诤，不能一味盲从，否则，陷父母于不义，不能称为孝。孔子对“谏”与“孝”的关系进行了深刻阐释，“曾子曰：‘……敢问子从父之命，可谓孝乎？’子曰：‘是何言与！是何言与！昔者，天子有争臣七人，虽无道，不失其天下；诸侯有争臣五人，虽无道，不失其国；大夫有争臣三人，虽无道，不失其家；士有争友，则身不离于令名；父有争子，则身不陷于不义。故当不义则争之。从父之命，又焉得为孝乎？’”（《群书治要·孝经》）针对曾子“为人子的一切都听从父亲的命令，可以说是孝吗”的发问，孔子连用两个“是何言与”（这是什么话）的语气强烈地进行否定，并进一步指出：“在古时候，天子有七位直言谏诤之臣，即便天子无道，也不会失掉天下；诸侯有五位直言谏诤之臣，即便诸侯无道，也不会失掉其国；卿大夫有三位直言谏诤之家臣，即便大夫无道，也不会失掉其家；士人若有直言规劝的朋友，则自己不会失掉美好的名声；如果父母有能够劝谏改过的儿女，就不会做出不道义的行为。假如父母有不义的行为，儿女一味顺从不能够劝谏，是陷父母于不义，怎么能够称为孝呢？”可见，盲目顺从父母之意并不是孝，而看到父母的过失或错误敢于进行劝谏，才是真正的孝。移孝作忠，大臣对君主不符合道义的行为进行谏议而不是阿谀谄媚、陷君主于不义，才是最大的忠诚。孔子在通过对天子、诸侯、卿大夫、士人直到父子关系的层层关联展开中指出直言谏诤的重要性，它是护佑政治命运共同体不垮不散的决定性因素。从这个意义上讲，忠孝观是一种实践理性，以家庭为原点层层扩展，处于不同层级和关系中的人都可以验证。

如何进行谏议呢？《群书治要·春秋左氏传》提出“献可替否”说。晏婴认为，君臣之间应该相互配合而不是一味地苟同，“君所谓可，而有否焉，臣献其否，以成其可。君所谓否，而有可焉，臣献其可，以去其否”。君主认为可行但实际上有不妥之处的，臣子则进谏指出其不妥之处，从而使君主的决定合宜可行；君主认为不可行而实际上有可行性的，臣子应进谏陈述可行性的理由，指出君主的局限，扩展君主的思维和视野。“献可替否”说是从相反相成、对立统一的角度对决策进行补充和修正，增强对问题的认识和把握的全面性，“是以政平而不奸，民心无争”，政事和平公正而不伪诈，民众没有争斗之心。

大臣忠贞直谏，大公无私，才算是尽了臣道，是真正的履职尽责。《周易·蹇卦》六二爻：“王臣蹇蹇，匪躬之故。”象曰：“王臣蹇蹇，终无尤也。”（《群书治要·周易》）作为君王的大臣，直言进谏并不是为了自身的私利，而是为了国家的公事。在艰难困苦时，也能够坚持王臣之道，使君主和社稷得以保全，没有比这个再忠诚的了。《象辞》说，君王的大臣为国家社稷而忠直谏诤，虽或陷入艰难，但这样做始终没有过失。刘邦想立赵王如意为太子，叔孙通谏议：“昔者，晋献公以骊姬故，废太子，立奚齐，晋国乱者数十年，为天下笑。秦以不早定扶苏，胡亥诈立，自使灭祀，此陛下所亲见。今太子仁孝，天下皆闻之。吕后与陛下攻苦食啖，其可背哉！陛下必欲废嫡而立少，臣愿先伏诛，以颈血污地！”（《群书治要·汉书》）叔孙通以晋献公、秦始皇在立太子问题上所犯错误而导致的乱国亡朝悲剧作为警示，以太子仁孝天下知，吕后共患难不可背弃为现实依据，谏议刘邦不能废长立幼，并以“颈血污地”相抗争，忠贞直谏促使刘邦改变主意。周昌为人坚忍有毅力，敢于直言，当庭与刘邦争辩不能废太子，周昌口吃，盛怒下说，“‘臣口不能言，然臣心知其不可。陛下欲废太子，臣期期不奉诏’。上欣然而笑，太子遂定”（《群书治要·汉书》）。继承人的问题事关国本，也是谏议的重点问题，大臣敢于违逆君主私意，公忠直谏是臣道的体现。除此之外，大臣谏议涉及朝政的方方面面，包括重大决策、用人、用兵、改革时弊、封赏逾制、考课不实、外戚宦官专权等，连皇帝个人素质和情感好恶也会成为谏议的内容。大臣忠贞直谏、履职尽责，在一定程度上对君主加强自我约束、澄清吏治、匡正朝政、维护政权长治久安起到积极作用。

唐太宗即位后将魏徵由从七品的詹事主簿超拔为谏议大夫，魏徵感念知遇之恩，克尽臣道，“耻君不为尧舜，以谏诤为己任”。在辅佐唐太宗的十七年中，先后进谏二百多次，大多被太宗采纳。《旧唐书》的作者刘昫对魏徵有很高的评价，“其实根于道义，发为律度，身正而心劲，上不负时主，下不阿权幸，中不侈亲族，外不为朋党，不以逢时改节，不以图位卖忠”。魏徵具有敢谏、善谏、能谏的品格和才能，也具有谏议之臣的正气、勇气和豪气，一心为公、披肝沥胆，不愧为千古谏议之臣的典范。《群书治要》也承载着魏徵等忠贞直谏之士“致君尧舜上，再使风俗淳”的谏议精神。

（三）谏议的方法

人之常情，好谀恶直，更何况高居权力结构顶端的君主，具有驱动性力量，不能轻易冒犯。先秦法家思想的集大成者韩非子一再提醒，天子如龙，颈下有逆鳞，犯之者死。所以，以批评指正为主要特征的谏议要讲究方法和技巧，既要让君主接受批评建议，又要避免进谏的大臣因言获罪。

首先，在获得信任的基础上进行理性有度的谏议。子夏曰：“信而后谏，未信，则以为谤己也。”（《群书治要·论语》）子夏说：“君子得到君主的信任之后才去进谏，没有得到信任就去进谏，君主就会以为是在诽谤自己。”晏子是齐国的大夫，历事齐灵公、齐庄公、齐景公三朝，以尽忠直谏、节俭力行而称道于齐国。在景公一朝，晏子进谏的成功率是很高的，一方面是晏子作为三朝元老深获齐景公信任，另一方面与晏子进谏的方法和技巧也是分不开的。晏子会根据不同的场合、时间以及君主的心情状态等具体情况来采取不同的劝谏方式，或因势利导，或直言切责，或征诸历史，或借助比喻，把理事说透但不咄咄逼人，让君主容易接受。《群书治要·晏子》开篇就辑录晏子对齐景公进谏的诸多事例，补偏救弊、忠言规谏、君臣相洽跃然纸上。当然，仅靠个人情感取得信任才能进谏会过于偏狭和偶然，古人的政治高明处在于设计出一套谏官制度将信任感制度化。谏官数量少而精，选任程序极其严格，对品行和能力要求高，位卑而权重，专职进行谏议，用制度保障进谏和纳谏的秩序性和稳定性。

其次，以婉转含蓄的方式劝诫或引导，使君主受到启发和警觉。《孔子家语》记载，孔子将忠臣向君主进谏分为五种：谲谏、戆谏、降谏、直谏、风谏（或作“讽谏”）。采用哪种方式要依据具体情境做出选择。孔子认为，风谏是最佳的进谏方式，不直接指责君主过失，而是通过举例比喻、引经据典、借物说理等进行规谏，虽然内心激切，但语言婉转含蓄，使君主易于接受。“诗”在谏议活动中发挥着重要作用，托兴于草木山川，劝谏于君臣父子，其词甚婉，其讥刺甚切。《诗经》中也记载了大量讥讽指责时弊和执政者的诗句，《群书治要·毛诗》中辑录了不少。如：“《晨风》，刺康公也。忘穆公之业，始弃其贤臣焉。”《晨风》是指斥康公的诗，康公忘记穆公基业，开始抛弃其贤臣。“《蜉蝣》，刺奢也。昭公国小而迫，无法以自守，好奢而任小人，将无所依焉。”《蜉蝣》是讽刺奢侈的诗，昭公国弱小而地域狭窄，自己没有保持其德行的准则，既好奢侈而又重用小人，终将无所归依。“《隰桑》，刺幽王也。小人在位，君子在野。思见君子，尽心以事之也。”《隰桑》是讽刺周幽王的诗，幽王重用小人，不用君子。君王应当求访君子，使其尽心匡正君主。魏徵向唐太宗进谏，前后二百余事，几乎每次都引《诗经》。

最后，把握好进谏的时机进行顺势利导的谏议。孔子曰："侍于君子有三愆：言未及之而言谓之躁，言及之而不言谓之隐，未见颜色而言谓之瞽。"（《群书治要·论语》）孔子说："侍奉君子容易有三种过失：没有轮到他发言而发言，叫作急躁；到该说话时却不说话，叫作隐瞒；不看君子的脸色而贸然说话，叫作盲目。"一次，鲁哀公问孔子，听说最健忘的人，换个地方就忘记了自己的妻子，有这回事吗？孔子借助鲁哀公这一问，利用"健忘"的话题吸引鲁哀公的注意力展开谏诤。孔子回答说，这还不是最健忘的，最健忘的人是忘记了自己。哀公好奇，让孔子说来听听。孔子随即说："昔夏桀贵为天子，富有四海，忘其圣祖之道，坏其典法，绝其世祀。荒乎淫乐，沉湎于酒。佞臣谄谀，窥导其心。忠士钳口，逃罪不言。天下诛桀而有其国，此之谓忘其身之甚者也。"（《群书治要·孔子家语》）孔子说，最健忘的人是夏桀，虽贵为天子富有四海却忘记了圣明之祖的治国方略，败坏了祖先的典章制度，断绝了对世代先祖的祭祀，荒淫无度，用奸佞远忠臣，最后天下人起来诛杀夏桀并占了他的国家，这是忘记自身的典型。孔子把握好进言的时机接着哀公的话题顺势利导，没有直接批评指责哀公，而是寓劝诫于说理论事之中。

古代论谏者往往认为，谏议说服不单单是技术性问题，而是一种追求、一种理想、一种理念，在此基础上，才谈得上说服艺术。

二、谏议思想在历代政治实践中的体现

有人认为，中国君主政治的主要特征是君主个人独断和排斥民主性，谏议思想只是一种停留在理想层面的价值理念，谏议行为不过是君权的附属物，可以随意践踏和破坏。这种认识是片面的、不客观的。谏议思想在中国历代政治中的体现，突出地表现为它的制度化和

实践性。

（一）设置谏官广开言路，拾遗补阙防患未然

商代时就出现了以进谏为主的官职，西周设置“司谏”“保氏”之职，“掌谏王恶”。《周礼·地官司徒》记载：“王有恶则谏……谏者以礼义正之……使王谨慎其身而归于道。”谏官运用儒家礼仪和道德标准，约束并规范君主的言行；同时，参与国家大政方针和重大决策的讨论审议。

秦汉在职官系统中设置专职谏官，如秦代的谏大夫（谏议大夫）、议郎，汉代的中常侍、侍中、给事中等。隋唐在谏官的设置、执掌以及权力保障等方面都更加制度化。隋代创立三省六部制，门下省作为谏议机关，审查政令，具有封驳权。唐在隋的基础上进一步扩大完善谏议制度和官制设置，忠贞敢谏之士辈出，开创了谏议制度发展史上的黄金时代。之后的元代在官制上进行了台谏合流的变革，负责对大臣官吏进行监督的御史与负责对君主进行规劝和谏议的谏官是分工协作的，随着君主集权的加强，御史台成为台谏合一的最高衙署。明代又有新的特点，在六科设给事中，负责谏诤、封驳，主要的谏议机构都察院的监察御史也具有谏议之责，合称“科道言官”，在朝政中十分活跃，阐发议论，指陈得失，绳愆纠谬，发挥了积极作用。清代部族统治，君主集权得到空前的加强，对百官的监察也不断加强，对君主的谏诤却日益萎缩，将六科并入都察院，更彻底地实现了台谏合一。

严格言谏官员选任、发挥谏议实效。言谏官员参与议政对维护政治权威、巩固中央集权政体、澄清吏治等方面都发挥着重要的作用，因此对言谏官个体素质要求十分高，选拔和任用也极为严格。一般说来，有资格被选任为言谏官员，在政治上首先是忠诚之士，品德高洁、自身干净、一心为公，这样才敢于直言；在个性上要率直不欺，不曲意奉承、随波逐流，而是一身正气，卓尔不群，这样才有独立的思想和见识；在学识上需要器识远大、学问渊博，否则很难提出经民济世、

治国安邦的意见建议，更何况言谏官员还要通过讨论、奏疏、面劾等方式驳正朝政违失，提出不同意见，没有学识和能力很难胜任。此外，言谏官员还要有一定的从政经历，熟悉民情政情，避免空发议论，华而不实。司马光在《举谏官状》中提出三条标准：第一不爱富贵，次则重惜名节，次则晓知治体。历代对谏官的选任都十分重视，地位清高，升迁快捷，有利于激励和吸引人才。

言官谏议是一个宽泛的概念，在政治实践中除了专职、兼职的谏议官外，上至三公九卿，下至小吏待诏等都有谏议的责任和义务。纳谏的政治功能，不仅是为了听取批评意见，下情上传，它还具有综合性的政治功能，也是君主招纳谋略、调整政治、支配臣属、掌握政治枢机的重要手段。

（二）寓谏议于决策之中，兼听齐明增强决策的公共性

中国是一个理性早启的民族，在政治上尤为突出，早在三代时就形成一个多元参与的政治决策模式。《尚书·洪范》记载，遇到重大政治决策时，王首先要自己认真考虑，同时要听取卿士、庶人、卜、筮等的意见建议，在不同身份的多元化群体中广泛咨询，吸纳各个群体的各种意见，对其予以综合、平衡之后做出决断。能够兼收并蓄、综合平衡，特别是妥善处理不同意见，体现公共性。《群书治要·尚书》载："舜格于文祖，询于四岳，辟四门，明四目，达四聪。"舜在治理国家时，对尧的治理方略加以研究，向四方部落首领咨询政事，打开四门招纳贤能之士，明察四方政务，倾听各方意见，谦虚谨慎，兼听明断。

秦汉自建立郡县制的大一统国家后，随着规模、人口的扩大和复杂性的增强，涉及重大事项决策绝非君主一人所能独断。如秦朝，凡是重大事件如议帝号、封建、封禅等都与大臣商议。汉代承袭此制，立嗣、立法、人事任免、教育、盐铁专卖、边事、出战、迁都等重大问题，都要进行寓谏议于决策之中的协商。汉代设置了针对国家某项

重大政策的专题会议，如有关经济民生领域的盐铁专卖会议，有关教育文化领域的石渠阁会议、白虎观会议等，涉及教育领域的专题协商会议，太学生、儒生、今古文学家也参与其中。据统计，汉朝有确切记载的集议达百余次，议题之广、参与人员之多元前所未有，有时一个问题要议论四五个回合，有些会议持续几天才结束，如有议题遇到争议难以形成共识，还会升级为更广泛的群臣讨论协商会议。凡参加者都能发表言论，特别是不同意见者往往会展开激烈的争论和辩论，各种意见在充分表达讨论之后，再由皇帝做出决断。

通过谏议的方式突出问题导向。在集议、廷议、专题会议等各种形式的会议中，参与者往往是各抒己见，各种势力都想主导决策的走向，如何让问题暴露出来，应该集中精力关注焦点，而不是“泛泛而谈”或“议而不决”，这需要“谏议”的力量。“谏议”更能攻其要害，依靠更为深刻、更具说服力、代表更大利益的价值关怀和现实利弊为支撑，引起关注并争取主导性，这样才能暴露出问题集中讨论。通过谏议，集思广益，在辩论中比较不同方案的利弊长短，为最终的大政方针的决策建言献策。

（三）广开言路，吸纳民意

广义的谏议思想也包括民众自下而上地通过民意表达对专制权力实施的调节与制约。古人很早就知道民众对政治的一定量的批评可以起到社会“安全阀”的作用，有利于政治、社会稳定。最早提出畅通言论的是西周的召穆公，据《国语·周语》记载，周厉王暴虐，民众不堪其苦，纷纷批评议论朝政。周厉王很愤怒，诛杀批评者，压制舆论，召穆公认为这样做很危险，指出：“防民之口，甚于防川。”召穆公明确提出不能采用压制的办法对待国人的批评议论，告诫周厉王一味地压制舆论会造成更大的灾难，要像疏导河水那样对待舆论，要允许民间社会议论批评、建言献策，这样才能增强统治的基础，多方面收集决策信息，缓和社会矛盾。陈来先生认为，召穆公的这些思想即使在现在也仍然是开明的政治智慧，西周就已产生出这样先进的政治思想确实难得。

郑国子产“不毁乡校”和“小决使导”的做法具有代表性。《群书治要·春秋左氏传》载，郑人游于乡校论执政，有人劝子产毁了乡校，子产认为不能毁乡校，老百姓在乡校议论政治好坏，百姓说好的，我们就推行；百姓厌恶的，我们就改正，老百姓正是我的老师啊。从舆论管控的效果上讲，子产认为“然犹防川也。大决所犯，伤人必多，吾不克救也。不如小决使道，不如吾闻而药之”。一味压制民众的意见如洪水一旦溃口，则无法挽救。不如把河开个小口疏导水流，让我们听到议论甚至是怨言，把它当作治病的良药。孔子对子产的做法表示赞许。广开言路、吸纳民意成为历代思想家、政治家共同的主张，是谏议的重要思想资源。

当然，广开言路并不意味着议论和批评是无序和无限度的，吸纳民意的根本目的是实现政治共同体的公正、安定与和谐。在秦汉大一统政体建立后，通过制度化的形式广开言路、吸纳民意，最关键的制度化体现是选贤任能的用人制度。中国秦汉以后的立国规模，广土众民，非一家一姓所能专制，于是出现士人政府，政权逐步向民众开放。公开的选任标准和统一的法规制度为民众通过制度化的方式进入仕途提供了机会和渠道，随着选贤任能制度的不断发展成熟，考试和铨选成为维持中国历代政府纲纪的两大骨干。选贤任能的用人制度将政治、道德、教育三者有机结合在一起，背后的制度精神即是“天下为公，选贤与能”（《群书治要·礼记》）。虽然隋唐后的科举考试制度因其缺陷而受人诟病，但从政治制度史的角度讲，它所发挥的“选才”和“求言”的政治功效却不容忽视。正如钱穆先生所言，中国自秦以来，既为一广土众民的大邦，如欧西近代所行之民选代议士制度，乃吾先民所弗能操纵。然诚使国家能历年选举考试，平均选拔各地优秀平民，使得有参政之机会，又立以客观的服务成绩规程，以为官位进退之准则，则下情上传，本非无路。通过选贤任能“下情上传”，实现社会等级的流动，贯通君、臣、民的社会结构，凝聚政治共同体。

三、谏议思想的几点启示

习近平总书记指出："独特的文化传统，独特的历史命运，独特的基本国情，注定了我们必然要走适合自己特点的发展道路。"[①] 中国是世界上唯一经历了五千多年历史演进而没有中断的大一统文明体。直到今天，中国仍是一个"广土众民的大国家，举世莫匹"，这一历史文明基因是研究一切中国政治发展问题所不能忽视的前提和基础。谏议思想作为历史文明基因的重要组成部分，发挥着深远的影响。

（一）谏议思想在实现大一统政体的整合和治理中发挥了重要作用

中国政治与西方政治最大的不同在于，中国在公元前若干个世纪里就发展出中央集权的政治体制。如果统一的、中立的中央政府是现代国家的标志，那么中国是世界上最早的现代国家。大一统的政治共同体所具有的人口数量、民族宗教、语言文化、历史地理等多要素混合的复杂性，对整合和治理都提出严峻挑战，其中，作为政治思想和制度重要组成部分的谏议思想和制度发挥了积极作用。

大一统政体中君、臣、民关系的协调和处理是共同体整合和治理的关键。早在殷周之际，周王朝统治者鉴于商殷灭亡的教训，提出"民惟邦本，本固邦宁"（《群书治要·尚书》）的思想。政治合法性不再诉诸虚幻妄想的神灵，而是现实生活中老百姓的认同与支持，如果君主依仗"君权神授"为所欲为，欺压民众，最终会被民众推翻。周

① 《习近平在全国宣传思想工作会议上强调 胸怀大局把握大势着眼大事 努力把宣传思想工作做得更好》，《人民日报》2013 年 8 月 21 日。

公将“天命—君德—民意”贯通一体，民意借助天命的概念呈现出来。君位之树立，从根本上来自万民的认可，君权必须受到约束以符合天命。约束君权，一方面君主要修己自律，另一方面要有制度化制约，臣民的谏议是必不可少的方式。

“民惟邦本”政治意识的确立代表着“神灵信仰”的没落和“实践理性”的成长，人文主义和理性政治成为数千年中国政治鲜明的特征。“民惟邦本”是历代谏议行为的“问题着眼点”和“立论依据”，谏议的焦点集中在君主是否能够修己安民、保民裕民、不与民争利、重视民情民意、与民休息等，通过对君主和朝政的拾遗补阙、谏诤得失起到规范、制约和修正的作用，夯实政治合法性。秦汉建立大一统的中央集权制政体，谏议思想更加成为统治者正己、为民的重要理念，也构成士大夫规谏君主、疏导民情的正当资源，并不断被制度化。

什么样的人掌握治理权，是忠贞直谏之士还是阿谀奉承之徒，是判断政体优劣最为重要的标准。“汉唐盛世”的出现与重视谏议密切相关，健全的制度化谏议，不仅能够揭示体制内潜在的异议，获得最为忠诚恳切的讨论和批评，还能够激浊扬清、澄清吏治，营造清明政治生态，正所谓“猛兽处山林，藜藿为之不采；直臣立朝廷，奸邪为之寝谋”。

（二）谏议制度作为监察体制的组成部分与御史制度相为表里，相辅相成

中国古代的监察体制十分具有特色，在政治体制中发挥着权力制约、谏诤得失、弹劾问责、教育惩戒等政治效能。在监察体制中，言官谏议与御史纠弹互相配合，相为表里：言官正国君与百官在法令未公布之前，御史纠百官败坏法令之后，防御与纠错并举。

前文“谏议思想在历代政治实践中的体现”中已经提到，在官制中专门设置了谏官拾遗补阙、匡正得失。以唐朝为例，进谏最多的是谏议大夫与补阙、拾遗等官，主要的职责除了匡正君主外，最经常的

工作是对起草诏敕、文书、决策等重要政治环节的监督谏议，发现不妥的决策可以进行驳正封还。唐太宗要求对中央颁布的诏敕如有欠稳妥之处，必须上奏谏诤。唐代对即将颁布或已经颁布的诏敕进行监督审查，第一道关卡就是门下省的谏官们所执掌的驳正封还权，给事中可以对已经皇帝、宰相批准的决策进行否决，在用人问题上尤为突出，一旦否决就会启动撤回或修改的程序。谏官的谏议职能直接与中央决策的上下各个环节相关联，还可以出席有关军国大政的会议，起到有效地监督朝政的作用。

如果说谏官正国君与百官在法令未公布之前是防御性的，对象主要是君主和高级官员，那么御史纠百官败坏法令之后则是惩治性的，对象主要是除君主以外以宰相为首的百官。如唐代的弹劾机构是御史台，弹劾的内容包括叛臣、党争、违反典章、腐败渎职等，在维护统治秩序、净化官场风气、维护国家利益方面发挥了重要作用。谏议制度与御史制度相辅相成，共同构成监察体制，内外相维、大小相制，增强政治体自我净化的能力。

（三）谏议效能的发挥有赖于士大夫精神的传承

理想政治与现实政治差异的集中表现为君与道的冲突，当君主手中最高权力被滥用时，臣就需要在君与道即政治权力和政治原则之间做出选择。臣道提供的最佳方案是：道大于君，大臣应该坚持道义原则，匡正君主，这是最高政治忠诚的体现。先秦百家论道，百虑而一致，在“道大于君”这一点上形成共识。秦汉以后，“道大于君”“卫道高于尊君”“从道不从君”等认识和实践不断丰富完善，内化为士大夫经世的使命，突出地表现在谏议行为上，“正其谊不谋其利，明其道不计其功”（《汉书·董仲舒传》）。

深受儒学经典教育的士大夫具有独立的人格，坚守儒家道德理想，有强烈的家国天下情怀，期望用儒家的道义规范现实政治，是谓弘道。人能弘道，非道弘人，道寄托在人身上，由人在躬行实践中充实光大，离开了人便无道可言。在人群中，能够志于弘道的就是士。士担负着教育和政治的双重责任。有无以弘道为己任的忠谏之士是朝政兴衰的标志，“懦弱之人，怀忠直而不能言；疏远之人，恐不信而不得言；怀禄之人，虑不便身而不敢言”（《贞观政要·求谏》）。在谏议史上，敢于披肝沥胆、仗义执言，甚至不惜以生命为代价忠贞直谏之士不绝史书。正如鲁迅先生所言，我们从古以来，就有埋头苦干的人，有拼命硬干的人，有为民请命的人，有舍身求法的人……虽是等于为帝王将相作家谱的所谓“正史”，也往往掩不住他们的光耀，这就是中国的脊梁。

对超大规模、超复杂结构的大一统国家而言，不管谁来统治，都要有一个文官系统来治理。中国作为最早产生文官理论体系的国家，文官制度不仅具有工具合理性，更重要的是由于儒家思想的教化，具有经世的使命性和价值性。文官选拔制度的背后有一群精英，为了培养文官制度，同时也培养了一群以天下为己任的士大夫，代表民间制衡君权，这是谏议思想和制度扎根成长的文化土壤。中国政治历史发展过程中的每一步，都留下了大量的进谏奏章和谏议事迹，中国数千年不曾中断的政治史就是在这样的文化精神的呵护和批判下一路走来的。

第十四讲
《群书治要》中的礼治思想

自古及今，中华民族一直以文明礼仪之邦著称于世。中国社会注重人与人之间交往的礼仪规范，注重人际交往的文明礼貌，注重树立维系礼仪社会的风俗风尚，将礼仪道德作为个人良好品行、社会优良风尚的自觉追求。古语云：“是故古之王者，莫不以教化为大务，立太学以教于国，设庠序以化于邑，教化已明，习俗已成，天下尝无一人之狱矣。”（《群书治要·汉书》）强调的就是礼仪道德与习俗教化对治国理政的重要作用。绵延五千多年的华夏历史告诉我们，礼法兼备、宽猛相济，是安邦定国的千古要道。但凡历史上有远见卓识的领导者，无不以法治经国，以礼治纬邦。这是因为，任何一种社会治理并不能完全依赖于法令规章的“硬约束”，而是要从最根本上培养起每个人的礼义廉耻之心，从而以“软引导”的力量完成社会治理的目标。

一、礼仪道德与治国理政

中国传统的礼可以归纳为吉、凶、军、宾、嘉五大类，其中最重要的就是祭礼。祭礼是吉礼的一种，用以表达对自然、神明、祖先的感恩与敬畏。孔子说，在祭祀祖先、神明之时，要像他们在自己面前一样，事死如事生。这就是强调祭祀最重要的是要有恭敬之心。明仁宗就曾因恭敬地祭祀赢得了人们的尊重，为历史传颂。

明仁宗朱高炽是明朝的第四位皇帝，明成祖朱棣的长子。在明仁宗还是太子的时候，一次，明成祖将祭祀之事交给了仁宗，由仁宗负责祭祀的各项事宜。仁宗接到任命后，谨慎恭敬，无论是祭祀时用的器具还是祭祀的各项环节，他都亲自安排布置。然而，恰恰在这个时候，他的头风病发作了。大夫建议仁宗服药发汗，不宜在外受风。然而，如果遵从医嘱，就意味着他不能亲自参加祭祀。为了仁宗的健康，当时的下属、侍从都建议仁宗找人代替他执行祭祀的礼节，但他说："父君将祭祀之事交代给我，我又找人代替，这不是违背了父君的命令吗？"于是，仁宗带病参加了祭祀，终于不负所托，将祭祀之事圆满地完成了。祭祀完毕后，仁宗出了一身汗，病也就痊愈了。

有一次，明成祖回到南京，召见了杨士奇，向他询问太子的情况："你辅佐太子的时间已经很长了，对他的德行应该十分了解，太子为人究竟怎么样呢？"杨士奇回答道："太子殿下仁孝恭敬，不是一般人可比。"明成祖让他举出一些例子来证明。杨士奇就将仁宗带病参加祭祀的事情汇报给明成祖，并补充道："此外，每次进奉给皇上您的物品，太子也一定会亲自检视并贴好封条，然后才派遣出发，从不轻易把这些事委托别人。"明成祖说："这些都是为人子应当做的事情啊！"杨士奇说："自古以来的大圣大贤，都是把该做的事情做到了极致而已。太子以仁爱存心，能够恭敬神明、先祖，孝顺父君，也一定会把这份存心用于人民身上，太子将来必定勤政爱民，断然不会辜负皇上您的嘱托。"明成祖听了杨士奇的话，十分喜悦。明仁宗在祭祀时亲力亲为，极尽恭敬，为百姓作出了榜样。明仁宗登上帝位后，效法古圣先王，重视礼乐道德教化，施行仁政，将国家治理得很好。

明仁宗为什么如此重视祭祀之礼呢?《荀子》中说，天地生养哺育万物，是一切万物生长的根本；先祖是人的根本，没有先祖，就没有后代子孙；国家领导者与老师是治理天下国家的根本，如果没有领导者日理万机的治理和老师孜孜不倦的教导，就没有安定和谐的社会环境。祭祀的目的就是表达对天地万物、先祖以及君师的恭敬和感恩，教导人们不忘本。

祭祀可以分为祭天、祭神和祭祖。祭天之礼是由天子主持，表达人们对于上天哺育万物的感恩之情。天子效法天地，教导百姓了解天地运行的规律，按照自然规律行事。

祭神是指祭祀对国家有功绩的人。古代所说的鬼神与现在意义上的鬼神不同，把有功于国家社稷的人死后称作“神”。《礼记·祭法》中记载了五种人可以享有祭祀：能将各种有益的方法传授给民众的人、为操劳国事而殉职的人、有安邦定国功劳的人、能抗御大灾的人、能抵御重大外患的人。为了纪念他们，古时人们设立专门的庙来祭祀，像岳飞庙、关羽庙等。至今，这种礼仍然存在。庙以另外一种形式出现在现代社会，那就是纪念碑、纪念堂。

“神”除了指对国家有贡献的人，还包括日月星辰、山林川谷等。人们需要在山林、川谷、丘陵等之中获得生存所需，享受他们的恩赐，因此，祭祀山川大地等众神，表达了人对天道的敬畏与对自然的感恩。和古代山明水秀的环境相比，现代社会环境危机日益加深，气候变暖、物种减少、资源枯竭的情况频频出现，这也是自然在向我们敲响警钟。《礼记·月令》就记述了古人根据天地自然、日月运行、万物生长的规律制定在不同时节行使不同的政令。例如，春天是万物生长的时候，在这段时间，人民不能砍伐树木，不可捣毁鸟巢，不许残害幼虫或幼兽，使自然万物得以繁衍、生长。这时要进行农事活动，国家之间不可以征战，因为违背万物生长发育的时机。从中可见，古人有着十分强烈的可持续发展观念。这种敬畏天地、敬畏百神的思想对当今的环保事业有着很大的启示作用。通过祭祀，提起人们感恩自然的心，就不会无节制地向自然索取，破坏生态的平衡。

祭祖就是祭祀父母祖先，祭祖是维护中华民族生生不息的重要礼仪。在古代，提倡祭祖就是教导人孝顺父母、缅怀祖先。《礼记·祭统》中说，祭祀是把在父母生前供养侍奉父母的孝道加以延续。即使父母去世，也不忘记父母的恩德。在祭祀之前，要进行斋戒，停止一切交际、娱乐等活动，使自己内心清净。在斋戒时专心思念死者生前的起居住所、音容笑貌、饮食习惯、志趣爱好等，如此三天，使祭祀的先人活现在人们的心中。在祭祀时，就好似亲人在自己眼前一样，极尽恭敬。祭祀同样是道德教育的机会场合，是传承家风、家道、家文化的重要方式。祭祀之时还有一项重要的仪式，即宣述祖德，通过宣讲祖先的德行，激励后代子孙，将祖先的美德代代传承。曾子说："慎终追远，民德归厚矣。"祭祀使人长存孝思，培养了一个人的恭敬心和不忘本的厚道情义。人心厚道，懂得见利思义、知恩报恩，社会风气自然就会变得淳厚。

现在一些地方建立了"中华万姓先祖纪念堂"。这是对中华传统祭祖之礼的传承与发展。祭祀万姓先祖，宣讲孝悌忠信、礼义廉耻、仁爱和平的民族精神，有助于中华民族形成一体的价值观，对内可以凝聚十四亿多中国人民的心，对外可以团结世界华人的心，使之和谐一体，万众一心，在推动中华文化走向世界的同时，也促进世界各国形成追求和谐、爱好和平的文化氛围。

可见，礼仪道德作为整个社会文明的风向标，以思想教化、文化规约、道德规诫为主要手段，强化文化、思想、精神的作用，从而取得良好的社会治理效果。

作为奠定盛世之治的唐代治国理政的重要宝典，《群书治要》总结历代圣王治世的经验规律，指出礼仪道德是个人品德修养、社会治理最重要的事之一。正所谓："道之以政，齐之以刑，民免而无耻；道之以德，齐之以礼，有耻且格。"（《论语 · 为政》）历史和现实都反复验证，宣扬道德教育，注重礼仪教化，不仅会形成良好的社会风尚与习俗习惯，而且会让民众自觉地认同和遵守包括法律在内的诸多社会规范，从而取得良好的社会治理效果。习近平总书记在相关重要论述中，多次强调礼的重要作用，指出礼仪关乎人格，关乎国格。习近平总书记指出："礼仪是宣示价值观、教化人民的有效方式，要有计划地建立和规范一些礼仪制度，如升国旗仪式、成人仪式、入党入团入队仪式等，利用重大纪念日、民族传统节日等契机，组织开展形式多样的纪念庆典活动，传播主流价值，增强人们的认同感和归属感。”[1] 实际上，作为中国文明史上最早的且一脉承继的行为规范系统之一，礼仪自古以来有着其内在的治理诉求。根据其产生的渊源，礼仪最大的目标是使人的行为、关系规范化，社会事务、关系交往秩序化。随着国家的出现，礼仪不再单单是对祭祀活动的规范，而是在统治者的有意为之下，成为社会生活中重要的“礼”，成为社会政治生活以及伦理道德领域的最高准则，成为早期国家划分并确立社会成员尊卑贵贱地位及其相应权利义务关系的重要根据，成为社会治理中的“礼治”诉求。

作为一种社会治理方式，中国古代治国理政在礼治思想指导下极具特色。汉朝兴起之后，“破觚而为圜，斫雕而为朴，网漏于吞舟之鱼”（《史记·酷吏列传》），去除严刑苛法而力求婉转，废弃繁文缛节，力求质朴自然，极为重视伦理道德和礼仪的教化作用，结果“吏治烝烝，不至于奸，黎民艾安”（《史记·酷吏列传》）。也就是说，吏治清明、官员道德蒸蒸日上，没有人作奸犯科，黎民百姓过着和美安乐的生活。汉朝的这一段历史告诉我们，社会治理应重视道德教化，而不完全依赖于法律的严苛。如果兴起伦理道德的教育，无论法制健全不健全，人的道德素质在那里，社会仍然可以保持和美的风俗。在唐代，领导者继承和坚持了汉代以来的礼治思想，积极扶持儒学，健全官僚政治体制，完备法令制度，提倡以仁孝治天下，加强思想文化的控制。唐太宗李世民吸取隋炀帝滥用刑罚而导致隋王朝覆亡的教训，采纳魏徵的建议，“以宽仁治天下，而于刑法尤慎”（《新唐书·刑法志》），认为：“为国之道，必须抚之以仁义，示之以威信，因人之心，去其苛刻，不作异端，自然安静。”（《贞观政要·论仁义》）强调慎狱恤刑，认为：“死者不可再生，用法须务存宽简。”（《贞观政要·论刑法》）只有兴仁义之政，慎狱恤刑，才能使老百姓渐知廉耻，官民奉法，社会秩序良好。而且在唐代的各种法律中，“礼”确立了法律的行

① 《习近平关于全面深化改革论述摘编》，中央文献出版社2014年版，第89页。

为规范和精神原则，成了法律合法性的基础；同时由于法律体现和遵守了这种基础，礼与法互动和交融在一起，使《唐律疏议》体现出了礼与法之间的统一性，从而使唐律得到了社会的推许，受到人们普遍的尊重与信仰，使礼得以在社会现实生活中贯彻落实。在礼治思想的主导下，古代社会倡官德、选良吏、育贤才，主要依靠教诫劝勉、赏奖激励、惩罚制约等实施手段，达到文治礼化的目的。中国古代礼治思想通过遵礼、行礼、护礼，缘人情而制礼，达到了国家治理的目的，且在经国家、定社稷、序民人、利后嗣方面，礼为人们设定好了义务与责任，使人们按部就班、安分尽责，以此实现社会治理的目标。这一治理思想在很大程度上需要依靠礼仪道德的支持，使超大型国家的社会治理成为可能。

《群书治要》是一部学习传统政德思想、中国古代先哲贤德智慧的优秀经典。它作为古代人立身行道、为人治世的集大成之作，是中国人在社会治理方面奉行“没有规矩，不成方圆”思想的充分体现。习近平总书记提出礼仪是宣示价值观、教化人民的有效方式，就意味着需要从顶层设计建构一整套的礼仪道德治理体系，在构建礼仪文化教育体系、完善礼仪规范和公约守则、营造浓厚礼仪文化氛围等方面下功夫，大力传承和发展中华优秀传统礼仪文化，积极构建家庭、学校、社会、网络等共同发力的礼仪文化教育体系，让广大群众深刻认识礼仪在现代文明生活中的重要性和必要性，树立正确的礼仪观；就需要大力培育和践行社会主义核心价值观，完善各行各业体现自身特点的道德规范，修订市民公约、乡规民约、学生守则、行业规章、团体章程等行为准则，更好发挥其规范、调节、评价人们言行举止的作用；就需要加大对国家重要礼仪的教育与宣传力度，在国家重大纪念庆典活动中体现礼仪制度和礼仪文化，通过各种形式和途径进行宣传，彰显中华优秀传统礼仪文化的时代价值，在全社会营造注重礼仪的氛围；就需要建立健全各类公共场所的礼仪、礼节、礼貌规范，推动形成良好的言行举止和礼让宽容的社会风尚；就需要讲好家庭、家风、家教故事，把礼仪传家、勤俭持家的优良传统发扬光大，设计和用好各种仪式，让人们在跨过人生重要节点时受到庄严的礼仪文化教育。不断通过和加强礼仪建设，让礼仪道德在全社会蔚然成风。

二、名位不同，礼亦异数

礼治作为中国古代的一种治国理念，完全不同于西方现代文明的政治理念和治理模式，而是有着浓厚的中国文化传统，在日常生活中融入到中国人的观念和习俗之中，有着穿越时空和跨越文化的力量。礼治作为一种以礼仪道德治理天下的政治理想和治国理政的思想观念，自成体系，内容非常丰富，涉及社会政治、经济、文化、习惯、舆论等各个方面，既是制度文化、行为文化和观念文化的集中体现，又是政治生活、经济生活、社会生活、家族生活各种行为规范的准则，在中国古代思想文化史上占有特殊的地位。

在中国漫长的上古社会中，人们对于大自然的认知有限，他们祈求神的庇佑，同时感激祖先给予自己生命和生存技能，所以祭祀对于那个时期的人类群体来讲是很庄严和神圣的。对于上古时期的人们来讲，举行对天神和先祖祭拜祈祷的仪式几乎是最大规模也是最为庄重的群体性社会活动。为保障这种仪式按照程序顺利进行，对于程序和范式有着至高要求的礼顺势而生。后来，礼最终衍变成具有预先设立性质的用来调整社会不同阶层、同一阶层不同名位的具有复杂性的统一行为规范。正所谓“名位不同，礼亦异数”。礼在当时成为诸侯国或卿大夫之家的准则，成为平民按照等级进行生产生活的依据，对维护当时的社会秩序起到了规则和制度的作用。

在春秋动荡的年代，尽管西周范式的礼治受到了极大破坏，但这并不意味着礼治的消亡，而是新的秩序正在悄然萌芽发展。各种思想智慧的交流，犹如涓涓细流给礼治不断注入新的血液、新的活力。荀子认为，“隆礼重法”适合作为统治的指导性理念，孟子将“移孝作忠”“仁”“德教优于刑罚”的礼制在“权变”的应用中更加贴近世俗，顺应人性。故而，“亲亲”“尊尊”的礼治思想在整个社会领域仍占据着正统地位。《群书治要·政要论》中说：“夫治国之本有二：刑也，德也。二者相须而行，相待而成矣。天以阴阳成岁，人以刑德成治。故虽圣人为政，不能偏用也。故任德多，用刑少者，五帝也；刑德相半者，三王也；杖刑多，任德少者，五霸也；纯用刑，强而亡者，秦也。”但即便“法制”在秦朝时盛极一时，也处处可见“礼”的踪影，充分体现了秦代“法治”和“礼治”有着紧密的关联性。

礼日益渗透到以“名”为“分”的生活的方方面面，从而成为具备普遍意义的社会治理。汉初叔孙通制礼，在承袭秦制的基础上采纳杂糅儒家的治理思想，实现治国理政的张弛相宜、收放自如。这是礼治开始介入现实政治实践领域的开端，此后礼治思想日益受到后世统治者的重视。汉朝，对先秦礼治及其尊崇的儒家之所以能够让汉武帝做出“罢黜百家，独尊儒术”的壮举，绝不是偶然，而是儒家思想以“志于道”为旨归，更能经得起历史的检验，同时也能够适应中央集权统治的需要。秦汉以后，儒法两大学派思想合流，但儒家思想在漫长的中国古代历史中仍稳居统治地位。

当礼仪被引申到调节人类社会普遍意义上的人际关系时，古代先哲们就期望能够通过礼仪的规制作用建立一种稳定祥和向上的社会政治与人文秩序。《群书治要·汉书》说：“凡民之从利，如水之走下。不以教化堤防之，不能止也。是故教化立而奸邪皆止者，其堤防完也；教化废而奸邪皆出，刑罚不能胜者，其堤防坏也。古之王者，莫不以教化为大务，立大学以教于国，设庠序以化于邑，渐民以仁，摩民以义，节民以礼，故其刑罚甚轻而禁不犯者，教化行而习俗美也。圣王之继乱世也，埽除其迹而悉去之，复修教化而崇起之。教化已明，习俗已成，子孙循之，行五六百岁，尚未败也。”在这里，董仲舒明确提出王道教化的主要手段——学校教育，王道教化的主要内容——仁、谊（义）、礼，王道教化的目标——教化行而习俗美。董仲舒大力提倡学校教育，呼吁国家设立太学，地方设立庠序，来推广社会教化，形成良好的社会习俗。《礼记·学记》云："古之王者，建国君民，教学为先。""君子如欲化民成俗，其必由学乎。"这可以说是对中国古代学校教育教化功能与作用的经典性概括，以学校行礼仪教化就成为儒家一个重要的政治理念。礼仪维护了社会的治理秩序，折射出人类有组织、有目的地管理社会及其自身的共同美好意愿。礼是自性美德的外在体现，并通过规则而落实。礼之所以被制定出来并通过教化作用大道行之，是为了使人们遵守礼的要求而回归于人之正道，也就是自性之道。而通过礼仪的道德教化和规则制度的引导实现这一目标的过程就是"礼治"。

三、法德两翼，情理兼通

中国沿袭上千年的礼治思想，注重法德合一，对古代中国社会普通百姓的道德教化和社会治理起到了强大的推进作用。《群书治要·袁子正书》云："夫仁义礼制者，治之本也；法令刑罚者，治之末也。无本者不立，无末者不成。夫礼教之治，先之以仁义，示之以敬让，使民迁善，日用而不知也。"孔子说："不教以孝而听其狱，是杀不辜也。"（《群书治要·孔子家语》）礼治的"德""法"结合，"刑不善而不赏善"则是双管齐下、相得益彰，道德教化对孝悌仁德的提倡使人向善，而法律则制裁那些不善的恶人，从而有利于民风教化，使得中国古代礼治思想所倡导的社会秩序就愈发稳固。礼仪道德本身作为有效的社会黏合剂，"礼""法"合流，使得在现实的司法实践中尽量实现情理兼通；即使是在法律不完备的情况下，也使得道德成为社会治理中法律鞭长莫及时的一种及时有效的治理措施。

法律和道德是社会治理的两种主要和基本的手段，德治往往从

“人性善”的角度，强调人们在既定的人伦关系中获得自己的角色和地位，从而寻求到自己的人生定位和人生价值的意义所在；法治则往往从“人性恶”的角度，强调“不知亲疏远近、贵贱、美恶，以度量断之”（《管子·任法》），使得人们在“法制”面前一律平等，以无差别的司法实践维护现实社会秩序。礼治要综合考虑天理、国法、人情等因素，而法治则仅从国法的角度出发处理问题。战国末期，荀子提倡隆礼重法的思想，他认为对民众要实行礼乐教化，不仅仅要依靠启发民众的道德自觉，还要以社会行为规范的“礼”来约束民众。“罪至重而刑至轻，庸人不知恶矣，乱莫大焉”（《荀子·正论》）。这表明荀子所谓的“礼”，已经包含了“法”的成分，故而荀子强调的“礼治”是礼法连用的。这说明，中国历史上的“礼”“法”合流，是以“礼”入“法”而成，即是汉廷尉陈宠疏中所说的现象：“礼之所去，刑之所取，失礼则入刑，相为表里者也。”（《后汉书·陈宠传》）

礼治是一种系统的治国理政思维。在漫长的中国历史发展进程中，传统礼治思想以“法”与“德”为两翼，调整着纷繁复杂的国家、社会和个人之间的关系，维持着整个社会运行系统的秩序。东汉末年哲学家、政论家仲长统继承儒家“德主刑辅”的观点，主张以德教为本，刑罚为辅。《群书治要·昌言》中说：“德教者，人君之常任也，而刑罚为之佐助焉。古之圣帝明王所以能亲百姓、训五品、和万邦、蕃黎民、召天地之嘉应、降鬼神之吉灵者，实德是为，而非刑之攸致也。”强调要使国家长治久安，主要靠德教，而不能靠刑罚。在唐朝时期，南北统一，经济政治发展日趋稳定，礼与法的关系日益圆融成熟。在不断吸收和总结前代统治经验的基础上，“德礼为政教之本，刑罚为政教之用”（《唐律疏议·名例》）成为国家统治的基本原则，“礼”与“法”两者相互配合构成了礼治的完整体系，使唐代社会治理富有人性化、情理化和权变性。《群书治要·体论》中说：“德之为政大矣，而礼次之也。夫德礼也者，其导民之具欤。太上养化，使民日迁善而不知其所以然，此治之上也；其次使民交让处劳而不怨，此治之次也；

其下正法，使民利赏而欢善，畏刑而不敢为非，此治之下也。”唐代法律形成了“德礼为政教之本，刑罚为政教之用”的法律精神，力求做到轻刑省罚、约法简文。

千年哲思智慧的积累，绵亘不绝的风土人情，无不启示我们，情理与法理、道德与法是相互依存、不可分离的，单一的治国理政方式难以达到预期的社会治理目标。新时代进行社会治理，决不能忽视礼仪道德的建设，要将中国传统礼治文化中符合新时代要求、具备积极性意义的价值观念进行创造性转化和创新性发展，使其转化在我们所应信仰的道德基准之中。

四、好礼学礼，为国以礼

礼治作为一种治国理念和社会治理方式方法，必然要求其自身的成熟性与稳定性。从《周礼》和《仪礼》可以看出西周的礼制已然趋近完善，“为国以礼”的礼治国家正式出现。周公制礼是在西周初期平定叛乱后，周公意识到仅仅依靠武力无法维持国家政权的长久稳定，从而制定了涉及面广泛且结构完善的典章礼仪制度，其最大特点是具备政治功能和社会治理效能。据《群书治要·汉书二》记载，在周成王、周康王时期，国家礼制完备，教化普遍实施，能绝恶于未萌，因此民用和睦，灾害不生，祸乱不作，监狱空虚，刑罚也搁置不用，前后长达四十多年。《群书治要·列子》记载着这样一个故事，在春秋战国时，晋侯为晋国多盗贼而苦恼。听说有一个叫郄雍的人可以通过观察人的神情来辨别这个人是不是盗贼，就把他请来指认盗贼，先后指认了千百个盗贼，没有错过一次。晋侯非常高兴，说：“我得到了这样一个人，还用那些能够侦破案件的人干什么呢？用这一个人，就足够把这些盗贼治理好了。”赵文子听过晋侯的话之后非常担忧，说：“大王啊，您用这个人来指证盗贼，不但不能够尽除盗贼，这个人的下场肯定也不会很好。他必死无疑。”之后盗贼果真合谋将郄雍杀死，晋侯知道后赶紧找赵文子商量。赵文子说：“您想要去除这些盗贼，不如举荐那些贤良之人来办理朝政，兴起礼义教化之风。这样人们都有了羞耻心，谁还愿意去做盗贼呢？”晋侯依从他的建议，让一个名叫隋会的人来兴办教育，结果取得了很好的效果。

中国古代礼治思想以礼乐合治为治国、平天下的基本途径。《群书治要·孝经》引孔子的话说：“移风易俗，莫善于乐；安上治民，莫善于礼。”在孔子看来，礼乐是治国的基本方式之一。从个体来看，通晓礼乐，以礼践行是一个人立足于社会的根本，君子好礼、学礼并非仅仅自立；从治国来看，孔子主张“为国以礼”（《论语·先进》）。《群书治要·论语》说：“能以礼让为国乎？何有？不能以礼让为国，如礼何？”这是因为，西周以来，特别是春秋之际，整个社会陷入了一种“礼崩乐坏”的状态之中。因此，君子好礼、行礼，就不单单是个人之“修身”，也是“治国、平天下”的重要途径。《群书治要·周易》说：“上天下泽，履。君子以辩上下，定民志。”天下有泽，象征循礼。君子观察履卦的卦象，要辨清上下的位分，以安定百姓的心志。《群书治要·孙卿子》说：“君人者，隆礼尊贤而王。”推崇礼制而又尊重贤人，就可以在天下称王。《群书治要·礼记》更明确地说：“先王之制礼乐，非以极口腹耳目之欲，将以教民平好恶而反人道之正。”先王制礼作乐的目的是教化人民，走上人道之正。《群书治要·礼记》说：“道德仁义，非礼不成；教训正俗，非礼不备；分争辨讼，非礼不决；君臣上下，父子兄弟，非礼不定；宦学事师，非礼不亲；班朝治军，莅官行法，非礼威严不行；祷祠祭祀，供给鬼神，非礼不诚不庄。”

礼是一种包罗非常广泛的综合性的社会规范，其内容涉及政治、经济、军事、司法、教育、宗教、婚姻家庭、伦理道德等许多方面。法律规范、道德规范、风俗惯例、礼节仪式都是其组成部分。礼所规定的不少规范，实质上具有法律甚至根本法的性质，是“定亲疏、决嫌疑、别同异、明是非”（《群书治要·礼记》）的依据；具有“经国家，定社稷，序民人，利后嗣”（《左传·隐公十一年》）的重大作用。《群书治要·礼记》说：“礼之教化也微，其止邪也于未形，使人日徙善远罪而不自知也。是以先王隆之也。”《群书治要·礼记》说：“故乐行而伦清，耳目聪明，血气和平，移风易俗，天下皆宁。”礼乐作为一种生活的样式，携带着丰富的文化信息，并直接关乎人的行为，与民众生活具有一种天然的关联性，能够对人们的修养和社会道德氛围的养成起到潜移默化、移风易俗、促进社会和谐稳定的作用。《群书治要·礼记》强调：“是故先王慎所以感之者，故礼以导其志，乐以和其声，政以一其行，刑以防其奸。礼、乐、刑、政，其极一也，所以同民心而出治道。”又说：“礼节民心，乐和民声，政以行之，刑以防之。礼、乐、刑、政，四达而不悖，则王道备矣。”礼、乐、刑、政四者目的是一致的——“同民心而出治道”；四者都到位并且不相互冲突，治道就完备了。这也就是说，古代“治道”主要包含了礼、乐、刑、政四个方面。这四个方面缺一不可，不可偏废。王国维先生对此也有阐述：“礼乐用陶冶人心，而政刑则以法制禁令刑罚治民。前者为道德，在修人心；后者为政法，在律人身。虽此二者相合，然后成为政治，但其所最重者，则在礼乐。”孔子治道思想重视德、礼，但也没有忽视政、刑在治国理政过程中的重要性。《群书治要·论语》指出：“导之以政，齐之以刑，民免而无耻；导之以德，齐之以礼，有耻且格。”如果用仁德去教导民众，启发他们的道德自觉，同时又用礼去规范他们的行为，民众的行为就能合乎社会的规范，达到社会的和谐。概括地说，政治应以道德教化为主，政令刑罚为辅。孔子还把德、刑作为宽、猛两种统治手段，认为要根据客观情况的变化交替使用。政治上宽猛相济指的就是政治措施要宽和严互相补充，刚和柔相反相成。《左传·昭公二十年》载：郑国执政子产死后，“大叔为政，不忍猛而宽。郑国多盗，取人于萑苻之泽”。于是子大叔出兵镇压，“萑苻之盗，尽杀之，盗少止”。对此，孔子评论说：“善哉！政宽则民慢，慢则纠之以猛。猛则民残，残则施之以宽。宽以济猛，猛以济宽，政是以和。”

可见，孔子意识到：虽然“宽则得众”，但是，政宽也有它的缺点，这就是“政宽则民慢”。“慢”者，轻慢也，故必须“纠之以猛”。这样宽以济猛，猛以济宽，宽猛相济，德刑并用，才能有和谐的政治。《群书治要·孔子家语》说：“太上以德教民，而以礼齐之。其次以政导民，以刑禁之。化之弗变，导之弗从，伤义败俗，于是乎用刑矣。”德礼为先，辅之政刑。刑罚是万不得已才用的。《群书治要·孔子家语》说：“闵子骞为费宰，问政于孔子。孔子曰：‘以德以法。夫德法者，御民之具，犹御马之有衔勒也。君者，人也；吏者，辔也；刑者，策也。人君之政，执其辔策而已矣。’子骞曰：‘敢问古之为政？’孔子曰：‘古者，天子以内史为左右手，以德法为衔勒，以百官为辔，以刑罚为策，以万民为马，故御天下数百年而不失。’”以御马比喻御民，强调以德法为衔勒，以刑罚为策，君主为政，最重要的是善于运用德法和刑罚，这就是御民之道。孔子非常重视教化，形成了寓政于教，即寓治国安邦于社会道德教化的思想。《孟子·尽心上》说：“善政不如善教之得民也。善政，民畏之；善教，民爱之。善政得民财，善教得民心。”“善教得民心”一语道出礼仪道德的功效和儒学思想家们选择教化作为基本国策的缘由，就是想通过礼治获得老百姓对执政者心悦诚服、发自内心的支持。

第十五讲

《群书治要》中的乐治思想

乐是孔门“六艺”（礼、乐、射、御、书、数）之一。“士无故不撤琴瑟”，显示出音乐在古人生活中的重要性。可以说，古人的生活离不开音乐。在高雅正式的祭祀、宴饮、聚会场合，都有德音雅乐用以陶冶性情。孔子闻韶乐，乐在其中，可以达到三个月不知肉味的境界。在古人看来，音乐是感人最深的艺术形式，对人的心灵成长会产生潜移默化的影响，并与政治相通，也是素质教育最重要的内容之一。

一、国乐的重要性及相关常识

《史记》记载，孔子向师襄子学琴，学了十天，仍然没有学习新的曲子。师襄子说：“你可以增加学习的内容了。”孔子说：“我已经熟悉乐曲的形式，但还没有掌握方法。”过了一段时间，师襄子又说：“你已经会弹奏的技巧了，可以增加学习内容了。”但是孔子说：“我还没有领会曲子的意境。”又学了一段时间，师襄子说：“你已经领会曲子的意境，可以增加学习的内容了。”孔子还是说：“我还不了解曲子的作者。”又学了一段时间，孔子神情俨然，仿佛进入了一个新的境界，时而庄重穆然，若有所思；时而怡然高望，志意深远。孔子说：“我知道曲子的作者是谁了。那个人皮肤深黑，体形颀长，眼光明亮远大，像个统治四方诸侯的王者。若不是周文王，还有谁能撰作出这样的曲子？”师襄子听了之后，赶紧起身再拜说：“我的老师也认为这首曲子的确是《文王操》！”可见，通过音乐，可以看出作者的志趣爱好、人生境界，从而结交志同道合的朋友，因而才有了历史上伯牙和钟子期

“高山流水遇知音”的典故。

孔子以“六经”教导学生，其中就有《乐经》。《论语》记载，孔子主张“乐则《韶》舞，放郑声”“兴于《诗》，立于礼，成于乐”“自卫反鲁，然后乐正，《雅》《颂》各得其所”。如此提倡高雅音乐，禁止靡靡之音，说明孔子十分了解音乐的特性，他对音乐教育在人格培养中所起作用的重视也由此可见一斑。据说《乐经》是亡于秦火，但在《尚书》《礼记》《史记·乐书》等典籍中还保留有重要的乐理，可奉为《乐经》。

《毛诗序》中说：“诗者，志之所之也，在心为志，发言为诗。情动于中而形于言，言之不足，故嗟叹之，嗟叹之不足，故永歌之，永歌之不足，不知手之舞之足之蹈之也。”诗展现人的意志，当情感还在内心没有表达出来之时被称为志，把情感用语言表达出来就称为诗，把诗拉长声音吟唱出来就称为歌。用金、石、土、革、丝、木、匏、竹八种材料制作的乐器来演奏歌曲，再伴之以舞蹈，才称为乐。

金是以金属制作乐器，比如编钟。

石是以石头，如汉白玉等，制成磬一类的乐器。磬的大小厚薄不同，发音也不同，通常使用牛角和木棒来敲击磬，声音清脆悦耳。

土是用泥土烧制成的埙。

革是兽皮，用来做鼓面。

丝是指琴瑟上的弦。瑟很长很宽，体积较大。古代人过世后办理丧事，为了腾出空间，要先除瑟，把瑟先搬出去。古人说，士无故不撤琴瑟。古人感慨琴瑟是圣贤之乐，能够动天地而感鬼神。琴瑟在北方由梧桐木制成，在南方由杉木制成。《白虎通》中对琴有这样的定义，“琴者，禁也。所以禁止淫邪，正人心也”。这句话概括了圣人制琴的深意。传说在上古时期，伏羲氏看到凤凰落在梧桐木上，于是采用梧桐木做琴的面板，创制了古琴。桐木的木质非常轻，属阳，象征着天，古人讲天圆地方，面板是弧形的。用梓木做琴的底板，梓木的木质比较重，属阴，象征着地，底板是平的。木头砍下来，晒在屋檐下，要经过父、子、孙三代，木头才能晒干晒透，音质才能好。琴瑟做成之后，弹一百年左右，木板上会出现裂纹，这个裂纹的间隙比较宽，叫作蛇腹断；再弹一百年，裂纹就比较密了，叫作牛毛断；弹到三百年的时候，木板上会出现一朵一朵类似梅花的图案，叫作梅花断。

木是一种雕刻成老虎形状，背上有齿的木制乐器，叫作敔，用于乐章演奏的结尾，用竹子一扫，表示结束。

匏是葫芦一类的植物果实，用来做笙的底座，除了笙还有竽。

竹是竹管，横吹称为笛，竖吹称为箫。笛箫因一尺八寸又称为尺八。制作尺八,一段一尺八寸的竹管，需要十目九节，每节开两孔。

和谐雅正的音乐，能达到不可思议的教化效果。《尚书·舜典》记载：舜帝命夔为乐正，教导他和卿大夫们的子弟，希望通过音乐的教化，可使这些年轻人“直而温，宽而栗，刚而无虐，简而无傲”，即正直而温和，宽大而敬慎，刚强而不苛虐，简约而不傲慢。舜帝说，诗是表达思想感情的，歌是唱出来的语言，五声是根据所唱而制定的，六律是用来和谐五声的。只要八类乐器的声音能够调和，不使它们乱了伦次，神明与人都会因此而得到和谐。

关于中国古代乐理最重要的文章，当属《礼记·乐记》。它详细讲述了音乐的起源、作乐的方法以及音乐的功效，其中特别强调对礼和乐的学习，认为礼乐对平衡人的内在情感和外在行为，以达到社会的和谐秩序至关重要。

二、音乐的产生、起源

关于音乐的产生，《群书治要·礼记》讲：“凡音者，生人心者也。”所有的音都产生于人心，而至于如何产生的，下面接着讲道：“情动于中，故形于声。声成文，谓之音。”所谓“情”，即喜、怒、哀、乐、爱、恶、惧等感情。韩愈在《原性》中讲：“情也者，接于物而生也。”也就是说，当我们的六根（眼、耳、鼻、舌、身、意），接触外界六尘（色、声、香、味、触、法）境界时，在心上起心动念，进而产生分别，有了喜、怒、哀、惧、爱、恶、欲等感受。当心与尘接触，心如不动，没有被外物污染，这时的心也被称作“性”，即禅宗所说的“百花丛中过，片叶不沾身”。六祖慧能大师所说的“本来无一物，何处惹尘埃”的状态也就是所谓的“性”。但是当心与尘接触时，心被外物所污染，即有了起心动念、分别执着，这就称为“妄情”。之所以被称为“妄”，是因为情是自性本来没有的，是虚妄的。

“情动于中，故形于声。”“中”指内心。感情萌动于内心，所以流露于声（即宫、商、角、徵、羽五声）。“声成文，谓之音。”所谓“文”，是指曲调，即五声按照高低长短强弱的乐音组成一定的旋律，这才称为音。

《乐记》讲：人性原本是平和安静的，但是由于受到外部环境的影响，起了种种贪欲之心。当这些欲望没有被很好地控制，以及人们的自觉心被物质世界所扰乱时，人们就丧失了自我而为欲望所淹没，进而滋生出叛乱、违抗、狡黠和欺骗，也便出现了以强凌弱、以众欺寡、弱肉强食、鳏寡孤独而无所养的局面。这是天下大乱之路。而音乐是源于心灵的内在运动，因此也能渗透到心灵的深处。好的音乐能够引人进行心灵的内在反省。因此，圣人治礼作乐，帮助人回到本性的清静平和。礼乐之所以具有这样的功能，就是因为其源于天而根于心。

《乐记》云：“乐者，天地之和也。礼者，天地之序也。和，故百物皆化；序，故群物皆别。”可见，典雅庄重的乐能够成功地仿真自然的和谐。只有这种乐才是有益的、可取的。礼的制定，规定了明确的秩序和规则，而乐的普遍流行，则在人们当中建立了一种平和的气氛。古代圣人制礼作乐，不是为了满足口腹耳目之欲，而是为了使人们具有正确的鉴赏力并平和好恶之心，返回到做人的正路之上，并恢复正常的社会秩序。正如《乐记》讲：“乐也者，圣人之所乐也，而可以善民心。其感人深，其移风易俗，故先王著其教焉。”因此，乐教是改变和培养人的道德质量、维持社会秩序最有效的途径之一。庄重典雅的乐能使人心平和，社会和谐，对政治产生积极的影响。古代的艺人，包括乐师，音乐、诗歌、戏剧的作者和表演者等，都属于社会教育工作者，对社会的和谐作出了莫大的贡献。

在《乐记》中记载了魏文侯与子夏的一段对话，这段对话解释了音与乐的不同。魏文侯向子夏请教说："我整整齐齐地穿戴着祭祀用的礼服礼帽，聆听古代的正乐，就昏昏欲睡。可是听到郑国与卫国的民间淫靡之乐，却不知疲倦。请问古代正乐为什么会使人昏昏欲睡，而新近淫靡之乐却这么吸引人呢？"子夏回答说："现在您所询问的是乐，而您所喜爱的是音。乐和音虽然很接近，实质却不相同。"魏文侯问："那么音与乐有什么不同呢？"

子夏回答说："古时候风调雨顺四季平安，人民有德行而五谷丰登，没有疾疫灾祸发生，也没有妖异怪象出现，这才叫作太平盛世。然后圣人订立父子、君臣等名分，作为人与人关系的纲纪。纲纪正了之后，社会便有了安定的秩序；社会安定之后，便稽考校正音律的度数，调和五音的大小，用琴瑟等乐器伴奏，歌唱《风》《雅》《颂》等诗篇，这才叫作德音，这样的德音才叫作乐，真正的乐不失去其天地和谐、政治清明、人民安乐的实质。而今您所喜爱的，恐怕是那些使人沉迷放逸的靡靡之音吧？譬如说郑国的音乐，音调滥无节制，使人心智放荡；宋国的音乐过于安逸，使人心智沉溺；卫国的音乐急促快速，使人心智烦乱；齐国的音乐狂傲邪僻，使人心智骄逸。这四种音乐是'淫于色而害于德'，都是过分地放纵情欲，有害于人培养美德，所以不能称为乐，祭祀的时候也不能用，因为这些音乐败坏了中正之气。"

最后，子夏还提醒魏文侯："作为国君，一定要谨慎选择自己的好恶。因为国君喜好什么，臣下就会做什么；上层干什么，百姓就会跟着干什么。《诗经》说：'牖民孔易。'说的就是这个意思。"其实就是上行下效，自己喜欢什么，就会带动整个社会来兴起这个风气。

儒家认为以道为主导的音乐，有益于人心性的提升；而以满足感官刺激作为主导的音乐，则将导向社会混乱。所以《乐记》说：“君子乐得其道，小人乐得其欲。以道制欲，则乐而不乱；以欲忘道，则惑而不乐。”在中国古人看来，音和乐是有所不同的。低层次的音，它悖逆天道中庸的原则，对人性的宣泄毫无节制，会引导人走向颓废或者暴戾的极端，最终毁灭人性，这也被称为亡国之音。而高层次的乐是天道的体现，使人在享受音乐的同时，受到道德的熏陶，涵养心性，是入德之门。换句话说，只有符合于道的音才称为乐。

《乐记》讲，“大乐必易”。“大乐”就是典雅庄重的音乐，用于帝王祭祀、朝贺、宴飨等典礼。“易”就是平易。大乐必然平和简易。这告诉我们，典雅的音乐节奏不应该求繁富，不应该有很多的音节。《吕氏春秋》也说：“乱世之乐，为木革之声，则若雷；为金石之声，则若霆；为丝竹歌舞之声，则若噪。以此骇心气、动耳目、摇荡生，则可矣；以此为乐，则不乐。故乐愈侈，而民愈郁、国愈乱、主愈卑，则亦失乐之情矣。”乱世的音乐，演奏木制革制乐器的声音就像打雷，演奏金属石制乐器的声音就像霹雳，演奏丝竹乐器的歌舞之声，就像大嚷大叫。用这样的声音来扰人精神，震动耳目，放荡性情，倒是可以做到。但是用来作为音乐演奏，就不可能给人带来和乐。所以音乐愈奢华放纵，人们愈抑郁，国家愈混乱，君主的地位就愈卑下，这也就失去了音乐本来的意义。

在一切的艺术中，音乐是“刺激感官与情绪最剧烈的艺术”，所以，无论对于艺人还是观众，都格外要讲求情感与理性的平衡，处处有一个“恰如其分的节度”，而不能流于“狂妄”。“艺术表现的动人，一定是从心灵的纯洁来的！”（《傅雷家书》）

倘若一种“庸俗的漫无法纪的革新”弥漫于艺人的队伍，他们“如醉如癫，听从毫无节制的狂欢支配”，“还狂妄无知地说，音乐里没有真理，是好是坏，都只能凭听者的快感来判定。他们创造出一些淫靡的作品，又加上一些淫靡的歌词”，这样，就会在“群众中养成一种无法无天胆大妄为的习气，使他们自以为有能力去评判乐曲和歌的好坏”。而一旦对音乐的“普遍的妄想”风行，“自由就接踵而来，人们都自以为知道他们其实并不知道的东西，就不再有什么恐惧，随着恐惧的消失，无耻也就跟着来了”。（《柏拉图文艺对话集·法律篇》）

柏拉图说复杂的音乐产生放纵，而朴质的音乐文艺教育，则能产生心灵方面的节制。歌词的风格和心灵的精神状态是一致的，良好的文辞、乐调、节奏，都来自良好的精神状态。也就是说，有了良好的精神状态，才能创作出好的文辞、乐调和节奏。这主要是强调，乐是从内心发出来的，典雅庄重的音乐必然平和而简易。

《乐记》讲：“乐至则无怨，礼至则不争。揖让而治天下者，礼乐之谓也。”意思是说，如果乐教能够推行，人的心中就没有怨恨；礼教能够推行，人与人之间便不会争斗。古时圣王毫不费力便可使天下得到治理，就是礼乐发挥的作用。好的音乐是从和平的内心发出来的，也使人内心平和，而礼节是表现在外的恭敬行为，这种恭敬又进而能够影响内心。人人接受礼乐教化熏陶，自然能够内和外敬，无怨无争，社会和谐，天下太平。礼乐对人的内心和外在行为会产生潜移默化的影响，达到润物细无声的效果，让人在不知不觉中远恶迁善，而变得文质彬彬。因此，古人讲礼乐文化能够起到“绝恶于未萌，而起敬于微渺”的作用。

三、音乐与政治相通

音乐不仅能反映人的情感，塑造人的性格，还与政治息息相通。《乐记》记载：“治世之音安以乐，其政和；乱世之音怨以怒，其政乖；亡国之音哀以思，其民困。”治世和乱世的区别何在？能够做到义以为上，能够使义战胜利的世间称为治世；反之见利忘义，为了追求利益不择手段，不顾礼义廉耻，就称为乱世。太平盛世的曲子安详而喜乐，可以感受到政治的和谐；乱世的曲子怨恨而愤怒，可以感受到政治的混乱反常；亡国之音悲伤而哀愁，可以感受到民众的困苦。孔子每到一处，不问此地的政事办得如何，而是先听当地所流行的音乐，通过音乐便能准确地了解当地的民风和政治。

《晏子春秋》记载，有一次，齐景公没有上早朝。晏子上朝时看到杜扃等候在朝堂前。晏子就问："君王为什么没来上早朝？"杜扃回答说："君王整夜未眠，所以没有来上朝。"晏子又问："为什么君王整夜未眠？"杜扃回答说："梁丘据（齐景公身边一位善于谄媚巴结、奉承的臣子，特别擅长投人所好。齐景公喜欢什么，他就进奉什么）进献了一名叫虞的善乐之人，结果这个人把齐国的古乐篡改了，君王整晚都在听新乐，所以没有来上朝。"晏子知道这个情况，马上就依照礼法，把唱歌的虞关了起来。

齐景公听到之后非常生气，就问："为什么将虞关起来？他昨天给我唱歌，唱得很好听，我很高兴。"晏子说："因为他用靡靡之音祸乱君心。"齐景公又说："诸侯外交的事务、治理百官的政务，我都已经交给您管理了，您把这些事管好就行了，至于我喝什么酒、听什么音乐，希望先生就不要干预了。音乐为什么一定非得听古曲？"晏子回答说："古乐消亡，礼法就会随之消亡；礼法消亡，政教也会随之消亡；政教消亡，国家便会跟着消亡。音乐跟国家的兴亡是息息相关的。听靡靡之音会导致国运衰败，我怕君王背离政教行事。"他又为齐景公举了历史上的人物作为例证，"就歌乐来说，纣作《北里》，周幽王与周厉王的乐曲，都是淫靡鄙下，所以导致了国家衰亡，君王您为什么要轻易地改变古乐？"齐景公听晏子说得很有道理，马上就说："很不幸，我这个不才之人拥有了国家的政权，我不够谨慎，不假思索就乱讲话，您讲得有道理，我愿意接受您的劝告。"

可见，一个国家，特别是国君喜欢听什么样的音乐，对于国运有着莫大的影响。这对于企业也同样适用。在一些学习传统文化、落实

《弟子规》的企业，厂房里都放着《跪羊图》《推动摇篮的手》《感恩的心》等孝亲感恩的歌曲，工人的精神状态非常积极向上，整个氛围其乐融融。相反，那些播放烦躁音乐的企业，员工都显得浮躁不安，心神不宁，心思没有完全用在工作之上。

子贡说："见其礼而知其政，闻其乐而知其德。"其言真实不虚。那么，音乐与政治是如何相通的呢？

《乐记》记载："宫为君，商为臣，角为民，徵为事，羽为物。"宫是五声音阶的第一音级，它的声音极低极长。郑康成注《月令》云："宫属土，土居中央，总四方，君之象也。"宫在五行中属土，土居中央，木居东方，金居西方，水居北方，火居南方。土居中央总帅四方，是君主之象。传说伏羲氏制五弦之琴，五弦以丝多声重者为尊，宫弦最大，用的是八十一丝，所以尊宫为君，是其他四声的统帅。

"商为臣。"郑注《月令》云："商属金，以其浊次宫，臣之象也。"商弦七十二丝，它的低长仅次于宫，如同臣的地位尊贵仅次于君一样。"角为民。"郑注《月令》云："角属木，以其清浊中，民之象也。"角弦用的是六十四丝，它的声音半清半浊，在高下清浊之间，因此比之以民。"徵为事。"徵是五声音阶的第四音级，徵弦用五十四丝，其声清澄，郑注《月令》云："徵属火，以其徵清，事之象也。"事在人为，故比之以事，列于民后。"羽为物。"羽声是商声的子音，羽弦用四十八丝，其声最清。郑注《月令》云："羽属水者，以其最清，物之象也。比之以物。"物就是财的意思，列于五声最末，就是教人必先尽职责而后再求财利。

总之，宫、商、角、徵、羽五声，在政则比之为君、臣、民、事、财五事。宫声代表君，商声代表臣，角声代表民众，徵声代表事，羽声代表财物。古人为什么用五声呢？因为五是数之中，能致中和的缘故。五声若是有序而不乱，就不会生出不和谐的音调。

反之，"宫乱则荒，其君骄"。宫为主声，如果乱了，那么五声皆随之荒废，从中可以看出君主的骄傲放纵。在《史记·乐书》中说：

凡人都有血气心智等天性，却没有不变的喜怒哀乐等常情，人心受外物的感应产生波动，然后心术的邪正也就显现出来了。人君心志细小而笃好繁文缛节的，促迫而气韵微弱的乐声就产生，其民多悲思忧愁；人君疏缓大度，不拘细行的，简易而有节制的乐声产生，治下的百姓也必享安乐；人君粗疏刚猛的，亢奋急疾而博大的乐声产生，其民表现出来的就是刚毅；人君刚正不阿的，庄重诚挚的乐声产生，民众整肃而且相互礼敬；人君宽裕厚重的，谐和顺畅的乐声产生，他治下的百姓多慈爱亲睦；人君放纵淫邪不正派的，乐声也必猥滥琐屑，不能长久，其国百姓也多淫乱。

“商乱则陂，其臣坏。”商为配声，如果乱了，那么曲调必然邪僻不正，从中可以看出各级官员的昏庸腐败。“角乱则忧，其民怨。”角声在高下清浊之间，如果乱了，它的声音低沉，忧虑愁苦，反映的是其民怨。民众为什么会产生怨恨呢？那一定是上失其政，人民不能安居乐业，所以才会产生怨恨。“徵乱则哀，其事勤。”徵声若乱则其音变浊，哀伤痛苦。因此如果徵声混乱，曲音哀伤痛苦，可以从中看出民众辛苦劳倦。“羽乱则危，其财匮。”羽声极高极清，若乱则其音危惧不安。羽声比物，听到羽声危惧不安，就可以知道，这是上下都不知道节用而导致财物匮乏。

“五者皆乱，迭相陵，谓之慢。如此则国之灭亡无日矣。”迭相陵，就是互相侵扰。“慢”就是无礼，没有节制。若五声不和，互相侵扰，这个时候就称为“慢”。当这种慢乐出现，亡国的日子就快到了。

如果人们能把古圣先王所讲的乐理研究得清楚透彻，就能够闻其乐而知其政，甚至还可以预知其未来的治乱兴亡。《左传》中记载，春秋时期的吴国公子季札精通音乐。鲁襄公二十九年（前 544），季札出访鲁国。鲁国是周公之后，保存着完备的先王礼乐以及各国的国风。季札到了鲁国后，要求观乐。当他听到郑风时，认为郑国的音乐过于细弱，没有远虑持久之风，便预言郑国将来亡国要比别的国家早。后来郑国被韩国所灭，果然比宋国灭于齐国早八十九年，比鲁国灭于楚国早一百一十九年。可见音乐与政治相通的道理真实不虚。

另据《史记·乐书》记载，师涓为晋平公弹奏濮上之音，还未弹至一半便遭到了师旷的制止，批评那是亡国之音。但是晋平公为了满足自己的嗜好，还是坚持将曲子听完了。然后问师旷说：“还有比这更动人的音乐吗？”师旷说：“有。”平公请师旷弹奏，师旷说：“您的道德信义不够深厚，不能听这样的曲子。”平公说：“寡人只有听曲子这一个喜好，但愿能够听到。”师旷无奈，取琴弹奏起来，奏第一遍，有千载玄鹤十数只飞集堂下廊门之前；第二遍，这些玄鹤伸长脖子鸣叫起来，还舒展翅膀，随琴声跳起舞来。平公大喜，起身为师旷祝酒。问道：“再没有比这更动人的曲子了吧？”师旷道：“有。过去黄帝合祭鬼神时奏的曲子比这更动人，只是您德义太薄，不可以听罢了，若听了将会生出祸乱。”平公说：“寡人已经老了，还在乎祸乱吗？我喜好的只有听曲，但愿能够听到。”师旷不得已，取琴弹奏起来。奏第一遍，有白云从西北天际出现；奏第二遍，狂风暴雨骤然而至，直刮得廊瓦横飞，左右之人皆惊慌奔走。平公非常恐惧，吓得伏在廊屋之间。晋国因此而大旱三年，五谷不生。

《太平御览》中也记载了两则谈论音乐的故事，可以证明音乐并非普通艺术。唐高宗调露元年（679），皇太子李贤作了一支《宝庆曲》，命乐工在太清观演练。始平县县令李嗣真听后，便对道士说：“此曲的宫声和商声不相应和，是君臣相阻的征兆；角声和徵声相违逆，是父子不协的征兆。既多衰微之音，且过于凄清尖利，如果国家无事，太子便将遭遇灾祸。”果不其然，次年八月，太子触怒武后，以蓄意谋反罪被废为庶人，高宗也爱莫能助。

唐朝开元末年，凉州进奉新曲，唐玄宗招待诸王在便殿欣赏。曲终，诸王赞叹。只有唐玄宗的大哥宁王李宪默然不语。玄宗问其缘故，李宪说：“此曲虽好，但是臣有看法。曲子应该起始于宫声，散衍于商声，猛烈于羽声，徵声和羽声的根基无不包罗在宫、商之中。臣听这支曲子，宫声迷离而缺少徵声，商声混乱而急速猛烈。宫声代表君，商声代表臣，宫声不旺盛说明君主地位卑微，商声过度说明臣子有僭越之举。臣恐怕他日会有臣下叛乱之事，陛下将遭流离之祸。”后来安禄山造反，玄宗出奔四川，他才晓得宁王辨别音律的高明。

因此，乐理与诸经一样不能违背，否则就是离经悖道，必然会严重损害人心。有道德学问的人听后，就能够推知其结局如何。历史记载的相关事证很多，这里只是举几个比较显著的例子而已。

《史记·乐书》中说：“夫乐不可妄兴也。”所以作乐者和听乐者都要非常慎重。古时作乐之人必须是圣人，现在鲜有圣人出现于世，但是有《乐记》可以作为作乐的理论依据，不可以盲目创新，更不能够抄袭现代西方所谓的流行乐曲，因为其中很多都属于古人所谓的“乱世之乐”，使人心性迷失。

四、音乐与素质教育

《群书治要·礼记》中阐述了音乐教育对人心性潜移默化的影响：“君子曰：‘礼乐不可斯须去身。’致乐以治心，致礼以治躬。心中斯须不和不乐，而鄙诈之心入之矣；外貌斯须不庄不敬，而慢易之心入之矣。故乐也者，动于内者也；礼也者，动于外者也。乐极则和，礼极则顺。内和而外顺，则民瞻其颜色而不与争也，望其容貌而民不生易慢焉。”意思是说，人们不可片刻离开礼乐。致力于乐，是为了陶冶心性；致力于礼，是为了调整身体与言行。一个人的心中如果有片刻不和顺不喜乐，那卑劣而虚妄的念头就会趁机而入，利养贪欲就会产生。外貌如果有片刻不庄重不恭敬，那轻忽怠慢的念头也会乘虚而入。所以说乐是调理人的内心，礼是规范人外在的行为。音乐至美能使人和畅，礼仪至善能使人恭顺。内心和畅而外貌恭顺，则人们望见他的外貌神情，就不会起与他抗争之心；看见他的仪容风度，便不会有轻视侮慢的念头。

可见，乐的普遍流行，可以在人民中间建立起一种平和的气氛。因此，乐在宗庙中奏乐，君臣上下一同聆听，就无不和谐恭敬；在宗族乡党中奏乐，长幼一同聆听，就无不和谐依顺；在家门之内演奏，父子兄弟一同聆听，就无不和睦亲密。所以说乐是为了和谐父子君臣之间的关系，而使万民归附亲顺的，这才是古代圣王立乐的宗旨所在。总之，好的音乐目的就是调养人的心性，而达到中和状态。

中国自古就特别重视对国家继承人的培养。在对继承人进行教育时，不可或缺的内容就是音乐教育。《礼记·文王世子》记载，在对世子的教育中，就特别重视礼乐的教育："凡三王教世子，必以礼乐。乐所以修内也，礼所以修外也。礼乐交错于中，发形于外。立太傅少傅以养之，太傅审父子君臣之道以示之。少傅奉世子以观太傅之德行而审谕之。太傅在前，少傅在后，入则有保，出则有师，是以教谕而德成也。师也者，教之以事而谕诸德者也；保也者，慎其身以辅翼之而归诸道者也。"《群书治要·汉书》中总结说，这种教育使太子从孩提有识之日，就亲近孝仁礼义之人，远离邪人，不见恶行。"故太子乃生而见正事、闻正言、行正道，左右前后皆正人。夫习与正人居之不能无正，犹生长楚之乡不能不楚言也。孔子曰：'少成若天性，习惯如自然。'"

太子所接受的教育应该就是现代所谓的素质教育，而且可以说是最为完善的素质教育，也就是《大学》中所讲的明明德的教育，回归清净和谐的本性，培养人们对真善美的自然的爱，对美好的和谐的人事物的自然亲近感。通过素质教育达到心地清净、以身观身的境界，产生"同声相应，同气相求"的效果。如果一个人修身有成，对于同道中人与邪恶之人都有识别能力，自然就会亲近真善美，远离假恶丑。这正是现代素质教育应当特别注重的。

英雄所见，大略相同。与中国古人一样，古希腊著名哲学家毕达哥拉斯和柏拉图也非常重视音乐教育。他们认为，教育的目的就是灌输一种对和谐的爱。音乐不仅仅是娱乐，我们可以通过欣赏和接触音乐的美而成为和谐的人。在教育中，音乐也被用来传授道德，因为它可以控制品格中极富欲望和侵略性的部分。例如，毕达哥拉斯通过音乐来塑造弟子的品格。他相信，人的实际追求可以通过对感官的反复灌输而形成，这一事实对人类而言至关重要。通过观看美好的形式形态和聆听美妙的韵律曲调而实现对美的追求，可以帮助人们改正败坏的品格和达到对激情欲望的控制，以恢复精神原本的和谐。因此，毕达哥拉斯是西方第一个通过韵律和曲调的形式建立音乐教育的人。毕达哥拉斯不仅把音乐作为塑造人格的重要手段，也把音乐作为治疗精神疾病的重要途径。据记载，他曾通过对着一个醉汉吹奏不同曲调的方式制止了他的疯狂行为，恢复了其清醒的头脑。他还设计了通过曲调检查和治疗各种身体及精神疾病的方法。其中最令人惊奇的是，他亲自弹奏受神的启示而设计的曲调，轻松地改变并控制住了他弟子中所出现的精神上的激情欲望。如沉溺在痛苦和愤怒中的激情，遗憾和嫉妒，创伤的恐惧，各种形式的欲望和侵犯性，食欲不振以及懈怠、懒惰和狂热等。适合的音乐就像精心调制的救命药草，可以将烦恼恢复为正确并和谐的美德。通过为人展现和谐的存在，可以重建人自身这个小宇宙中正确的秩序。

毕达哥拉斯的成功并非出于偶然，是因为他掌握了音乐这种语言，并认识到通过音乐可以影响灵魂的和谐，具有增加或解除人激情的作用。在西方，有无数关于音乐情感作用的例子。这一重视音乐功能的传统的源头很可能和毕达哥拉斯学派的流行有关。

音乐教育是为了达到对美的、和谐的、有秩序的事物的爱，这其实也就是古今中外素质教育的最终目的，包括琴棋书画等在内的一切艺术形式和道德教育都是为了培养起人对于美的、和谐的、有秩序的事物的有节制的自然而然的爱。

末代皇帝溥仪的故事可以使我们感受到这种教育的效果。溥仪有一次应邀到王国维家做客。王国维把家里所收藏的书画等拿出来向溥仪展示。溥仪告诉王国维有哪些作品是赝品。后来王国维找专家鉴定，发现凡是被溥仪指认的，果然都是赝品。王国维就问溥仪是怎么看出来的。溥仪回答说："因为这些作品和我从小在皇宫中看到的不同。"溥仪从小生长在皇宫之中，所见到的全是真品，真品看得多了，遇到赝品时，自然就能辨别了。溥仪所具备的这种能力，就是柏拉图所说的"正确的爱"，即对于美的、有秩序的事物有节制的和谐的爱。

因此，素质教育不是教孩子唱唱歌、跳跳舞，学学钢琴、绘画等仅仅只是掌握几门技能或艺术特长，而是要通过对这些技能和艺术特长的学习，培养起人对真善美的自然亲近、对假恶丑的自然远离，就如"恶恶臭，好好色"一样自然而然，这才是现代素质教育所应该重视的。

第十六讲

《群书治要》法治思想的四个层面

党的十八届四中全会是党的历史上首次以全面推进依法治国为主题的中央全会，全会提出要建设中国特色社会主义法治体系，实现国家治理体系和治理能力现代化。中国特色社会主义法律制度并非天降地生的，它“植根于中华民族5000多年文明史所积淀的深厚历史文化传统”[①]，是中国共产党在执政过程中继承和发展中国传统法治经验，结合当代国情和长期实践总结而来的制度性成果。

回顾历史，中国古人在漫长的历史岁月中积累了宝贵的法治经验。《群书治要·春秋左氏传》中就有“夏有乱政而作《禹刑》，商有乱政而作《汤刑》，周有乱政而作《九刑》”的记载，说明至少在夏、商、周三代就已经有了法治的概念。但自夏、商、周三代以来，中国古代与法治有关的论述浩如烟海，现代人可能一时之间不知如何取舍，也很难在短时间内把握古代法治思想的主旨。《群书治要》就为我们了解古代法治思想提供了重要参考。

在《群书治要》精选的65种经典中，不仅包含《管子》《商君子》《韩子》这样的法家经典，还囊括了《申子》《慎子》等佚失严重的法家著作，而其他各部典籍有关法治的思想、言行、故事，在整部书中也多有节录。同时，《群书治要》不是简单地汇集经典，而是秉持“翦截淫放”的总原则，将无关紧要的内容尽数删减，只保留下与修齐治平相关的精华，使读者通过这一部书就能掌握古代法治思想的精髓。

《群书治要》删节经典有其深刻用意，各卷之间也并非毫无关联。

① 《习近平在中央政治局第十七次集体学习时强调 继续沿着党和人民开辟的正确道路前进 不断推进国家治理体系和治理能力现代化》，《人民日报》2019年9月25日。

就法治思想而言，各卷法治思想自成体系，有明显的纲领主线，各卷围绕纲领展开论述，首尾呼应，纲举目张。《周易》作为中国传统文化的源头，也是《群书治要》的首卷，《群书治要》法治思想的纲领就可以在《群书治要·周易》中寻得踪迹。

《群书治要·周易》和法治有关的卦象主要有噬嗑、豫、丰、贲四卦，分别从四个层面阐述了古代法治思想的总原则。《群书治要》其他各卷的论述，是对这四卦的补充说明，有理论、有事例，与民众日常生活息息相关，读来既生动有趣，又引人深思。

一、效仿天道：法治的来源和基本属性

䷔噬嗑卦是《周易》第二十一卦，它的卦象就像一张口，下数第四爻横亘在中间，就像口中硬塞了东西。为了口能正常开合，只有把阻碍物咬断，这是幼儿都能明白的事。但在这简单的表象中，蕴含着深刻的道理。噬嗑卦是由上离下震组成的，上离在这里象征电，下震是雷，雷电上下相加就像口在咬合一样。“天地生物，有为造物之梗者，必用雷电击搏之。”（《周易浅述》）在自然界当中如果有物阻塞，就用雷电这种自然现象祛除。“圣人治天下，有为民之梗者，必用刑狱惩治之。”（《周易浅述》）而在人世间如果有奸邪阻塞，则用刑罚进行惩治。噬嗑卦认为，法治来源于对自然现象的观察，这是一种天道和人事相贯通的认知逻辑。

现代社会更多的是从权利和义务的关系中理解法律，但我们在古人的这种与自然现象相类比的法治起源观中仍可以得到很多启示。雷声声动四境，表现出一种自然的威慑力，世人听到雷声都知道回避。与之类比，刑罚也是一种威慑力的存在。刑罚的可贵之处不在于依罪处罚，而在于规范社会大众的举止行为，使百姓能自觉回避不法的行为。

要让百姓知法畏法，就必然需要普法。中国古代早在西周时期就已经有了普法的意识。当时负责国家司法工作的大司寇在每年正月初一，下令将法令悬挂在城楼上，以便百姓观摩学习，也就是所谓的“悬法象魏”（《周礼·秋官·大司寇》）。而当代中国自1986年起，连续开展了长达36年的全民普法活动，使法之威严悬挂在每一位中国人的心口上，形成了办事依法、遇事找法、解决问题用法、化解矛盾靠法的大普法格局。

上离是电，闪电的特点是能昭明四方，万物在闪电的照射下清清楚楚、明明白白。而法律之明就在于规定了善与恶、适与不适，确定了事物的名分、人事的职守、财物的归属。《群书治要·尹文子》中有一个形象的比喻——野外的野鸡、野兔，众人都可以追逐，但售卖的鸡、猪充满集市却没有人故意夺取，这是因为名分已定。在中国古代，礼和法常常并称，相辅相成，共同起到规范社会秩序的作用。礼法确立了名分，也就规定了人道的秩序。秩序确定了，各行各业安守在自己的职位，做官的尽好职责，工匠钻研好手艺，农民经营好田地，如此就能“侵官无所由，离业无所至……天下之道正而民一”（《群书治要·袁子正书》）。“侵官”指的是“非其官而与之”，也就是现在所讲的越权；“一”是指专一、无二心。为何能达到“道正而民一”的效果呢？因为名分确立了，社会运行建立在一个健康的秩序基础上，百姓的心思是安定的，不会绞尽脑汁妄求非分的事物，违法乱纪的事自然也就少了。当然定名分不是“愚民”政策，也不是给老百姓身上“贴标签”，它强调的是社会治理的有序前提，古代社会同样也鼓励贤德的人才参与社会治理，这一点在《群书治要》大段的选贤、用贤论述中可以看出。

名分可以简单概括为身份和与之相应的所属、义务、责任。当代社会虽然不再讲究名分，但仍然强调以法律法规规范不同岗位的不同职责，这些法律法规构成了现代社会的合理秩序。对于领导干部而言，肩负着治国理政的重要职责，他们能否遵守法律法规，不越权、不擅权，将很大程度上左右社会秩序的稳定运行。党的十八大以来，习近平总书记多次强调要“把权力关进制度的笼子里”[1]，“决不允许任何组织或者个人有超越法律的特权”[2]，正是论证法律之明和人道秩序之间因果关系的体现。

总而言之，根据噬嗑卦的义理，法律有威、明两端，不可偏废，古人云：“不明则刑必滥，不威则物不伏，故必二者合，而后噬嗑之道始备。”（《周易集解纂疏》）徒威不明容易导致刻薄，徒明不威容易导致轻慢，必须二者相合，刚柔并济。时至今日，即便法律体系更加科学严密，但噬嗑卦所揭示的两项法律属性仍有现实的指导意义。

二、顺治人情：法治施行的心理基础

䷏豫卦上震下坤，震为雷，坤为地，此卦象表示雷出地上。《象传》曰：“雷出地奋，豫。”（《群书治要·周易》）“奋”是震动的意思，“豫”是安乐、舒缓的意思。为什么雷声震动大地时会感到安乐呢？按照唐代著名经学家孔颖达在《周易正义》中的解释，雷顺应春时，是阳气之声，雷声震动大地预示万物可以舒发生长。这里的关键词是“顺”，雷顺应春时而出，万物顺应阳气而生。春生夏长，秋收冬藏是自然运行的规律，顺应自然规律自然能够得到安乐。将此卦象类比人事，“圣人以顺动，则刑罚清而民服”（《群书治要·周易》），“清”是指不妄赦、不滥刑。圣人设立法律也要顺应人情、合乎义理，这样刑罚才能适当，百姓也才能心服口服。

法律和人情并非绝对对立，法律的制定、执行都离不开“人”这个载体，法律当中必然包含人情的因素。当然所谓顺应人情不是指

① 习近平：《在庆祝全国人民代表大会成立 60 周年大会上的讲话》，《人民日报》2014 年 9 月 6 日。

② 习近平：《在庆祝全国人民代表大会成立 60 周年大会上的讲话》，《人民日报》2014 年 9 月 6 日。

“托关系”“走后门”等纵容私情，而是顺应符合世道人心的公理、公情。《群书治要·体论》论述说，对于那些危害公共秩序、侵犯他人利益的人，即便残损他们的肢体，剥夺他们的财物，进行一些看似残酷的惩罚，百姓也不会认为残暴，这是因为他们知道执政者这样做是出于公心；如果有人因为饥饿、寒冷等原因不慎触犯法律，执政者以恻隐之心怜悯他们，减轻罪罚，百姓也不会认为这是偏袒，这同样因为他们知道执政者是出于公心。现代社会在实际量刑时也会将舆论民情纳入考量，酌情加减刑罚，这也是顺应人情的一种体现。

《群书治要》认为，人情更多地表现在欲求上，如《群书治要·政要论》中说：“夫人生而有情，情发而为欲。”人情之欲有善欲有恶欲，人之善欲，“欲寿、欲安、欲荣、欲逸。四欲得，则心适矣”（《群书治要·吕氏春秋》）。法律所顺之人情，是人对这四种善欲的合理诉求。中国的法治之根落脚在民本位，这种善治思想在当代中国开花结果，生长出中国特色社会主义法律体系。当代中国法治，既是一种手段，更包含了以人民利益为旨归的价值导向，它将古之“四欲”升华为“国家复兴”“人民幸福”，强调通过法治的力量“创造安全的政治环境、稳定的社会环境、公正的法治环境、优质的服务环境，增强人民群众获得感、幸福感、安全感”（《中国共产党政法工作条例》）。

人情之欲也有恶欲，人人希求安逸，但这种欲求失度就会产生怠惰，以至于作奸犯科，危害公共秩序。因此孔子说：“小惩而大诫，此小人之福也。”（《群书治要·周易》）法律的本意不在于用刑罚苛责百姓，而在于告诫。百姓通过刑罚的告诫，得以知晓是非，从而避免步入邪路，这对百姓而言，可以说是一种趋避之福。孔子曾做过鲁国专管刑法的大司寇，刚上任七天他就处罚了社会名流少正卯。少正卯能言善辩，非常有口才，很多人为之倾倒，但少正卯所说的都是邪曲不正的言论，使黑白颠倒，带坏了社会风气。孔子处罚少正卯并非出于个人厌恶，而是为了端正视听，以示告诫，让百姓有所警惕。（参见《群书治要·孔子家语》）

人之恶欲常表现在对物质享受的过度追求上。人类生存离不开物质，饥者需食，寒者求衣，适当的物质追求可以提高人类的生活水平，但追求过当不仅扰乱性情，也会对社会造成危害。道家格外强调物欲不利的一面，所谓“五色令人目盲，五音令人耳聋，五味令人口爽，驰骋田猎，令人心发狂，难得之货，令人行妨”（《群书治要·老子》）。道家并非反对人接触色、音、味、玩好，而是强调不能贪、好、嗜。

嗜欲之所以有害，是因为人容易迷失在一时的感官享受中成为欲望的奴隶，进而为满足欲望不顾法律和道德的约束。古往今来，多少亡国之君、贪官污吏都是因一念贪欲而步入罪恶的深渊。暴君纣王原本是个才能出众的君主，有一次他把吃饭的筷子换成了象牙筷，这看起来是一件微不足道的小事，但贤臣箕子看到后非常担忧，因为有了象牙筷，难免还会想要玉杯，有了精美的餐具，就必定要搜罗天下美食，随后车马衣服等一切用度都会日渐奢侈。享乐之心一旦开启，将会一发不可收拾。箕子并非小题大做，事实上纣王果如箕子所料，他打造酒池肉林，随意践踏公理常法，暴虐百姓，最终导致数百年的商朝基业断送在纣王手上。

2016年，中央纪委宣传部推出《永远在路上》反腐纪录片，深刻剖析了十余位落马官员的典型案例。这些落马官员现身说法，还原自身走上违法乱纪道路的心路历程。反观他们的共同之处，大都是因为一念贪欲，在无限度地追求感官享受中越陷越深，最终不仅自毁前程，也给社会带来严重的危害。嗜欲之害，古今一理，怎能不让人警惕？

对于普通人来说，嗜欲也会妨害正业。《群书治要·说苑》里有这么一则故事，战国时期魏国开国君主魏文侯曾向名流李克询问刑罚的根源，李克回答说刑罚来源于奢靡之心。百姓都去追求精美奢华的物品，相互攀比华丽的服饰，这种风气引导大众争相生产华而不实的商品，农业等事关国家根本的产业就会受到损害。农事受损，普通百姓将日益贫困，饥寒并至。温饱问题不能解决，百姓为了生计难免会铤而走险，奸邪的行为将难以制止，这时候就不得不设立刑罚来惩治。

但如果只看到结果，却不知道事物发生的根源，就等于以火救火，舍本逐末。李克探讨了社会心理、社会行为对社会治理带来的影响，在今天仍值得人们反思。

三、公正谨慎：法治施行的必备条件

䷶丰卦上震下离，震为雷，离为电。雷电同时降临，盛大丰满，表示成就巨大，因此称为丰。《群书治要·周易》曰："丰：亨，王假之。""假"读 gé，是至、达到的意思。盛大的境地只有有德的圣王才能达到，这是因为圣王不会忽视细致隐微之处，谨慎行事。然而，"日中则昃，月盈则食，天地盈虚，与时消息，而况于人乎，况于鬼神乎？"（《群书治要·周易》）日月运转的自然规律，总是在最圆满时走向反面，古人观察到这一自然现象，常常用以警惕自身，在事物丰满时要避免因为傲慢自大由盛转衰。这种居安思危的忧患意识激励着一代代中国人不断进步，不断学习，不断反思自身，凝结成今天中国共产党人的优良品质。

对于法治而言，即便已经有了详明的法律，有了精明的执法队伍，也要时刻警惕，习近平总书记曾指出，"全国政法机关要增强忧患意识、责任意识，防控风险、服务发展，破解难题、补齐短板，提高维护国家安全和社会稳定的能力水平"①。如何增加法治忧患意识，防止有悖法治公正的事情发生？我们可以从古人的观念中得到一些启示。

中国古人非常注重执政者的表率作用，认为执政者是法治工作的第一要素，因为老百姓不看重执政者说了什么，而看重他做了什么。所谓"凡民从上也，不从口之所言，从情之所好也"（《群书治要·管

① 《习近平就政法工作作出重要指示强调 防控风险服务发展 破解难题补齐短板 提高维护国家安全和社会稳定的能力水平》，《人民日报》2016 年 1 月 23 日。

子》)。法律是天下整齐划一的标准，应对上至君主，下至百姓起到同等的约束作用。如果君主自身不遵守法律，那么老百姓也必然轻视法律。因此，“明君知民之必以上为心也，故置法以自治，立仪以自正也”(《群书治要·管子》)。真正的明君不把天下当作自己的私有，他所扮演的角色是“代天牧民”。现代人看到“牧民”一词错以为执政者把老百姓当作牲畜，这是很大的误会。元代理学家吴澄在其著作《礼记纂言》中论述道，所谓牧民，就是督促百姓春耕秋收，使民致富，并教导百姓仁义的道理。所以牧民强调的是君主的职能作用，而不是指君民的从属关系。既然如此，君主治国就不能顺从自己的私意，而是要把体现公意的法律作为准绳之一；选拔官员，也不应根据自己的偏爱随意委任，而是依据制度条文，“以法案其言而求其实”(《群书治要·管子》)，考察官员实际能力，选贤任能。所谓“使法择人，弗自举也”(《群书治要·管子》)。

官员是法治工作的主要承担者，官员对待法律的态度，事关法制施行的成效。《群书治要·管子》用秤锤秤杆做了一个比喻。秤是称量物体轻重的工具，百姓不去讨好它，不是因为不喜欢利益，而是知道即便讨好它，秤也不会为人增加重量。同样，正直的官吏秉公执法，不在法外行私，百姓知道即便贿赂他也没有益处，于是行贿受贿的事自然也就少了。

《群书治要》收录了很多执法公正的官吏故事，在他们的心中都有一杆法治之秤。东汉董宣曾做过首都洛阳的行政长官“洛阳令”，一次湖阳公主家的仆人杀人，躲藏在公主家中。湖阳公主是汉光武帝的姐姐，地位尊崇，一众官吏不敢到公主府逮捕凶犯。公主也袒护凶犯，出行时让这个仆人随身陪同。董宣坚决要依法判处罪犯，于是带人守在公主出行的路上，拦下车马，大声斥责公主的过失，并把仆人当街击杀了。公主心中不忿，到光武帝处告状。董宣毫不畏惧，上言皇帝有中兴汉室的圣德，如果包庇罪犯，怎能治理天下？如果要因此降罚，不如让我当庭自杀，于是以头撞柱，血流满面。光武帝让董宣向公主谢罪，命宦官强令他叩头，董宣以手撑地拒不服从。光武帝被董宣感动，于是释放了他，并封他为“强项令”，赐钱三十万，表彰他执法不阿。此后董宣不改初衷，继续严厉打击违法权贵，民间称他为“卧虎”，并为他作了一首歌：“枹鼓不鸣，董少平也。”（《群书治要 · 后汉书》）

古人相信每个人都有善良的本性，人与人之间在人格上是平等的，百姓即便违法犯罪，也要以仁心对待，让他们知道自己的过错，能够改过向善，“是故刑杀者，乃爱人之心也，涕泣而行之，故天下明其仁也……仁见故民不怨”（《群书治要 · 袁子正书》）。由此产生了中国古代最具特色的法治思想——慎法。慎法所对症的是滥刑，古人为避免滥刑，判案时多加慎思，务必使罪罚相当，“服念五六日，至于旬时，全正义也，而后断之”（《群书治要 · 袁子正书》）。如此仁心深厚，罪民知罪领罚，因此不会怨恨。

季子羔（即高柴）是孔子的学生，他曾做过卫国的执法官，以执法公正著称。某次执法时，季子羔依法判处罪民断脚刑。后来卫国发生叛乱，季子羔被迫出逃，逃到城门，发现正是被他判刑的罪民在守城门。追兵将至，罪民告诉季子羔城墙某处有块缺口，季子羔说君子不跨墙；罪民又说城墙某处有个洞，季子羔说君子不钻洞。最后罪民把季子羔带到一间偏房，帮助季子羔摆脱了追杀。季子羔十分不解，因为自己曾判罚这个罪民，现在正是他报仇的好机会，却三次帮助自己逃命。罪民说：“断足是我违法必然要承担的后果，这是无可奈何的事。但您在审案时，一开始因为我的罪责有疑点，所以先审判他人后审判我，这我看在眼里。等到后来证据确凿罪名成立，临行刑时您愀然不乐，愁容满面，这我也看在眼里。您是有意偏袒我吗？我二人本来就互不相识，您如此做正是因为您是正直君子啊！我由此对您深感敬佩。”孔子听说这件事后对季子羔大加赞赏，认为季子羔在秉公执法的同时，还能保持一颗仁爱之心，唯恐残害百姓，是真正称职的执法官。

慎法的情理基础也就是顺治人情，对大部分人来说，生命权是最重要的权利，身体是最重要的所属，人情本就如此。而刑罚夺人性命，戕伐肢体，“人命至重，一死不生，一断不属”（《群书治要·政要论》），即便罪犯罪有应得，但刑罚所带来的伤痛永远也不可挽回，因此，“古今帝王莫不详慎之也”（《群书治要·政要论》）。

受刑是一般人情所不愿，冤狱冤案更是人情所不忍。慎法有效防止了冤案的发生，因为慎法的前提是仁心，是“欲民犯之者寡而畏之者众”（《群书治要·政要论》）。为保证慎法的落实，古人设立了很多即便在今天看来仍是十分先进的制度。例如，《群书治要·周礼》记载了“五听”审狱法。所谓“五听”，是指辞听、色听、气听、耳听、目听。辞听听其言论是否言不由衷，闪烁其词；色听观其神态是否心中有愧；气听察其气息是否平和；耳听听其是否避重就轻，假意蒙蔽；目听视其眼神是否游移不定，举止是否慌乱。如果嫌疑人举止稳重，对答流利，面不改色，那么可以考虑他所说的都是实情，要留神避免冤案。

死刑是最重的惩罚，更要慎之又慎。为避免执法官的个人因素左右判罚结果，《群书治要·周礼》设立“三刺”法，以依靠群体公意进行判决。所谓“三刺”，就是要进行三轮会审，一审要征询群臣的意见，二审要征询群吏的意见，三审要征询百姓的意见。三审之后仍属死刑范畴的，才确定执行。中国古代长期施行死刑复核制度，也就是全国各地判处的死刑案件，都需要上奏皇帝进行复核。隋朝时规定要在死刑判决后、死刑执行前、死刑执行当日复核三次，称为“三复奏”。唐朝时更是将三复奏改为五复奏，即京城内的死刑案件要复奏五次。复奏制度是来自古老中国的人道主义关怀，在当代中国仍有它的影子。自2007年起，中国最高法院规定各级法院和军事法院裁决的死刑案件都要由最高法院核准，体现了当代中国对慎法思想的继承和发扬。

四、先教后罚：刑期无刑的最终旨归

☶贲卦上艮下离，艮为山，离为火。《周易集解》曰："山下有火，文相照也。"山本已峻峭多姿，更加火照，平添光彩，所以称为贲，代表装饰、文饰、文明之意。君子观照贲卦之象，明白此时要以"文明"理政，不能采用严厉的刑罚处理政事，"处贲之时，止物以文明，不可以威刑"（《群书治要·周易》）。

天本素朴，有日月星辰为饰，则素而有彩；山本崄峭，有草木为饰，则刚中有柔。圣人观察天地，发现日月运转、草木生长是自然的文明，那么反观人事，人事之中什么是文明呢？《周易正义》曰："圣人观察人文，则诗、书、礼、乐之谓，当法此教而'化成天下'也。"人之有别于禽兽，就是因为人讲道德，诗书以教，礼乐以导，以使人举止有节，进退有度，互敬互爱。以文明理政，就是教导百姓有道德，果然如此，"则可以使民无讼矣"（《周易禅解》）。当百姓自觉遵守道德时，自然也就会远离邪曲不正的事，因此可以达到刑罚不用的效果。

理政需有文明，是因为刑罚有其所不能及。《群书治要·淮南子》中说："宓子治单父，夜渔者得小即释之，非刑之所能禁也。"宓子治理单父时，老百姓夜间捕鱼，遇到小鱼都会放生。说明这是百姓的自觉行动，这种自发的善行绝不是通过禁令可以达到的。"田渔皆让长，而斑白不负载，非法之所能致也。"（《群书治要·淮南子》）孔子任大司寇时，渔民都谦让长者，而老年人负重都会有人主动帮忙。这种美德也不是法律要求可以养成的。

因此在中国古代，谈到法治常常离不开礼治，礼和法是中国古代治国理政的主要手段，礼教通过培养善良品性来补益不足，法律通过惩治罪恶以禁止后来者效仿。《群书治要·傅子》指出："礼法殊途而同归。"正如医生治病，其目的不在于施针用药，而在于使病人恢复健康；法律的目的也不在于惩治犯人，而在于使人向善，使社会安乐和谐。孔子常以御马来比喻礼教和刑罚之间的关系。礼教就好比马的嚼子和笼头，刑罚好比是鞭子。善于御马的人妥善地使用这两种工具，平衡地使用马力，平抚马的情绪，所以甚至不必用鞭子抽打，马也能随心驱使。但假如抛弃了嚼子和笼头，只用鞭子，那么马必定会受伤，马车也必定失控。同样地，治理国家如果只用刑罚不施礼教，百姓就会茫然无措，国家也会有失序的危机。（参见《群书治要·孔子家语》）

改革开放以来，市场经济蓬勃发展，人们的生活方式发生了很大改变，但一些贪污腐败，食品、药品安全，环境保护等问题也相伴而生。应当指出，这些问题，不仅仅是法治领域的问题，也是道德领域的问题。具体问题之中包含多重因素，很难将其一概归纳为法律对象或者道德对象，正确的眼光应是将二者结合起来看待。《群书治要》中的“礼法殊途而同归”对于应对上述问题就很有借鉴意义。习近平总书记曾指出：“法律规范人们的行为，可以强制性地惩罚违法行为，但不能代替解决人们思想道德的问题。我国历来就有德刑相辅、儒法并用的思想。法是他律，德是自律，需要二者并用。如果人人都能自觉进行道德约束，违法的事情就会大大减少，遵守法律也就会有更深厚的基础。”①

礼法虽然殊途同归，但礼和法的实施也有其先后次序。孔子任大司寇时，有一次有父子二人争讼，孔子将他们关押在同一间牢房，不做任何审问。三个月之后，父子二人感到惭愧，请求停止诉讼，孔子就将他们释放了。执政者季孙氏十分不解，他说：“先前司寇告诉我要教导民众孝敬，如今处死一个不孝子，以儆效尤不是很好吗？”实际上季孙氏没有领会孔子的本意。在孔子看来，如果执政者没有教导孝敬，却用孝来苛责百姓，等同于滥杀无辜。治理国家有先后次序，首要的任务是推行道德教育，如果教育的效果不好，再树立榜样勉励百姓，仍不行，再用国家统治力进行威慑。刑罚是最后万不得已的手段。

① 《十八大以来重要文献选编》（上），中央文献出版社 2014 年版，第 722 页。

先教后罚体现了中国古人治国理政的负责任态度。尧帝说“万方有罪，罪在朕躬”（《群书治要·论语》），古圣先王着重推行教化，认为教育是从事政治的头等大事。执政者有责任通过道德教育引导百姓向善，使他们永远远离刑罚。

老子说：“大音希声，大象无形。”刑罚的极致境界也就是无所用刑。西周初期，周公制礼作乐，设立“明德慎罚”的法治思想。周成王成年后，延续周公为政理念，和其子周康王共同开创了“天下安宁，刑错四十余年不用”（《群书治要·史记》）的“成康盛世”。刑错而不用，并非“可刑而不刑也”，而是因为“礼义修而任贤德”，各行各业都处在合适的位置，社会秩序稳定运行。在这种共同道德感维系的和谐社会，上下一心，皆“背贪鄙而向义理”（《群书治要·淮南子》），没有违法乱纪的土壤。

噬嗑、豫、丰、贲四卦出现在《群书治要》首卷，开篇点题，统领全书法治思想的四个层面。同时各卦之间也有环环相扣、首尾呼应之意。噬嗑卦从天道规律出发，讲述法治思想主要有威、明两个基本属性；豫卦由天道回归人间，阐述法律应顺治人情的道理；而为不违天道，不逆人情，法治施行要秉持公正、谨慎两项基本原则；而最为谨慎之处就在于以文明理政，先教后罚，刑期无刑。《群书治要》是古人为我们留下的一座宝库，其中的法治思想经过历史的检验，即便在今天仍能看到它的影子。学习《群书治要》，有助于推进当代社会主义法治建设，为当代建设法治中国提供宝贵的思想源泉。

第十七讲
《群书治要》中的慎战思想

中国自古就有重战、慎战的传统。中国古代著名兵书《孙子兵法》开篇就讲："兵者，国之大事，死生之地，存亡之道，不可不察也。"战争，作为一种特殊的社会现象，自从人类进入文明社会，就一直伴随着人类历史的发展，几千年来从未停止，给人类带来了难以磨灭的痛苦与回忆。因此，如何避免战争、如何尽量减少战争造成的伤害、如何更好地实现人类自我保存和发展，成为古今中外众多思想家、政治家、军事家孜孜不倦探索和研究的问题。然而，由于中西方在文化传统、思维方式、价值观念等方面的差异，二者对于战争的看法也不尽相同。相较根基于海洋文明、充满二元对立的西方文化所形成的崇尚武力、崇拜强权、肯定战争功利价值、将其视为欲望满足（或为谋求名誉、财富、权力，或为发泄愤怒、怨恨、不平）的正当工具、以提高战略战术彻底消灭敌人、掠取资源等为目标的西方战争观，根基于农耕文明、讲求天人合一的中国文化则因爱好和平、注重和谐、崇尚道义而形成了独具特色的慎战观，先秦诸子百家及后世学者无不强调战争的凶险与危害，而对其抱持高度理性、审慎的态度。比如，儒家经典著作《论语》里讲"子之所慎：齐，战，疾"，并视不战而屈人之兵为最高明的战略，且更注重战争的道义性质，将惩治暴乱、伸张正义看作是用兵唯一且正当的理由和目的。这两种观念一直在各自的文化圈里发生影响，分别推动着中西社会历史的发展，直到近代，随着国际交往的日渐频繁，中西文明开始交汇，才发生碰撞，也因为彼此缺少必要的了解、尊重和交流而产生了不少矛盾与隔阂。

中国，一个地大物博、历史悠久的文明古国，曾在历史上很长一段时间内走在世界前列，然而近代以后，这个古老国度的大门却被西方列强用坚船利炮强行打开了，这一霸道行径也使中国人从“天朝上国”的美梦中惊醒过来，从此踏上了救亡图存的道路。历经百年沧桑苦难，所幸在中国共产党的领导下，中国人民和中华民族终于重新站了起来，并对坚定不移走中国特色社会主义道路进行艰辛探索与实践。七十多年筚路蓝缕，七十多年风雨兼程，在一代又一代中国人的共同努力下，古老的中国焕发出强大的生机和活力，以崭新的姿态出现在了世人的面前。今天的中国，自信、开放、包容、繁荣、富强，正迈步走在通往伟大复兴的康庄大道上，早已不是当初那副一穷二白、积贫积弱、闭关自守、任人欺凌的模样。诚如习近平总书记所说：“中国人民不仅希望自己过得好，也希望各国人民过得好。”① 发展进入新时代的中国，不仅成为当今世界第二大经济体，成功解决了十四亿多中国人的吃饭问题，改善、提高了国民的生活水平和质量，而且积极为完善全球治理体系变革提供新思路、新方案，在地区和国际事务中发挥着越来越重要的建设性作用。

习近平总书记指出：“要了解今天的中国、预测明天的中国，必须了解中国的过去，了解中国的文化。当代中国人的思维，中国政府的治国方略，浸透着中国传统文化的基因。”② 诚如其言，中国特色社会主义道路根植于中华文化的沃土之上。作为中华优秀传统文化的忠实传承者和弘扬者，中国共产党和中国政府在国际问题处理上，深受传统慎战思想的影响，始终主张以和平的方式解决国际争端，反对任何形式的霸权主义和强权政治，中国政府和国家领导人也在多个场合多次申明中国“永不称霸，永不扩张，永不谋求势力范围”的发展原则和立场，并以实际行动践行着这一承诺。所以，了解中国文化，才能够正确地认识中国的现在、正确地预测中国的未来。

再者，当今世界正处于百年未有之大变局，经济全球化深入发展，

---

① 《国家主席习近平发表二〇一七年新年贺词》，《人民日报》2017 年 1 月 1 日。
② 《习近平同奥巴马在中南海会晤 强调要以积水成渊、积土成山的精神推进中美新型大国关系建设》，《人民日报》2014 年 11 月 12 日。

世界多极化趋势不可逆转，各国间联系日益紧密、利益深度融合。中国作为世界大国、作为联合国常任理事国，其国力、影响力与日俱增已成为不可否认的事实和不可阻挡的趋势，以美国为首的西方国家如果不能正视中国的发展，仍以冷战思维看待，那么最终只会导致两败俱伤，没有任何国家和个人能够从中获益。况且，随着科学技术的飞速发展，尤其高新技术武器的研发以及核武器的存在，人类自身安全已经超出一国范围，成为全世界共同关注的问题，如何避免世界战争尤其核战争，也成为世界各国共同面对的时代难题，这就更需要各国特别是核大国放下成见、互助合作，而非为满足一己私欲制造对立、加剧对抗，置人类安危于不顾。想要化解冲突，消弭战争，从充满对抗性的西方文化中无法找到出路，只能求教于东方智慧，中国传统慎战思想无疑具有重要的启示意义。

军事战争，是治国理政的重要方面，魏徵等人编撰《群书治要》在节选相关论述时尤为注意。魏徵精通史学，又历经隋末动荡，深知兵祸产生的原因及危害，所以始终坚持不战、慎战的原则，舍弃了行军打仗的具体策略谋术，而重之以阐明战争的性质、作用、意义及其与政事、道德之间的关系，指出了推行王道才是不战而胜、战而必胜的上善之法。此书可以说完全体现了中国传统的治国智慧，堪称治世宝典。学习《群书治要》中的慎战思想，汲取中国古人用兵的智慧，对于增进世界对当今中国发展道路的了解，对于化解当今世界的矛盾与冲突、推动以合作共赢为核心的新型国际关系的构建具有极其重要的积极意义。

一、好战穷兵，未有不亡者

在中国历史上，有许多因为好战、乐战而导致国家衰败、社会动乱，甚至最后身死国灭的君主，他们用自己的亲身经历给后人留下了深刻的警示，秦始皇、汉武帝无疑是其中最具代表性的人物。后世的臣子、学者多引用两位的教训作为劝谏为君者止战的依据，魏徵也不例外，他在辑录《群书治要》时特别注意节选此类论述，秦始皇穷兵黩武、基业二世而亡的事例，就在《史记上》《汉书二》《汉书六》《典语》《傅子》等多处出现，《汉书六》中更节选了主父偃、严安两位大臣共同以之劝谏汉武帝的内容。

如主父偃说：“从前秦始皇凭借战胜的威势，并吞六国，统一海内，功绩堪比夏、商、周三代的开国君主，然而却无休止地追求战争胜利，想要攻打匈奴。大臣李斯劝说‘匈奴没有居住的城邑，没有蓄积的粮所，随处迁徙，如鸟一样飘忽不定，难以俘获和制服。轻兵深入，粮食必然接济不上；运粮而行，也会因负重而贻误战事。夺得了他们的土地，不会有什么利益；俘获了他们的人民，也不能调和保住。战胜了必定会抛弃他们，这不是民之父母所为。使中国民生凋敝，而以攻打匈奴为乐，这不是完备的谋略’。可是秦始皇不听，而是派了蒙恬率军前去攻打，使其退却千里，并以黄河为界，调派天下成年男子戍守北河。军队在外风吹日晒驻守十余年，死的人不计其数，始终未能越过黄河北进，这难道是人力不足、军备不全吗？是客观形势不合宜啊！此外又使天下百姓急速运输粮草，转送到黄河北段，大概运三十钟才能到达一石。男子拼命耕种满足不了粮饷需要，妇女日夜纺织满足不了军用需求，百姓财穷力尽，孤寡老弱得不到赡养，道路上病死、饿死的人相望不绝，天下因此开始反叛。”

严安也说：“秦始皇在位的时候，秦朝的祸患是北边结怨于匈奴，南边牵制于越人，驻兵于无用之地，前进而不能退守。就这样经历十几年，成年的男子披甲上阵，成年的女子转运军需，百姓苦不聊生，上吊自杀于路边树上的人数不胜数。等到秦始皇驾崩，天下到处反叛，豪杰并起，不可计算。秦朝皇帝贵为天子，富有天下，结果落得个亡国绝祀的下场，就是因为穷兵黩武造成的啊！”

然而汉武帝并没有引以为戒，反而大兴武事，其在位五十四年，对外战争就长达四十六年，结果执政后期社会矛盾急剧激化，叛军四起，群盗作乱，出现了严重的统治危机。幸运的是，他在临死前两年幡然醒悟，改变了治国方略，才得以挽救汉朝危局，避免了重蹈秦朝的覆辙。这件事又被后人作为例子，用来警戒后来的君主。如杜牧所说："秦人不暇自哀，而后人哀之；后人哀之而不鉴之，亦使后人而复哀后人也。"（《阿房宫赋》）

《群书治要·孔子家语》里也记载了类似的一段话，孔子说："夫明镜者，所以察形；往古者，所以知今。人主不务袭迹于其所以安存，而忽怠于所以危亡，是犹未有以异于却步，而欲求及前人也，岂非惑哉？"明镜可以察照形貌，了解过去可以看清现在。君主不努力效法前代如何安邦定国，反而轻慢前代为什么会危亡，这就好比往后倒退，却希望能够赶上前面的人，岂不是很糊涂吗？纵观历史，我们不禁发出疑问：为什么前车之鉴犹历历在目，后人却不能受到警醒？为什么明知战争凶险，却仍有那么多君主好战、乐战？究其原因，就在于君主拥有至高无上的权力却不能克制自己的贪心、私欲，秦始皇、汉武帝便是最好的例子。《汉书四》中，晁错分析秦亡的原因时讲道："（秦始皇）起兵攻打匈奴、南越，并不是为了保卫边境、救助苦难的百姓，而是贪图利益，希望开拓秦朝的土地，所以功业还没有建立，天下就大乱了。"《汉书六》中，贾捐之也说："秦（始皇）兴兵远攻，贪图对外扩张而不理国内事务，务求开拓疆土，却不考虑这样做的危害，以至于天下百姓叛乱离散。"

其实，不只秦始皇、汉武帝，古今中外，但凡专制独裁国家或者资本掌握权力国家的领导者，如果不能克制贪心、私欲，都必然会发动对外战争，比如二战发起国——纳粹德国的元首希特勒，再比如近代发动侵华战争的西方列强。《汉书七》中，魏相讲了五种兴兵的情况，其中就有三种是因为国家领导者不能克制贪心、私欲而引起的，他说："争恨小故，不胜愤怒者，谓之忿兵，兵忿者败；利人土地货宝者，谓之贪兵，兵贪者破；恃国家之大，矜民人之众，欲见威于敌者，谓之骄兵，兵骄者灭。"（《群书治要·汉书》）因为小事而争胜斗恨，以至于不能克制一时愤怒而兴兵，叫作“忿兵”，争气斗忿的军队会失败；贪图别人的土地货宝而兴兵，叫作“贪兵”，贪得无厌的军队会破败；倚仗国家强大，自夸人口众多，想以威势慑服敌人而兴兵，叫作“骄兵”，骄傲自大的军队会灭亡。魏相认为，这些不仅是人情事理，更是自然规律。作为国家领导者，作为一国之君，肩负着保全国家、生养人民的重任，本应该戒惧谨慎，然而却为了满足一己私欲、发泄一己私忿而妄动干戈，陷本国与他国人民于水深火热之中，实在不仁不义到了极点！

也正因为认识到君主身份的特殊性，所以中国古代特别强调君德修养，要求为君者克制贪心、私欲。《周易·损卦》说：“象曰：山下有泽，损。君子以惩忿窒欲。”山下有深泽，是减损的象征。所以君子应效法这种精神，克制忿怒，抑制嗜欲。《政要论》里也说：“夫欲至无极，以寻难穷之物，虽有贤圣之姿，鲜不衰败，故修身治国也，要莫大于节欲。”一个人以无止境的欲望，去追寻无穷无尽的外物，纵然有成贤成圣的资质，也很少有不衰败的，所以修养身心、治理国家，没有比节制欲望更重要的事了。舜帝、大禹在中国被称为圣人，受万世景仰，并不是因为他们天生比别人尊贵、比别人优越，而是因为他们能够禁闭私情而达到无欲。比如，舜帝曾将黄金藏在险峻的高山上、将珠玉埋在深川的谷底里；仪狄进献美酒给大禹，大禹品尝后觉得非常甘甜，于是疏远仪狄，并杜绝人们进献美酒。退一步来说，国家领导者即便不能像舜帝、大禹那样做到禁闭私情达到无欲，能够做到违心消除也是好的，尽管略逊一筹，比如楚庄王攻破陈国而得到夏姬，贪图其美色，准备纳入后宫，大臣申公巫臣劝谏说“贪色为淫，淫为大罚”，庄王于是破坏后墙，将夏姬放了出去。最糟的是，君主不但不克制，反而放纵、追求，那样的话，于国家、于人民甚至于自己都将是灾难。《老子》说：“天下有道，却走马以粪；天下无道，戎马生于郊。罪莫大于可欲，祸莫大于不知足，咎莫大于欲得。”君主治国合于道，战马会退而耕田；君主治国不合于道，怀胎的母马都只能在战场郊外产驹。最大的罪恶莫过于放纵欲望，最大的祸患莫过于不知满足，最大的灾殃莫过于贪得无厌。所以不难看出，想要抑制战争，就必须抑制国家领导者的权力，或者使国家领导者克制贪心、私欲，否则战争将不可避免。

而战争真的能如好战者的意愿、为他们带来利益吗？答案是否定的！《群书治要》阐明了一个观点，那就是：战争百害而无一利！并着重从三个方面进行了论述。

第一，战争极其消耗人力、物力、财力，所得抵偿不了损失。《孙子兵法》里讲："兴师十万，出征千里，百姓之费，公家之奉，日费千金；内外骚动，怠于道路，不得操事者，七十万家。"在中国古代，八家为邻，一家从军，七家供给，十万大军出征，就意味着七十万家不能安心生活，百姓的损失、朝廷的供给每天高达千斤黄金。这样的消耗，若是战事不断，即便国力再雄厚，也承受不起。秦始皇吞并六国，攻打匈奴、南越，耗尽了前面六代秦王百余年的积蓄，仍不能满足军需用度，虽然得到了土地货宝，但远远补偿不了国家的耗费，而且从长远看，还加深了中原王朝与少数民族的仇恨。汉武帝也是如此，他即位时，国家经过七十年的休养生息，京城边邑的粮库充实、钱库盈余，京城累积钱财数百亿，以至于穿钱币用的绳子朽断了，钱币散落在地数不清；太仓储存的粮食连年增加，多到露天堆放，以至于发红腐烂不能食用，百姓家家有马，田间小路也是马匹成群，于是开始追究汉高祖平城被围的旧怨，清算匈奴自冒顿单于以来侵扰边境所造成的损害，结果战事连年不止，钱财货物日渐衰耗而不能满足需用。如卫青连年率十几万大军出征匈奴，斩下敌人首级和俘获敌人的士兵受到赏赐的黄金有二十多万斤，而汉军中士兵、马匹死亡的数量有十多万，武器装备、军队粮饷运输的费用还没计算，正常的费用开支和赋税收入已经用尽，仍不能给养战士。再如霍去病出击匈奴，大获全胜，匈奴的浑邪王率数万人归降，都受到了丰厚的赏赐，归降的匈奴人的吃穿用度全由汉王朝供给，朝廷供给不足，汉武帝就降低自己的膳食标准，拿出私库财物周济，如此花费的钱财数以亿计，导致了朝廷财

力极度空虚。（参见《群书治要·汉书二》）

相比较而言，如果说以冷兵器作战为主的古代战争消耗更多的是人力，那么依托于高科技武器装备作战的现代战争消耗更多的则是财力！以海湾战争为例，作为美国自越南战争后第一次主导参战的局部战争，同时也是美军第一次将高科技武器投入实战的战争，短短 42 天，以美国为首的多国部队就获得了胜利。战争中，军费开销极其惊人，“据估计，美国从向海湾地区调兵遣将进行海湾战争到撤出美国军队，要花费 1000 多亿美元，尽管大部分费用由其他国家分担，但对赤字累累的美国财政来说，也是沉重负担。一般预计，1991 年度美国财政赤字将从上年度的 2204 亿美元增加到 3000 亿美元”[①]。尽管这场战争一定程度上提高了美国的国际地位，增强了其干预国际事务的能力和信心，但也加重了其财政负担，加速了其经济的衰退。再来看看伊拉克，不仅阴谋没有得逞，被驱逐出了科威特，而且“伤亡和被俘 18 万多人，损失坦克 3800 多辆，火炮 2900 多门，作战飞机 324 架，87% 的舰艇被毁或遭重创，战争直接损失达 2000 余亿美元。要知道，在 1989 年，伊拉克全部国民收入还不到 200 亿美元”[②]。

第二，战争严重破坏社会生产和生活。《老子》讲：“师之所处，荆棘生焉。大军过后，必有凶年。”在中国古代，农业作为国家最基本的经济形式，为人们提供着衣食之源，也为国家创造和积累着财富，然而由于生产力水平低下，耕作只能依靠人力和畜力（牛、马等），所以一旦发生战争，大量的人力、畜力被征调，农事生产就会受影响而不能正常进行；农事生产不能正常进行，粮食供给就很容易出现不足、短缺；粮食供给不足，不仅影响战事结果，而且也会使普通百姓的生活无以为继，沦为流民。比如汉武帝在位中期，元封四年（前 107）中，函谷关以东因饱受战乱徭役之苦而流离失所的百姓达二百万

① 张海鹰：《海湾战争对美国经济的影响》，《理论观察》1991 年第 4 期。
② 《第一次海湾战争烧了多少钱？》，《国际金融报》2015 年 6 月 8 日。

口，没有户籍的有四十万口（参见《史记·万石君传》）。另外，亦如老子所说，战争是种极具杀伤性、破坏性的行为，军队所到之处，战火纷飞，房屋被毁，农田遭践，十室九空，一片荆棘丛生的荒凉景象，大战过后，尸横遍野，死气影响生气，也就必然会出现凶荒之年。如果仔细观察历史就会发现此言不虚，瘟疫、饥荒、动乱总是伴随着大规模的战争而出现，秦末时期、汉武帝执政后期都有类似情况发生。古代战争如此，现代战争更是如此，甚至有过之而无不及。如果说古代战争对于农业生产的破坏性较大的话，那么随着社会的发展、生产力的提高，现代战争则是对于工业生产的破坏性更大。仍以海湾战争为例，在这场战争中，“伊拉克的生产设施有将近半数毁于战火，由于‘造血’功能的严重丧失，90% 的工人失业，潜在经济损失估计高达 6000 亿美元。战后，伊拉克电力设施 50% 以上被摧毁，境内大中型水力、火力发电厂全部遭到轰炸。直到 1991 年 9 月，伊拉克的发电能力才恢复到战前水平的 20%。通信设施 70% 被炸毁，炼油设施 70% 被毁，交通设施中 80% 的桥梁被炸毁，上万幢居民住宅楼被炸毁。巴格达市长曾表示，多国部队的空袭使得伊拉克基础设施建设倒退了 40 年，伊拉克几乎回到了工业化前的时代”[①]。

第三，战争容易引起政局动荡，甚至政权更迭。作为一种政治行为，国家领导者的战争决策正确与否会直接影响其统治合法性、政权稳定性以及统治阶层内部的协和性。在中国古代，天下的君主一般被称为“天子”，即“天之子”，意思就是说他的权力来自上天，但这并不意味着他可以为所欲为、任意行事。这里的“上天”不是某种具有主观意志的宇宙主宰，而是代表着一种客观形势、一种对于民心民意的抽象反映。《尚书》里讲“天矜于民，民之所欲，天必从之”“天视自我民视，天听自我民听”。所以，上天授命君主，是为了让其代替上天生养民众、教化民众，而不是让其欺压民众、戕害民众、让民众为其服务以显示其

① 《第一次海湾战争烧了多少钱？》，《国际金融报》2015 年 6 月 8 日。

地位尊贵，如《荀子》讲“天之生民，非为君也；天之立君，以为民也”；《慎子》里说“立天子以为天下也，非立天下以为天子也”；《典语》里也说“天生烝民，授之以君，所以综理四海，收养品庶也”。换而言之，君主之所以称为君主，是因为有了他，民众能生活得更好，否则，就不能称为君主，而是“独夫”“民贼”。孟子言汤伐夏桀、武王伐纣，未闻臣弑君，而是“诛一夫”（《孟子·梁惠王下》）。姜太公也说，“审天子不可击”，“所谓天子者，天下相爱如父子，此之谓天子”，武王伐纣，不过是“为天下除残去贼”（《六韬·犬韬》）。所以，君主权力的合法性也就在于其能够给民众带来利益，如果不能，那么他就失去了作为君主的资格，被推翻也就在情理之中、意料之内。

战争，作为一种对民众生命财产安全危害极大的行为，深为民众所厌恶和恐惧，君主即便是为了保护民众不得已而发动，尚需要谨慎而行，更不用说为满足一己私欲而恣意发动了。君主如果不能克制贪心、私欲，一旦致力于对外战争，那么就会怠忽内政，而导致政治昏暗，如汉武帝时，战事连年，军费开支巨大，朝廷供给不足，“有关官员就请求武帝让百姓出钱买官以及赎回不准做官的限制、免除贪污受贿的罪罚，出钱多的可以封侯、做卿大夫，出钱少的可以做郎官，做官的途径杂乱繁多，以至于官职被耗费”，武帝还“征募百姓中有能向官府交纳奴婢的，允许其终身免除租赋徭役；郎官交纳，可以增俸升官，等到后来，交纳羊可以做郎官，就是从这时开始的”（《群书治要·汉书二》）。此外，还会导致统治阶层内部分化，君主的位子因此朝不保夕。《论语·季氏》篇中有段记载，孔子得知季孙氏将要讨伐颛臾，而弟子冉有、季路二人身为家臣不但不去劝谏，反而还为其开脱后，感到非常愤怒，说“君子疾夫舍曰欲之而必为之辞”，君子最痛恨的就是明明贪图利益却还一定为它编造个理由，并预言“季孙之忧，不在颛臾，而在萧墙之内”，季孙氏的忧患，不在颛臾，而在于鲁国内部，《群书治要·论语》夹注里说“后季氏家臣阳虎果囚季桓子也”。《群书治要·新语》里也举了几个例子，从前，晋厉公、齐后庄公、楚灵王、宋襄公，凭借大国的权势，倚仗众多百姓的威力，四处出兵，欺压诸侯，对外骄横敌国，对内苛虐百姓，与邻国结仇于外，与群臣积怨于内，还想建立坚固的统治、使基业延续后世永不断绝，这岂不是太难了吗？所以最后宋襄公死于泓水之战，其他三位死于臣子之手（晋厉公被栾书、中行偃政变所擒，杀死于狱中；齐后庄公因与崔杼之妻私通，被崔杼等人所杀；楚灵王因蔡公弃疾政变而逃亡，自吊于郊外），这都是轻易用兵、耀武扬威落得的下场啊！所以《春秋》加重笔墨予以书写，以表伤感和哀叹。隋炀帝也是因为频繁发动战争，西征吐谷浑，三征高句丽，滥用民力，穷奢极欲，最后在江都被部下宇文化及所杀，政权被李唐取代的。

在对战争危害深刻体认以及对历史经验总结反思的基础上，中国古人作出了一个绝对判断，那就是：好战必亡！这也是魏徵等人编撰《群书治要》所要传达给唐太宗及后世君主的一个重要信息。《群书治要》里除了多次直接出现“好战必亡”（《汉书六》《司马法》《典语》）的论述外，还辑录了许多相似的论述，如“极武而亡”（《汉书四》）、“夫务战胜，穷武事，未有不悔者”（《汉书六》《后汉书四》）、“强梁者不得其死，好胜者必遇其敌”（《孔子家语》）、“万乘之国，好用兵者亡”（《文子》）、“兵犹火也，不戢将自焚”（《典语》）、“好战者亡”（《政要论》），等等。从这些论述中，我们可以看出古人对于好战的结局是非常确信的。为什么好战必然灭亡？致力于军事战争，为什么没有不后悔的？因为这是天道、人情使然。就像前面魏相所说，这不仅是人情事理，更是自然规律。由于农耕文明下生活的先人长期依赖于土地生息繁衍，所以他们特别强调对宇宙自然规律的认识与遵从，他们认为天地间万事万物都有其运行法则，尊重并按照这种法则行事，就可以获得吉祥，否则就会招致凶灾。而通过对事物发展变化规律的观察，他们发现天道好生恶杀，万物贪生畏死，而兵戈是杀生之器，战争是杀生之事，它们能够给包括人类在内的所有生灵带来伤害，所以先秦诸子几乎一致认为它们是凶险的事物，如老子说“兵者，不祥之器，非君子之器”；

尉缭子说“兵者，凶器也；战者，逆德也”；《群书治要·政要论》里说“战者危事，兵者凶器，不欲人之好用之”；等等。

天道好生恶杀，是说喜好生养、厌恶杀害是宇宙万物运行的规律、法则。对此，《周易·系辞下》里讲，“天地之大德曰生”。唐代儒学大家孔颖达《正义》疏解曰：“天地之盛德，在乎常生，故言曰生。若不常生，则德之不大。以其常生万物，故云大德也。”天地最盛大的恩德，就在于它没有恒常固定的生养，所以说“生”。如果不能做到恒常生养，恩德就不够广大。正是因为天地能够恒常生养万物，所以说其“大德”。《老子》里也说：“天之道，利而不害。”《群书治要》夹注言：“天生万物，爱育之，令长大，无所害也。”另外，《三略》里也讲：“重伤人物，是天道也。”《群书治要》夹注说：“兵者凶器，战者危事，相杀伤之道，故不果为也。天道乐生也。”而包括人类在内的生灵万物无不贪生畏死，这是其与生俱来的自然本能，中国古人对此也认识得特别透彻，《群书治要》里节选了许多类似论述，如《尚书》里讲“好生之德，洽于民心”，喜好生养、爱惜生命的品德，符合民众的心意；《傅子》里说“民之所好莫甚于生，所恶莫甚于死”；《管子》里说“民之情莫不欲生而恶死，莫不欲利而恶害”；等等，这些都是告诫国家领导者应顺应人的自然性情实行治理，不能违逆，否则就会遭受民众的仇视、反对而政权不保，“自古而至于今，与民为仇者，有迟有速，而民必胜之矣”（《贾子》），“以不道遇人，人亦以不道报之。人仇之，天绝之，行无道，未有不亡者也”（《傅子》）。正因为天道好生，人情畏死，而战争违背天道、违逆人情，所以好战者必然也就会犹如飞蛾扑火，自取灭亡。

二、仁者无敌，上战无与战

通过前面的分析，我们已经知道战争百害而无一利，喜好战争的结局更是必然灭亡，那么显然，不战争是最理性的选择，也是最好的情况。退一步来说，万一战争不可避免，则若能不正面交锋而取得胜利最好，这也应是最优先的战略考量。中国古人对此有着清晰的认识和一致的见解，《孙子兵法》就讲：“百战百胜，非善之善者也，不战而屈人之兵，善之善者也。”作为资政著作，《群书治要》也节选了大量相似的论述，如《六韬》里说，“善战者，不待张军；善除患者，理其未生；善胜敌者，胜于无形；上战无与战矣。故争于白刃之前者，非良将也；备于已失之后者，非上圣也”。善于作战的人，不会等到陈兵列阵；善于消除祸患的人，消除祸患于萌生之前；善于战胜敌人的人，取胜于无形之中；最高明的战法，是不跟人交战而获得胜利。所以用刀剑来争夺胜利，不是好的将领；失守之后再来防备，不是德智超群的人。《文子》里也说，“善守者，无与御；善战者，无与斗”，善于防守的人，不需要防御（就能守住）；善于作战的人，不需要战斗（就能获胜）。《尉缭子》里说，“暴甲而胜，将胜也；战而胜，臣胜也。战再胜，当一败。十万之师出，费日千金，故百战百胜，非善之善者也；不战而胜，善之善者也”，披甲作战而获胜，是将领取得的胜利；以战略谋术而获胜，是谋臣取得的胜利。战事频繁获得胜利，相当于失败。因为十万大军出征，每天都要耗费大量物资，所以百战百胜，不是好中之好；不战而胜，才是好中之好。

那怎样才能避免战争、做到不战而胜呢？《群书治要》告诉我们，首先需要办理好政事。《袁子正书》里讲，“礼与法，首尾也；文与武，本末也。故礼正而后法明，文用而后武法，故用兵不知先为政，则亡国之兵也”，礼制和法制，相辅相成，是首尾的关系；文事与武事，是本末的关系。所以礼制端正之后，法制自然明确；文事施行之后，武事自然规范，所以用兵不知道先办理好政事，是亡国之兵。《文子》里也说，“地广民众，不足以为强也；甲坚兵利，不足以恃胜也；高城深池，不足以为固也；严刑利杀，不足以为威也。为存政者，无小必存；为亡政者，无大必亡”，“千乘之国，行文德者王；万乘之国，好用兵者亡。王兵先胜而后战，败兵先战而后求胜，此不明于兵道也”。

土地广阔，人口众多，不足以成为强国；盔甲坚固，兵器锐利，不足以保持优胜；城墙高耸，护城河深，不足以牢不可破；刑法严厉，惩罚苛刻，不足以树立威风。施行能够使国家得以保全的政治，国家无论多小都必然会保存；施行败坏的政治，国家无论多么强大都必然会灭亡。拥有千辆兵车的国家，如果能施行仁德之政，那么也可以成就王业；拥有万辆兵车的国家，如果喜欢发动战争，也会导致灭亡。王者之兵是先得胜而后交战，破败之兵是先交战而后求胜，可见后者不懂得用兵之道。很明显，这两段话点出了战事与政事之间的内在关系（即政事为本，战事为末；政事在先，战事在后）。普鲁士军事家克劳塞维茨在其著作《战争论》中也说过，“战争无非是政治通过另一种手段的继续”。也就是说，战争并不具有绝对的独立性，就其本质而言，它只不过是种政治工具，服务于政治，受制于政治，同时又反作用于政治、影响政治。如果认识不到这一点，就不能认清战争规律，那么也就不能避免战争、做到不战而胜，甚至还会引火烧身，自取灭亡。

那么，怎样才能办理好政事呢？换句话说，怎样才能治理好国家呢？在中国古代，主要的治国方式有两种：一种是以仁义道德为主的王道，另一种是以武力权谋为主的霸道。这两种治国方式对于用兵也各有不同的看法，《群书治要》对此进行了细致的比较论述。

从用兵手段看，王道注重以仁德信义服人，霸道侧重以诡诈谋术求胜，如《刘子》说，“王者之兵，修正道而服人；霸者之兵，奇谲变而取胜”。《孙卿子·议兵》篇中，临武君与荀卿在赵孝成王面前也围绕用兵的要领进行了激烈的辩论，临武君认为用兵的关键在于占据天时地利，观察敌人的动向，后发而先至。荀卿则认为，自古用兵的根本在于与民同心，并以射箭、驾车、汤武革命为例，指出用兵的关键在于善使百姓亲近依附。临武君反驳说：“用兵所看重的是形势便利，所行使的是诡变巧诈。善于运用这些的人，用兵神出鬼没，不知其动向。孙子和吴子就是这样而无敌于天下的，哪里一定要等到百姓依附呢？”荀卿说：“不是这样。我所说的是仁德之君的军队，这是王者之师。您所看重的是权术谋略和形势便利，攻占夺取和诡变巧诈。仁德之君的军队，是不能被欺诈的；能够被欺诈的，只是怠慢之君的军队。所以以夏桀那样的君主去欺诈夏桀那样的君主，还有可能侥幸取胜；但若以夏桀那样的君主去欺诈唐尧那样的君主，无异于以卵击石、以指挠沸，如同飞蛾扑火会被烧焦淹没一样。所以仁德之君治理的国家，上下一心，三军同力，臣子对于君主，下级对于上级，就好像儿子侍奉父亲、弟弟侍奉兄长，好像手臂保护头目而覆盖胸腹，用诡诈的方法偷袭，跟先惊动而后攻击的结果是一样的。”这次临武君没有反驳，而是表示了认同。

《吕氏春秋·孝行览》里也有个例子，从前，晋文公将要与楚国人在城濮作战，于是召见咎犯问道：“楚国兵多，我方兵少，该怎么对敌呢？”咎犯回答说：“我听说注重繁文缛节的君主，对礼节仪式不排斥；作战频繁的君主，对诡诈之术不排斥，您也不妨使用诡诈之术。”晋文公把咎犯的话告诉了雍季，雍季说：“排尽池水捕鱼，怎能捕不到鱼？然而明年就没有鱼捕了；焚烧沼泽地的草木打猎，怎能打不到猎物？然而明年就没有猎物打了。巧诈虚伪的方法，虽然现在可以苟且得利，但以后却不能再获利了，这不是长远的方法。”后来晋文公采用了咎犯的建议，在城濮打败了楚国，回国论功行赏时，却将雍季排在了前面。文公左右的大臣对此不解，认为城濮之战的胜利是因为采用了咎犯的计谋，现在行赏反而将其排在后面，这样不妥。文公却说：“雍季的话，对百世有利；咎犯的话，却只能顾及一时。哪有把只能顾及一时的功劳放在有利于百世的功劳前面呢？”孔子听说后，说道：“遇到危难使用诈术，足以退却敌人；回国以后尊崇贤人，足以报答其恩德。文公虽然没有做到善始善终，但也足以称霸了。”其实，以诡诈之术取胜，即便咎犯自己，也觉得羞耻，《韩非子·外储说左上》里他就说道：“臣为君行诈伪以反国者众矣，臣尚自恶也，而况于君！”

又《孙卿子·仲尼》篇里，荀子讲：“孔子的门徒，即便五尺高的门童，都以谈论春秋五霸为耻，为什么？就是因为他们所施行的不是政治教化的根本之道，为政的手段没有达到最高明的境界，也没有完全按照礼义来治理国家，不能得到百姓心悦诚服的拥戴。他们只是趋向于运用权谋策略，使用民力的时候懂得劳逸结合，蓄积物资，加强战备，研究战术，以求战胜敌国，且依靠诡诈谋术去取胜，以谦让的表象掩饰争夺的实质，貌似追求仁德却把谋夺私利当作目的，这些人不过是小人中的杰出者，又怎么能为孔氏门人所称道？而那些施行王道政治的君主就不是这样，他们达致贤明，而能救助不肖；达致强大，而能宽恕弱小；与人交战，必定能打败对方，然而却羞于与其争斗。他们将礼文仪节以文字的形式表示出来，公布于天下，天下的百姓自然受到教化。如果还有祸国殃民、悖谬乖戾的，再对其进行讨伐。所以圣明的君主，一般很少讨伐其他国家。”

再从用兵效果看，王道能够不费吹灰之力，使敌人心悦诚服归附；霸道则费时耗力，不仅不能使敌人诚心归附，反而还会加剧矛盾，加深仇恨，后患无穷。中国古代童蒙经典《弟子规》里就说道：“势服人，心不然；理服人，方无言。”《政要论》里对“王者之兵”进行了概述：“德以为卒，威以为辅，修仁义之行，行恺悌之令，辟地殖谷，国富民丰，赏罚明，约誓信，民乐为之死，将乐为之亡，师不越境，旅不涉场，而敌人稽颡，此王者之兵也。”以道德为终止，以威势为辅助，遵循仁义的行事准则，执行和乐平易的命令，开辟土地种植五谷，国家富有而百姓富裕，赏罚公正严明，信守盟约誓言，百姓乐于为国捐躯，将士乐于以身殉国，军队不用越过边境，士兵不用抵达战场，而敌人就心悦诚服地投降了，这就是王者之兵。《荀子·王制》也说，王者“仁眇天下，义眇天下，威眇天下。仁眇天下，故天下莫不亲也；义眇天下，故天下莫不贵也；威眇天下，故天下莫敢敌也。以不敌之威，辅服人之道，故不战而胜，不攻而得，甲兵不劳而天下服”。施行王道政治的君主，他们的仁德高于天下、道义高于天下、威势高于天下。仁德高于天下，所以天下没有人不亲近他；道义高于天下，所以天下没有人不尊重他；威势高于天下，所以天下没有人敢与他为敌。以不可抵挡的威势，辅之以使人顺服的治理方法，所以不战而能获胜，不攻而能得到，不费一兵一卒而天下能归附。中国历史上有许多这样的例子，比如，上古时代，有苗部族背离正道、不听王命，舜帝派大禹去征讨，三十天不能令其心服，伯益劝言以谦虚至诚之心感化，于是大禹班师振旅，舜帝“诞敷文德，舞干羽于两阶”，七十天后，有苗自愿前来归附。（参见《尚书》）再比如，崇国国君道德败坏，周文王率兵讨伐，三十天不能使其投降，于是文王退兵回国，修明教化，然后再次讨伐，这次营垒如旧，而崇国便主动前来投降了。（参见《春秋左氏传中》）

我们再来看霸道用兵，秦始皇、汉武帝都属于这一种，其效果不言而喻。《新序》里讲：“野人之用兵也，鼓声则似雷，号呼则动地，尘气充天，流矢如雨，扶伤举死，履肠涉血，无罪之民，其死者已量于泽矣，而国之存亡、主之死生，犹未知也，其离仁义亦远矣。”这描述的就是霸道用兵的情形。粗野无礼的人用兵，鼓声如雷，杀声震地，尘土漫天飞扬，乱箭犹如下雨，扶持伤患，抬运死者，踩着肠子，蹚着血水，无辜惨死的百姓能够填满河泽，而国家的存亡、国君的生死，尚未可知，这离仁义也就很远了。《文子》里也说：“知土地之宜，习险隘之利，明奇正之变，察行阵之事，白刃合，流矢接，舆死扶伤，流血千里，暴骸盈野，义之下也。”知道地理的环境条件，熟悉险要关隘的优势，了解奇正作战的变化，明察行伍军阵的情况，两军交战，刀剑相接，乱箭纷飞，车载亡者，扶助伤患，血流千里，尸骨遍野，这是最下等的义。

通过比较不难看出，霸道，就道德性质、境界、功效而言，远不如王道更趋于善，境界更高，且更为长远、有效，即便它可以通过诡诈谋术达到不战而胜，但在尊崇道德、讲究仁义的中国文化中，也始终为人所不齿。对于中国古人来说，施行王道才是治理国家的正途，也是无数治国者孜孜以求的政治理想，魏徵亦是如此，其编撰《群书治要》的目的就是劝谏唐太宗力行王道、摒弃霸道。事实证明，其确实具有远见卓识。

那么怎样才能施行王道呢？仔细阅读《群书治要》不难得知，其要点就在于君主以至诚之心施行礼制、推行仁政。

《论语·学而》篇中，有子说，“礼之用，和为贵。先王之道，斯为美”。礼的作用，以达到天下和谐为可贵，先王治理国家以此为美善。礼有什么作用?《礼记》里说：“夫礼者，所以定亲疏、决嫌疑、别异同、明是非也。”就是说，礼能够确定人际关系的亲疏远近，决断事情的嫌疑之处，区分物类的同异差别，辨明道理的是非曲直，所以“君子有礼，则外谐而内无怨”。有德君子有礼，于外，则与疏远的人关系和谐；于内，则与亲近的人没有怨恨，内外协服。个人如此，国家（民族）亦然，一个国家（民族）有礼，外部国（族）际关系就会和谐，内部社会关系也会融洽。《盐铁论》说，“王者崇礼施德，尚仁义而贱怪力，故圣人绝而不言”。以王道治理天下的君主崇尚礼仪、施行德政，重视仁义而轻视怪异、勇力的事情，所以圣人从不谈论这些。从前，周公以谦卑礼让的态度接待身份卑微的士人，以礼仪道德屈尊对待天下的百姓，所以从推辞越裳国君进献的礼物这件事，看到了周公恭敬的礼；从与其一起进入供奉文王的庙堂这件事，看到了周公大孝的礼。外国使节亲眼看到庄重肃穆的干戚舞，亲耳听到祭祀演奏的雅颂声，心中充满至高的道德，愉快地回国，这就是四方少数民族国家所以仰慕礼义而亲近归附周朝的原因。又比如春秋齐国晏子，在宴会上讲究礼义，而破解了范昭的计谋，迫使晋国放弃了武力进攻的打算，这就是“修之樽俎之间，而折冲乎千里”。

然而，孔子又说“人而不仁，如礼何”，一个人如果没有仁爱之心，遵守礼制又有什么用呢？如果说“礼”是外在规范，那么“仁”就是内在品德，所以心存仁爱是遵守礼制的前提和根本。心存仁爱，便可以化干戈为玉帛、化戾气为祥和。孟子说“国君好仁，天下无敌焉”。这句话其实有两层意思：一层是说国君推行仁政，能够得到民众的拥戴，上下一心，众志成城，就会无敌于天下，但这并不是说仁者好战，而是说其能在不得已而战的时候必然获得胜利。《孙卿子》说：“仁人之兵，所存者神，所过者化，若时雨之降，莫不悦喜。故近者亲其善，远方慕其德，兵不血刃，远迩来服，德胜于此，施及四极。”仁德之君的军队所到的地方，百姓无不被感化、受其精神影响，犹如及时雨降临，没有不欢喜的。所以近处的国家亲近他们的善行，远方的国家仰慕他们的道德，刀刃不用沾血，远近的国家就会前来归附，德行伟大到这种地步，就影响到四方极远之地。另一层是国君内心充满仁德，他对待一切人（国家）就都是平等的、友善的，不分亲疏远近强弱大小，他的心里没有对立、眼中没有敌人，即便有些人（国家）对他抱持敌意，他也会以仁爱之心去包容、去化解，所以他走到哪里都是受欢迎的，不会与别人发生矛盾、冲突，这样自然也就没有敌人。

不过，施行礼制也好，推行仁政也罢，最重要的是以至诚的心去做，不然就不能达到效果。《中庸》说，“诚者，物之终始，不诚无物”，“唯天下至诚为能化”，真诚，贯穿于事物发展过程的始终，不真诚，事物就不能存在发展，只有天下最真诚的心才能化育万物。《群书治要》也特别强调“诚”对君主治国的重要性。前面说过，舜帝派大禹征讨有苗，过了三十天而不能让其心悦诚服，伯益就劝说道：“惟德动天，无远弗届。满招损，谦受益，时乃天道。至诚感神，矧兹有苗。”只有德行能感动上天，不论多远，没有到不了的地方。自满会招致损害，谦虚能获得裨益，这是天下至理。此处有个夹注，说“自满者人损之，自谦者人益之，是天道之常”。骄傲自满的人，人们会损害他；自我谦逊的人，人们会帮助他，这是大自然的客观规律。至诚的心，连神明都能感通，更何况区区有苗呢？这里也有个夹注，说“至和感神，况有苗也。言易感也”。极其和顺的德行，连神明都能感通，更何况有苗呢？这就是说，高尚的德行容易感化百姓。于是舜帝诚心施行礼乐教化，七十天后，有苗果然主动归附。《淮南子》也说，“四海之内，莫不仰上之德，象主之指。夷狄之国，重译而至，非户辨而家说之也，推其诚心，施之天下而已矣。《诗》曰：‘惠此中国，以绥四方。’内顺外宁矣。大王亶父处邠，狄人攻之，杖策而去，百姓携幼扶老，而国乎岐周，非令之所能召也”，“故总道以被民，而民不从，诚心弗施也”。全天下的百姓，没有谁不仰慕君主的德行、效法君主的意旨。外族国家，通过译使前来朝见，并不是靠挨家挨户地劝说宣传实现的，而是靠君主将真诚之心推而广之施行于天下实现的。《诗经》说：“君主施恩德于国中，以安抚四方的国家。”国内治理和顺了，外部也就安宁了。古公亶父，周文王的祖父，过去在邠地的时候，狄族人常常前去攻打，于是他拄杖离去，而邠地的百姓搀扶着老人、手领着小孩也跟随他一起离开，到了岐周建立国家，这不是靠强制命令就能做到的。所以详细阐明道理让百姓接受，如果百姓不听从，这是由于君主的诚心不够、没有普遍地施及百姓。

由此可见，君主是否具有至诚之心，是王道能否施行成功的关键所在。如果君主没有至诚之心，那么施行王道也只是徒具形式，起不到效果。中国古代的君主无不希望四夷宾服、万邦来朝，也无不向往王道，愿意以王道作为施政目标和准则，然而却很少有取得成功的，于是就认为王道不合时宜、于治国无益，实际上这是对王道在认识和实践上存在的偏颇和不足。就本质来说，王道是一种内向型的治国方式，它与依靠加强外在强制性手段治理国家的霸道不同，它主要是依靠君主个人通过提升内在德行修养，以身作则地去影响百姓，从而实现国家治理，所以国家治理效果如何直接取决于君主个人的德行修养程度。施行王道而起不到效果，主要有两个原因：一是君主个人道德修养不够，不足以感化百姓；二是君主将仁义道德当作了统治工具，要求百姓服从，而不是首先要求自己遵守。也就是说，君主个人的道德修养是根本，是原因；百姓归附、天下悦服是末节，是结果。而真正施行王道的君主，他心心念念的都是如何为天下的百姓谋福祉，都是如何提升自己的道德境界、成就自己，而不是如何维护自己的统治、如何为自己谋私利。就像《文子》所说的：“圣人之心，日夜不忘乎欲利人，其泽之所及亦远也。夫至人精诚内形，德流四方，见天下有利，喜而不忘；见天下有害，忧若有丧。夫忧民之忧者，民亦忧其忧；乐人之乐者，人亦乐其乐。故乐以天下，忧以天下，然而不王者，未之有也。”圣明君主的存心，日日夜夜都不忘记利益百姓，他的恩泽所到达的地方也会很遥远。道德修养极高的人，他的内心至诚，恩德流布天下，看到天下有利的事，会高兴而不忘记百姓；看到天下有害的事，会忧虑而好像自己遭受损失一样。那些以百姓的忧虑为忧虑的人，百姓也会为他的忧虑而感到忧虑；以百姓的快乐为快乐的人，百姓也会为他的快乐而感到快乐。所以，以天下百姓的快乐为快乐，以天下百姓的忧虑为忧虑，这样还不能成为天下的君主，是从来没有的事。综上可知，以至诚之心施行王道，确实可以无敌于天下、取胜于无形，是最高明的战略。

三、忘战必危，修武以备患

既然以至诚之心施行王道，可以无敌于天下、取胜于无形，那么是否可以专注于文事而废弃武事呢？不可以！中国古代重要军事著作《司马法》说："国虽大，好战必亡；天下虽平，忘战必危。天下既平，春蒐秋狝，振旅治兵，所以不忘战也。"国家虽然强大，但是如果君主喜欢对外发动战争，那么也必然会灭亡；天下虽然安定，但是如果君主怠忽战备，那么也必然会遭受倾覆危险。天下即便已经太平，君主每年春秋两季还需要以狩猎的形式开展军事训练，这是为了表示不忘记战争。从前，承桑氏的国君，只注重修明德治，而废弛武备，结果导致亡国（参见《吴子·图国》）；周穆王时期，徐国国君徐偃王好行仁义，前来归附的东夷国家有三十六个（一说三十二个，见《淮南子·人间训》），最后也因不修武备，而遭受楚国袭击，身死国灭（参见《韩非子·五蠹》）。三国吴人陆景对此评论道："天下虽安，武不可废，况以区区之徐，处争夺之世乎？忘战必危，此之谓也。"（《典语》）即便是大力提倡仁义治国的儒家创始人孔子也没有完全否定战争，也没有忽视战备的重要性，如其言"有文事者必有武备，有武事者必有文备"（《孔子家语》）。《百战奇略·忘战》也讲："凡安不忘危，治不忘乱，圣人之深诫也。天下无事，不可废武，虑有弗庭，无以捍御。必须内修文德，外严武备，怀柔远人，戒不虞也。”国家在和平安定的时候，不可以忘记还有发生战争的危险；社会在治理有序的时候，不可以忘记还有发生动乱的可能，这是古代圣哲留下的深刻教诫。天下虽然太平无事，但不能因此而废弃武备，应考虑到还有不归顺、对自己怀有敌意的国家存在，否则的话，就会在被侵犯时无法抵御外敌，进而保护自己，所以君主必须对内修明德治，对外加强战备，用温和的手段、宽厚的德行使远方的国家和百姓归附，时刻防备意外事件的发生。古往今来，因承平日久、疏于防务而导致国家危亡的事例比比皆是，例如开创了“开元盛世”的唐玄宗就是因为其统治后期，国家长期处于和平环境，逐渐丧失了忧患意识及警惕，而销毁兵器、放牧战马、罢黜将领、削减军队，致使国家不知防备、百姓不懂作战，等到安史之乱突然爆发于人们毫无思想准备的时候，文官不堪为将领，百姓不堪为士兵，以致政权几近崩溃、江山几近沦丧的。“凡事豫则立，不豫则废。”（《孔子家语》）中国自古就有强烈的忧患意识，讲究居安思危、未雨绸缪，战争攸关国家存亡、百姓生死、政权稳定，所以加强武备更为历代统治者、思想家、军事家所重视，如孙子讲，“无恃其不来，恃吾有以能待之也；无恃其不攻，恃吾之不可攻也”。又《淮南子》里讲，“用兵者，先为不可胜，以待敌之可胜也。治国者，先为不可夺也，以待敌之可夺也”。

为什么忘战必危？为什么必须加强武备？《申鉴》里有段话作出了很好的回答，它说“小人之情，缓则骄，骄则恣；急则叛，叛则谋乱；安则思欲，非威强无以惩之。故在上者，必有武备，以戒不虞，以遏寇虐，安居则寄之内政，有事则用之军旅”。意思是说，普通人的性情是，国家政令宽缓了，就会心生骄纵，心生骄纵，就会恣意妄为；政令急迫了，就会心生叛逆，心生叛逆，就会谋反作乱；生活安定，就会时刻想着欲望满足，除非使用威强手段，否则不能对其惩戒，所以君主必须加强武备，用以预防意外事件的发生，以及遏制凶残暴虐的人和侵略残害的行为，国家平安无事时就致力于修治内政，一旦发生变故，就使用武力平定。《汉书二》里也讲，“人函天地阴阳之气，有喜怒哀乐之情。天禀其性而不能节也，圣人能为之节而不能绝也”，“圣人既躬明哲之性，必通天地之心，制礼作教，立法设刑，动缘民情而则天象地，故因天秩而制五礼，因天讨而作五刑。上刑用甲兵，其次用斧钺；中刑用刀锯，其次用钻凿；薄刑用鞭扑。大者陈诸原野，小者致诸市朝，其所繇来者上矣”。意思是说，人秉承天地阴阳之气孕育而生，生而具有喜怒哀乐的自然情感，上天赋予人类这种性情但却不能对其节制，圣哲贤人能使百姓节制这种性情但却不能使其断绝。圣哲贤人既然已经具备洞察事理的能力，那么必会通达天地的存心，制定礼仪开展教化，确立法规设置刑罚，一举一动都会顺应百姓的性情、遵循天地自然的规律，所以其依据上天的秩序而制定五种礼仪，依据上天的惩治而设置五种刑罚。最重的刑罚用军队，其次用斧钺，中等的刑罚用刀锯，其次用钻凿，最轻的刑罚用鞭扑。大规模的刑罚，是在原野上列阵厮杀；小规模的刑罚，是在市集朝廷上陈尸示众，这是由来已久的。显然，加强武备是古人基于对自然规律及人情事理的深刻把握而得出的结论。

如何加强武备呢?《群书治要》重点从三个方面进行了论述。

一是重视将领设置。俗话说，“蛇无头不行，兵无主自乱”，将领在军事战争中具有极其重要的地位和作用。《六韬》里讲，“兵者，国之大器，存亡之事，命在于将也。先王之所重，故置将不可不审察也”。战事，是国家治理的头等大事，关系到国家的存亡，国家的前途命运全都系在将领的身上。从前的圣明君王对此特别重视，所以设置将领不可以不慎重考察。《三略》里也讲，“将者，国之命，将能制胜，国家安定”。

二是重视军事训练。中国古代特别重视军事训练，孔子讲“不教民战，是谓弃之”，吴子也讲“兵以治为胜”“所谓治者，居则有礼，动则有威，进不可当，退不可追，前却如节，左右应麾”。在古代，军事训练有特定的时间和方式，《周礼·夏官》中说：“仲春教振旅，遂以搜田；仲夏教拔舍，遂以苗田；仲秋教治兵，遂以狝田；仲冬教大阅，遂以狩田。”

三是重视军备建设。孔子说："工欲善其事，必先利其器。"在《群书治要·政论》里，崔寔分析汉朝强盛的原因，认为其正是在于具有武器装备的优势，他说："凡汉所以能制胡者，徒擅铠弩之利也。铠则不坚，弩则不劲，永失所恃矣。""使三军器械，皆可依阻，则胆强势盛，各有赴敌不旋之虑。若皆弊败，不足任用，亦竞奋皆不避水火矣。三军皆奋，则何敌不克？""兵革，国之大事，宜特留意。"

此外，在古人看来，加强武备，并不是为了炫耀武力、征服他国，而是为了防范他国侵犯，同时也是为了在必要时禁暴除乱，拯救己国与他国的百姓。在中国古代，出兵必须有正当的名义，必须以仁义为动机、目的和原则。《政要论·兵要》讲："圣人之用兵也，将以利物，不以害物也。将以救亡，非以危存也。故不得已而用之耳。"《三略》讲："圣王之用兵也，非好乐之，将以诛暴讨乱。夫以义而诛不义，若决江河而溉荧火，临不测而挤欲坠，其克之必也。"《尉缭子·兵令》中也说："王者所以伐暴乱而定仁义也。"《司马法》中强调："古者以仁为本，以义治之，治之谓正。是故杀人安人，杀之可也；攻其国，爱其民，攻之可也；以战去战，虽战可也。"显然，这些都是强调发动战争必须以仁义为基础和前提。

中国传统慎战思想，蕴含着利而不害、为而不争、神武不杀、止戈为武的深刻道理以及加强战略思维能力、弘扬人道主义精神、推动和平发展事业的时代价值。其是中国古人政治智慧的结晶，也是全人类共同的精神财富。在世界多极化、经济全球化、文化多样化深入发展的今天，研究中国传统慎战思想，特别是《群书治要》中的慎战思想，充分挖掘其中蕴含的道理和价值，不仅非常必要，而且十分迫切。其不论对于理解中国国防政策、军事战略、发展道路，还是对于引导世界各国树立正确战争观、遏制大规模战争、帮助人类走出战争阴霾，都具有积极、重大的启发和借鉴意义。

第十八讲

《群书治要》中的外交思想

和平与发展仍然是时代的主题，中国的和平发展进程已经是一个不争的事实。面对中国这样一种全新的发展态势，许多西方人士从自身的文化传统和历史经验出发，认为中国的发展会挑战现有的国际秩序，甚至会奉行对外扩张战略。毫无疑问，这种“中国威胁论”的声音是对中国现实与历史发展历程不甚了解之人所发出的。

我国当代的外交思想是以中华优秀传统文化为根基，以外交实践和改革开放经验为现实土壤，并受到国内外形势变化的影响而形成的。中国坚定奉行独立自主的和平外交政策，对话不对抗，结伴不结盟，提出在“和平共处五项原则”的基础上发展同各国的友好合作，坚信国家不论大小、强弱、贫富皆需平等相待。《群书治要·周礼》中载有大国“比小”，“以和邦国”，就是指大国应以平等、谦下的态度对待小国，以使各诸侯国和睦。道家学派的始祖老子谈到国家间关系时，亦曰：“大邦以下小邦，则取小邦；小邦以下大邦，则取大邦。”（《老子》）这是指大国对小国谦让，则取得小国的尊重；小国对大国谦下，则取得大国的容让。墨家主张“大不攻小也，强不侮弱也，众不贼寡也”，即国家之间应做到不以大压小，不以强凌弱，不以富欺贫。因此，中国尊重各国人民自主选择发展道路的权利，捍卫主权国家的尊严，不以任何理由与借口干涉别国内政，成为维护世界和平力量的中流砥柱，永远不称霸，永远不搞扩张，提倡建立以相互尊重、公平正义、合作共赢为基础的新型国际关系，推动构建人类命运共同体。

新型国际关系是对中国传统政治文化中“和”思想的继承和发展，是对“亲仁善邻”“协和万邦”思想的集中体现与历史性延伸。“以和为贵”的中华文化基因与中华民族历来讲求的中庸和合之道、倡导和平的文化传统在相当程度上决定了中国外交政策的整体方向与未来。实际上，中国古代的对外思想就十分强调处理好与周边邻国关系的重要性，并从地缘政治的角度深刻揭示出了相邻国家“辅车相依，唇亡齿寒”（《左传·僖公五年》）的关系，把“亲仁善邻”视为“国之宝也”（《左传·隐公六年》）。以邻为友，以邻为伴的睦邻外交也成为中国古代外交最为重要的组成部分，成为中国和谐周边、追求天下太平的一种重要国家战略。与通常强调“博弈”“竞争”的西方典型地缘政治思想不同，两千多年来，中国传统“以和为贵”的地缘政治思想一直贯穿始终。在封建王朝“家天下”和“中央大国”的思想主导下，中国的主流政治是以和平主义为其内核的，实行防卫性的国防政策。这些思想在《群书治要》中体现得淋漓尽致。《群书治要》外交思想的基本底色是和平外交，以“仁者爱人”“贵德贱兵”为内涵，以“亲仁善邻”“协和万邦”为展现，以“和合共生”“世界大同”为价值追求。

一、仁者爱人，贵德贱兵

中国古代外交是以“仁者爱人”“贵德贱兵”的和平外交为内涵的。孔子强调“仁者爱人”；孟子主张天下一家亲，彼此相爱，“老吾老，以及人之老；幼吾幼，以及人之幼”（《群书治要·孟子》）；墨子提出“兼爱”即“爱人，待周爱人而后为爱人”（《墨子·小取》）。即是说，爱人，要爱所有人，并且“爱无厚薄”，即爱是没有等级差别的。国与国之间亦如此，不能彼此孤立，需要互相尊重和仁爱。古人不仅主张用德教来教化国内百姓，还把它作为一种外交价值观，提倡“近者悦服，远者来附”（《群书治要·孔子家语》）、“远人不服，修文德以来之”（《群书治要·论语》），从而达到“不战而屈人之兵”（《群书治要·孙子兵法》）。即天子以德服人，怀柔远人，恩威并施，远人自会归服。如果废弃德教，仅推行屯边防御和武力征伐，则边境战线拉长，兵役徭役增加，百姓劳苦不已，国力损耗严重，最后不战而败。

“王者行仁政，无敌于天下”（《盐铁论》），国际地位从来不能靠武力威胁和阴谋诡计来获得。正如孟子所说：“以力假仁者霸，霸必有大国；以德行仁者王，王不待大。汤以七十里，文王以百里。以力服人者，非心服也，力不赡也；以德服人者，中心悦而诚服也。”（《孟子·公孙丑上》）意思是说，依靠武力假借仁义之名的国家可以称霸，但行霸道必须以强大的国力为基础；依靠德治施行仁政的国家可以称王，行王道不一定需要强大的国力。商汤凭借七十里国土，周文王凭借百里国土就使人心归服。倚仗武力可以使人民服从，却不能使人民心服，是因为武力不能供养人民。依靠仁德治理使人民服从，人民心中喜悦而诚心诚意归服。《群书治要·六韬》曰：“安天下者有天下，爱天下者久天下，仁天下者化天下。”能使天下安定者才能拥有天下，爱护天下百姓者可以长久地统治天下，仁德普施天下者可以化育天下，使别国信服。唐太宗李世民就是这样一个仁德之君，他认为“自古皆贵中华，贱夷、狄，朕独爱之如一”（《资治通鉴》卷一九八），为了四方百姓，尽可能不采取战争的方式解决国家间的矛盾。他对待不同民族国家采取“以德服人、怀柔羁縻”的方式，他深知“以德行仁者王”，想要得到他国的尊重，被天下人拥戴，依靠侵略他国的强大武力是办不到的，因为以战争作为屈服邻国的手段，必然导致彼此民众的死伤，最终丧失人民的支持。

《群书治要·六韬》曰：“故利天下者天下启之，害天下者天下闭之，生天下者天下德之，杀天下者天下贼之，彻天下者天下通之，穷天下者天下仇之，安天下者天下恃之，危天下者天下灾之。天下者非一人之天下，唯有道者得天下也。”意思是为天下谋利益的，天下人就拥护他；使天下人受祸害的，天下人就反对他；使天下人得以生养的，天下人就感激他；杀戮天下人的，天下人就毁害他；顺应天下意愿的，天下人就归顺他；使天下人穷困的，天下人就仇视他；使天下人安居乐业的，天下人就依靠他；给天下带来危难的，天下人就共同危害他。天下不是一个人的天下，天下是天下人的天下，只有有道之人，才能得到天下人的拥戴。唐太宗主张“君临区宇，深根固本，人逸兵强，九州殷富，四夷自服”（《贞观政要·征伐》）。施王道行仁政，以仁义之心关照天下，故能得到其他国家和民众的支持和拥护。以王道治国，仁德使其他国家愿意亲近，义举使其他国家崇尚向往，威严使天下人不敢侵犯，这样就能够不借助战争达到协和万邦的结果。贞观四年（630），太宗被西域诸藩尊称为“天可汗”。贞观五年，康国甚至举国请求归顺。

中国一直把战争作为防御手段，主张“慎战”“柔武”。古人对战争的破坏性有着深刻的认识，因而在对待国家间的矛盾与冲突时，非常慎重，强调战争只能不得已而为之，如《孙子兵法》说：“兵者，国之大事，死生之地，存亡之道，不可不察也。”老子在谈论战争时，说：“兵者，不祥之器，非君子之器，不得已而用之。”（《群书治要·老子》）主张以“和而不同”的思维沟通处理国际问题，争取对话合作，减少矛盾冲突，尽可能地避免战争。因为战争自出现以来就给人类带来了深重的灾难，给人民的生命和财产造成了重大损失。特别是进入20世纪以后，随着科学技术的进步，战争手段不断丰富，战争对人类造成的破坏愈加巨大。2015年，习近平总书记在纪念中国人民抗日战争暨世界反法西斯战争胜利70周年大会上说：“战争是一面镜子，能够让人更好认识和平的珍贵。今天，和平与发展已经成为时代主题，但世界仍很不太平，战争的达摩克利斯之剑依然悬在人类头上。我们要以史为鉴，坚定维护和平的决心。”[①]同时，为了表明中国坚决捍卫和平、永不称霸、永不搞扩张的决心，中国宣布“裁减军队员额30

① 习近平：《在纪念中国人民抗日战争暨世界反法西斯战争胜利70周年大会上的讲话》，《人民日报》2015年9月4日。

万”。人类已经走过满布荆棘的道路，也走过以血泪铺成的道路，两次世界大战给人们带来的伤痛还不够惨烈吗？战争暴力、强权主义、霸权主义、种族主义等最终给人们戴上的是贫穷与苦难的枷锁，只有和平共处、求同存异、合作共赢才能把人们引领到那“开满玫瑰花的芳草地”。

二、亲仁善邻，协和万邦

“亲仁善邻”出自《左传·隐公六年》“亲仁善邻，国之宝也”，是指亲近仁义而友好邻邦。以仁爱友善原则与邻国相处，是国与国之间和谐相处的前提条件。“协和万邦”出自《尚书·尧典》“克明俊德，以亲九族；九族既睦，平章百姓；百姓昭明，协和万邦”，意指举用族中德才兼备之人，使族人团结一体；族人既睦，辨别彰明百官中的贤德者；百官既明，使诸多邦族之间和睦相处。中国先秦时期，邦国林立，鉴于当时“天下万邦”的社会现实，帝尧提出了“协和万邦”的理念。不同邦国之间的和谐关系，本质上是宗族和谐向邦族和谐乃至天下和谐的扩展，因而古人主张“修己睦邻”，对内修德，兼施于外，则德致太平之化，百姓无怨且和睦。亲仁善邻，协和万邦思想是对当代中国外交的历史性表述，是中国特色社会主义外交思想的历史源泉。亲仁善邻，协和万邦在具体的国家外交中表现为平等尊重、推礼重信、同舟共济、合作共赢的国际交往方式。党的十八大以来，以习近平同志为核心的党中央统筹国内国际两个大局，提出“大国是关键，周边是首要，发展中国家是基础，多边是重要舞台”[①]的外交框架。

平等尊重，推礼重信是国际交往的基本准则。平等尊重，是人类建构理想社会的基本价值取向，是人之为人自古就追求的一种理想原

① 《在实现中国梦征途上昂扬奋进——以习近平同志为总书记的党中央十八大以来治国理政纪实》，《人民日报》2014年1月10日。

则，它代表的是一种尊严性、公平正义性的存在状态。无论是西方古希腊时期特权者的平等、中世纪在上帝面前的生命平等、近代的人人生而平等，还是中国古代儒家的“己所不欲，勿施于人”；道家的“天地相合，以降甘露，民莫之令而自均”；法家的“天子犯法，与庶民同罪”，即法律面前人人平等；墨家的“兼相爱”；佛家的“生佛平等”思想等，皆从本质上显示了人类面对现实存在的差异性与区别性，希望能以无区别之心——平等包容、尊重差异，对待不同民族国家的政治、经济、社会、文化等。在国际社会中，平等尊重不是一句外交辞令，而是落实在国家交流合作中表现为主权平等，尊重彼此核心利益和重大关切，尊重各国的国家制度与发展道路，尊重彼此的民族文化与价值信仰，不强迫或者干涉别的民族国家内政外交，因为国家的强大不是通过打着“民主”“人权”的幌子干涉他国的内政外交来体现，国际威望更不是通过制造几个“美丽的风景线”就能获得，而是通过带领本国人民与世界人民一道走向更和平繁荣的未来所彰显出来的。

在几千年的中国传统文化中，“礼”囊括了政治、社会、家庭等几乎人类社会的一切领域的文化现象，代表的是一种相互尊重的规范性、稳定性价值理念，不仅体现在人际关系中，也体现在国际交往中。

其一，国家间的“礼”，本质上是以一种平等尊重之心对待他国。古人认为国与国之间应以礼相待，相互致意，以保持亲近之情，国家不分大小强弱，皆需做到“以宾礼亲邦国”。据《晏子春秋》记载，齐国使臣晏婴出使楚国，楚王为了让晏婴难堪，故意带一个齐国盗窃犯到堂上，还暗讽齐国人擅长偷盗，对齐国完全没有礼仪可言，因为楚国此时已经跃居春秋五霸之列，国力强盛，而齐国称霸的盛世已过，在楚强齐弱的态势下，楚王愈发骄横。晏婴机智对曰：“婴闻之，橘生淮南则为橘，生于淮北则为枳，叶徒相似，其实味不同。所以然者何？水土异也。今民生长于齐不盗，入楚则盗，得无楚之水土使民善盗耶？”结果反而使楚王自取其辱。

其二，“礼”体现了一种同理心的国际交往理念，最终指向的是更加公平公正的国际秩序。国家间交往会形成一种相互默认的规则与规范，《礼记·曲礼上》曰：“礼尚往来。往而不来，非礼也；来而不往，亦非礼也。”这种隐形的规范会根据双方“礼尚往来”的程度进行自动调整。

“信”，作为一种国际道德与规范，是指在国际交流合作中，要真诚互信，增强国家间的互尊互信、互商互谅。“信任是国际关系中最好的黏合剂”，关于“信”的思想的阐述，首推儒家代表人物孔子。他非常重视“信”的价值，提出：“自古皆有死，民无信不立。”（《群书治要·论语》）是说死者，古今常道，人皆有之，治邦不可失信。在春秋战国时期，晋文公对国家信用给予了高度重视并指出 ：“信，国之宝也 ，民之所庇也。”（《群书治要·春秋左氏传》）晋国在晋文公的努力下终于成就了中原霸主地位，但是到了晋景公时期并没有继承这种优秀的政治品质。公元前 583 年，晋景公派韩穿来鲁国，要鲁国把汶阳之田（原为鲁国领土，晋国出兵打败齐国，命令齐国把田地归还了鲁国）送给齐国，鲁国人说：“信以行义，义以成命，小国所望而怀也。信不可知，义无所立，四方诸侯，其谁不解体。”（《群书治要·春秋左氏传》）意思是信义无所树立，四方的诸侯，谁还会去恭敬晋国呢？这样的做法只会让诸侯离心。可见，中国自古就意识到国家信用的重要性。以信相交，是确保两国关系长期健康发展的牢固基础，是国家间合作交往的基石。2019 年 3 月，习近平主席在中法全球治理论坛闭幕式上呼吁：“当前，国际竞争摩擦呈上升之势，地缘博弈色彩明显加重，国际社会信任和合作受到侵蚀。我们要把互尊互信挺在前头，把对话协商利用起来，坚持求同存异、聚同化异，通过坦诚深入的对话沟通，增进战略互信，减少相互猜疑。”① 加强文明交流对话，彼此加深理解和认同，使各国人民相知相亲、互信互敬。

① 习近平：《为建设更加美好的地球家园贡献智慧和力量——在中法全球治理论坛闭幕式上的讲话》，《人民日报》2019 年 3 月 27 日。

中国古人提倡“睦乃四邻”“富以其邻”的外交理念。其中“邻”，释为“近也，亲也”，又解释为“连也，相接连也”。从中可见中国古人对邻里关系具有深刻认识。早在春秋战国时期，齐宣王问孟子：“交邻国有道乎？”孟子曰：“惟仁者为能以大事小”“惟智者为能以小事大”，“以大事小者，乐天者也；以小事大者，畏天者也。乐天者保天下，畏天者保其国”。（《孟子·梁惠王下》）大国要仁德、包容，小国要有智慧。邻里、邻国关系不是相互对立、矛盾冲突的关系，而是唇亡齿寒、守望相助的关系。《孟子·告子下》中就讲到这样一则故事：白圭认为自己的治水功勋比禹还大，在孟子面前得意地炫耀，孟子曰：“子过矣。禹之治水，水之道也，是故禹以四海为壑。今吾子以邻国为壑。水逆行谓之洚水。洚水者，洪水也，仁人之所恶也。吾子过矣。”意思是大禹治水遵循水的道路，是以四海为蓄水的沟壑，所以造福了九州的百姓。而你却把邻国当作蓄水的沟壑，这种做法是典型的自私自利行为，是“不仁”的行为，把本国利益凌驾于邻国之上，转嫁国内危机，失去了国际道义，以为这样可以解决自己国家的水患问题，结果水逆向而行，就变成了洪水，损人亦不利己。古人主张以邻为伴，反对“以邻为壑”，嫁祸于邻，追求讲信修睦、“聘交邻好”的外交格局。

当代中国始终把邻里关系放在外交全局的首要位置，主张以“亲诚惠容”的理念，以邻为善，以邻为伴，坚持睦邻、安邻、富邻的外交政策，“深化同周边国家的互利合作和互联互通”[①]，打造周边命运共同体。中国陆上邻国有 14 个，已经与 12 个陆上邻国彻底解决了陆地边界问题，并妥善处理同周边国家有关岛屿主权和海洋权益的争端，竭力推动领土主权问题的和平解决，通过 APEC、上合组织、“10+1”“10+3”“中国—东盟”等各种合作机制，与周边国家进行深度交流合作。譬如，2020 年 6 月 8 日，习近平主席同缅甸总统温敏就中

① 《中央外事工作会议在京举行》，《人民日报》2014 年 11 月 30 日。

缅建交 70 周年互致贺电时指出："以构建中缅命运共同体为遵循，密切高层往来，巩固政治互信，深化各领域务实合作，加强多边协调配合，使两国人民永做好邻居、好朋友、好伙伴、好胞波。"[①]

处理好国家间的利益关系是和睦相处的基础。所有的外交辞令最后都是落实在务实的国际合作中。在国际交往中，利益关系是最直接的关系。"利"是所有外交活动与外交政策的"试金石"。早在春秋战国时期，古人对义利之辨的探讨已经形成了系统丰富的思想。儒家主张"义以为上""见利思义""义然后取"；墨家贵义尚利，主张合义利统一，尚"天下之利"；法家主张"重利轻义""以法制利"；道家追求"义利俱轻"。西汉之后，儒家的义利观成为主流，它体现的是一种着眼全局的整体性义利观。在漫长的历史发展中，深深地影响当代中国外交的义利观。中国人历来主张"国不以利为利，以义为利"。在《群书治要·孟子》中，孟子见于梁惠王，梁惠王首先关心的是孟子不远千里而来是否给本国带来利益，这是人之常情，所以孟子曰："王何必曰利，亦曰仁义而已矣。王曰：'何以利吾国？'大夫曰：'何以利吾家？'士庶人曰：'何以利吾身？'上下交征利，而国危矣。"全国上下互相争利，那国家就非常危险了。

同理，国际交往更要以义为先，仅追求本国的一己之私利，不顾国际道义与他国正当合法权益会影响国际秩序的正常运转，甚至引发战争，损人亦不利己。《左传·僖公十三年》记载："冬，晋荐饥，使乞籴于秦……秦于是乎输粟于晋，自雍及绛相继，命之曰泛舟之役。"《史记·秦本纪》记载："（第二年）十四年，秦饥，请粟于晋。晋君谋之群臣。虢射曰：'因其饥伐之，可有大功。'晋君从之。十五年，兴兵将攻秦……晋君弃其军，与秦争利，还而马骜……于是缪公虏晋君以归。"该故事主要讲春秋年间秦国君臣以仁义为本，体恤邻国的百姓，出于国际道义不计前嫌救援晋国，帮助晋国百姓度过灾荒。秦国

① 《习近平同缅甸总统温敏互致贺电》，《人民日报》2020 年 6 月 9 日。

站在道义的高度之上，自然受人敬爱、得道多助，秦穆公即使身陷险境，也能转危为安，反败为胜。反观晋国君臣背信弃义，当秦国饥困向晋国求助时，不但不予援助，心中算计着如何趁机搞垮秦国，在邻国陷入饥荒时，乘人之危兴兵攻打秦国。本国人民尚且不齿，何况敌国军民，晋国大义亏缺，师出无名，失道而寡助，晋国君臣也离心背德，秦晋交兵，晋国失道而败。这种悲剧在当今时代依旧重复上演，某些国家因一己之私就越过联合国安理会直接发动战争。或者想尽一切办法干涉别的国家间的争议问题，使区域争议升级为国际矛盾，甚至发生战乱。这些问题的背后都是自私自利之心的作祟，在国际利益面前，是“霸权主义”“强权政治”，毫无道义可言。

以义为先，不是不讲利，而是要义利兼顾。当代中国秉持正确义利观，坚持以义为先、义利兼顾，深化与发展中国家的合作。在外交工作中坚决维护国家主权、安全和发展利益，坚决捍卫国家核心利益，坚持以国家利益与人民利益相统一，以国家利益作为处理国际关系的最高准则，并积极贯彻落实总体国家安全观。在国际合作中，“要注重利，更要注重义”。反对自私自利，损人利己。中国在维护国家利益的过程中，不唯利是图，不斤斤计较，兼顾他国合理关切，不损害他国利益和国际社会利益，努力扩大各方共同利益的汇合点。2014 年 7 月 4 日，习近平主席在韩国国立首尔大学演讲时指出：“在国际关系中，要妥善处理义和利的关系。政治上，要遵守国际法和国际关系基本原则，秉持公道正义，坚持平等相待。经济上，要立足全局、放眼长远，坚持互利共赢、共同发展，既要让自己过得好，也要让别人过得好。”“零和思维”已经过时，“只有义利兼顾才能义利兼得，只有义利平衡才能义利共赢”。[①] 在国际关系中践行正确的义利观是国际关系走向合作共赢、和平共处、可持续发展的基石。

① 习近平：《共创中韩合作未来 同襄亚洲振兴繁荣——在韩国国立首尔大学的演讲》，《人民日报》2014 年 7 月 5 日。

秉持同舟共济、合作共赢的国家行为准则。“中国将努力构建总体稳定、均衡发展的大国关系框架，积极同美国发展新型大国关系，同俄罗斯发展全面战略协作伙伴关系，同欧洲发展和平、增长、改革、文明伙伴关系，同金砖国家发展团结合作的伙伴关系。”[①] 一方面，经济全球化、区域一体化是大势所趋，国家间、地区间的发展是你中有我、我中有你，一荣俱荣、一损俱损的共同体关系，在全球化的浪潮中，唯有和衷共济、合作共赢、互利互惠才是最有效的国际发展道路。另一方面，中华文化自古就强调“合则强，孤则弱”，主张“己欲立而立人，己欲达而达人”（《论语·雍也》）的道德情怀、“达则兼济天下”的家国情怀，在自己有能力的情况下尽可能地帮助天下人，实现共同发展。

《群书治要·尹文子》曰：“为善与众行之，为巧与众能之，此善之善者，巧之巧者也。”即自己有善行也能使众人跟着行善，自己做工精巧也能让大家做到精巧，这才是善中之善、巧中之巧。不能做“独善者”与“独巧者”。由于各个国家的历史现实基础不同，国家间发展程度也不同，产生贫富差距，有些国家和地区的人民过得很好，高收入、高消费、高享受；而有些国家和地区的人民还没有吃饱肚子，还在贫困线、生存线上挣扎，这不是一个好现象，甚至会引发矛盾、混乱。“独乐乐不如众乐乐”，真正的快乐是大家共同发展，人民共同安居乐业。由此，2013 年，中国提出建设丝绸之路经济带和 21 世纪海上丝绸之路的新型倡议之后，经过不断丰富，形成了“一带一路”的宏伟构想。倡议自提出后，就获得了 100 多个国家和国际组织的积极响应和支持。“一带一路”起点来自中国，惠及的是全世界，“倡议源于中国，机会和成果属于世界”，不是中国一家独奏，而是沿线国家的大合唱。在 2017 年 5 月于北京召开的“一带一路”国际合作高峰论坛上，习

① 习近平：《共同构建人类命运共同体——在联合国日内瓦总部的演讲》，《人民日报》2017 年 1 月 20 日。

近平主席进一步指出“一带一路”建设“植根于丝绸之路的历史土壤，重点面向亚欧非大陆”，同时向所有国际合作伙伴开放，坚持包容开放原则，“遵循共商共建共享原则”，推进互联互通，即政策、设施、贸易、资金、民心皆相融通。这是中国立足于全球发展趋势所提出的合作倡议。

正如习近平主席所说：“古丝绸之路绵亘万里，延续千年，积淀了以和平合作、开放包容、互学互鉴、互利共赢为核心的丝路精神。这是人类文明的宝贵遗产。”[①] 中国正是要在丝路精神指导下，坚定不移地将“一带一路”与世界人民一道共同建成和平、繁荣、开放、创新、文明与幸福之路，造福中国与世界人民。在“一带一路”的推进过程中，筹建了包括丝路基金、亚洲基础设施投资银行、金砖国家新开发银行在内的一系列新机制。在 2019 年第二届“一带一路”国际合作高峰论坛上，各方合作务实成果达 6 大类 283 项。论坛期间举行的企业家大会吸引了众多工商界人士参与，签署了总额 640 多亿美元的项目合作协议。这些成果充分说明，共建“一带一路”应潮流、得民心、惠民生、利天下。

三、和合共生，世界大同

中华民族会坚定不移走和平发展道路，促进世界和平与发展。中华文化崇“和”尚“合”，中华民族一直追求和传承着和平、和睦、和谐的理念。中国历来知道“国虽大，好战必亡”的道理，中国始终不渝奉行互利共赢的开放战略，维护国际公平正义，促进世界共同发展。“世界好，中国才能好；中国好，世界才更好。”中国与世界是一体的关系，中国人民与世界各国人民是相濡以沫的关系，安危同在。譬如，在这场抗击新冠肺炎疫情的斗争中，“中方始终秉持人类命运共

① 习近平：《携手推进“一带一路”建设——在“一带一路”国际合作高峰论坛开幕式上的演讲》，《人民日报》2017 年 5 月 15 日。

同体理念，本着公开、透明、负责任态度，及时同世卫组织和国际社会分享信息，积极回应各方关切，加强国际合作，防止疫情在世界扩散蔓延”[①]。并积极分享抗疫经验，为他国提供医疗物资援助，无论多少人把疫情政治化、阴谋化都不会改变中国积极开展国际抗疫合作，共同打赢这场全球公共卫生保卫战的决心，因为疫情面前关乎的是全人类的生命与安全。

中国的发展离不开世界。中国跃升为世界第二大经济体，除了中国共产党带领中国人民砥砺奋进之外，还得益于世界人民的支持。所以中国希望世界各国共同发展。《左传》载晋、郑之间贸易约定：“我无强贾，毋或丐夺。尔有利市宝贿，我勿与知。”言明晋、郑二国虽实力一强一弱，我（晋）不强买你的东西，不乞求或掠夺，你（郑）有好买卖和宝贵的器物，我不过问。意思是无论大国小国都要相互信任，彼此尊重，共同合作，才能走向利益共同体。特别是发展中国家要加快发展，不搞我赢你输，要实现互利共赢，合作共赢。合作共赢本质上是聚焦或集中共同点，管控或弱化分歧点。不仅适用于经济领域，而且适用于政治、安全、文化、社会等其他领域。“不能这边搭台、那边拆台，要相互补台、好戏连台”，要“和而不同”，兼收并蓄，又要“各美其美，美人之美，美美与共，天下大同”。[②]

面向未来，中国会积极参与全球治理，弘扬全人类共同价值，推动构建人类命运共同体。《群书治要·尹文子》曰：“故所贵圣人之治，不贵其独治，贵其能与众共治也；所贵工倕之巧，不贵其独巧，贵其与众共巧也。今世之人，行欲独贤，事欲独能，辨欲出群，勇欲绝众。独行之贤，不足以成化；独能之事，不足以周务；出群之辨，不可为户说；绝众之勇，不可与征阵。凡此四者，乱之所由生。”意为圣人治理国家的可贵之处，不在于圣人能独立治理国家，而在于圣人能与众

① 《习近平同智利总统皮涅拉通电话》，《人民日报》2020年2月29日。
② 习近平：《弘扬和平共处五项原则 建设合作共赢美好世界——在和平共处五项原则发表60周年纪念大会上的讲话》，《人民日报》2014年6月29日。

人共同来治理，能工巧匠的可贵之处，不在他个人做事精巧，而在于他能协同众人共做精巧之物。但是现在的人们，总是只凸显个人行为的贤德，做事能力的强大，论辩能力超群，勇敢无比。然而，一个人无论能力多么强都不足以教化万民、完成全部工作、家喻户晓、同众敌应战。这通常是产生混乱的原因。

对于国家的发展亦是如此，一个国家无论再强大都无法独自解决全球的问题，特别是全球化“天涯若比邻”的今天，各国面临众多机遇与挑战。2019 年 3 月 26 日，习近平主席在中法全球治理论坛闭幕式上指出：“全球热点问题此起彼伏、持续不断，气候变化、网络安全、难民危机等非传统安全威胁持续蔓延，保护主义、单边主义抬头，全球治理体系和多边机制受到冲击。我们要坚持共商共建共享的全球治理观，坚持全球事务由各国人民商量着办，积极推进全球治理规则民主化。我们要继续高举联合国这面多边主义旗帜，充分发挥世界贸易组织、国际货币基金组织、世界银行、二十国集团、欧盟等全球和区域多边机制的建设性作用，共同推动构建人类命运共同体。”[①] 人类命运共同体不是虚假的、抽象的存在，它关乎每一个国家、每一个个人，是从利益共同体到安全共同体最后走向价值共同体乃至命运与共的现实蓝图。

① 习近平：《为建设更加美好的地球家园贡献智慧和力量——在中法全球治理论坛闭幕式上的讲话》，《人民日报》2019 年 3 月 27 日。

后记

《群书治要》被誉为“中华优秀传统文化的精华”，传承了中国古代治国理政的智慧和经验，是新时代领导干部应该深入阅读的匡政经典。本书旨在帮助领导干部和广大读者更好地了解和践行《群书治要》，学习和借鉴中华优秀传统文化，以史为镜，古为今用。

本书各讲撰写人如下：

第一讲，刘余莉；第二讲，聂菲璘；第三讲，谷文国；第四讲，秦芳；第五讲，郭家瑞；第六讲，徐佳佳；第七讲，刘余莉；第八讲，聂菲璘；第九讲，程丽君；第十讲，罗嘉羽；第十一讲，谭英；第十二讲，聂菲璘；第十三讲，齐惠；第十四讲，王乐；第十五讲，刘余莉；第十六讲，黄少雄；第十七讲，张超；第十八讲，李红姗。

每一讲的内容都是诸位学者长期研究的成果，反映了学者们对《群书治要》这部经典的理解和认识。由于水平所限，书中不当之处，欢迎读者朋友批评指正。

刘余莉

2022 年 7 月

本书作者（按写作章节排序）

刘余莉 中共中央党校（国家行政学院）哲学部教授，博士生导师，中国传统文化促进会《群书治要》传承委员会主任。

聂菲璘 剑桥大学博士、博士后，中共中央党校（国家行政学院）博士，中国传统文化促进会《群书治要》传承委员会副主任。

谷文国 中国人民大学博士后，中国佛学院教师，中国传统文化促进会《群书治要》传承委员会执行主任。

秦　芳 中共中央党校（国家行政学院）哲学博士，山东建筑大学马克思主义学院形势与政策教研室副主任，中华优秀传统文化与思想政治教育研究中心讲师，中国传统文化促进会《群书治要》传承委员会常务理事。

郭家瑞 英国伦敦大学亚非学院硕士，中国人民大学博士，中国传统文化促进会《群书治要》传承委员会宣传部部长。

徐佳佳 中共中央党校（国家行政学院）博士，河南省委党校（河南行政学院）讲师，中国传统文化促进会《群书治要》传承委员会理事。

程丽君 中共中央党校（国家行政学院）哲学博士，河南师范大学政治与公共管理学院讲师，中国传统文化促进会《群书治要》传承委员会理事。

罗嘉羽 英国爱丁堡大学硕士，中共中央党校（国家行政学院）博士，中国传统文化促进会《群书治要》传承委员会组织部部长。

谭　英 中国农业大学人文与发展学院教授，中国传统文化促进会《群书治要》传承委员会常务理事，华夏三亲启蒙教育项目专家顾问。

齐　惠 中共中央党校（国家行政学院）政法部政治学理论教研室副主任，副教授。

王　乐 中共中央党校（国家行政学院）哲学部伦理学教研室副主任，副教授。

黄少雄 中共中央党校（国家行政学院）哲学博士，河北经贸大学马克思主义学院讲师，中国传统文化促进会《群书治要》传承委员会理事。

张　超 中共中央党校（国家行政学院）博士，中国传统文化促进会《群书治要》传承委员会理事。

李红姗 中共中央党校（国家行政学院）哲学硕士，中国传统文化促进会《群书治要》传承委员会理事。